Billy Graham

Friede mit Gott

SCM
Stiftung Christliche Medien

SCM Hänssler ist ein Imprint der SCM Verlagsgruppe, die zur Stiftung Christliche Medien gehört, einer gemeinnützigen Stiftung, die sich für die Förderung und Verbreitung christlicher Bücher, Zeitschriften, Filme und Musik einsetzt.

2. Auflage 2019 (3. Gesamtauflage)
Dieser Titel erschien zuvor unter der ISBN 978-3-7751-4471-1.

© der deutschen Ausgabe 2018
SCM Hänssler in der SCM Verlagsgruppe GmbH
Max-Eyth-Str. 41 · 71088 Holzgerlingen
Internet: www.scm-haenssler.de; E-Mail: info@scm-haenssler.de

Originally published in English under the title: Peace with God
Published by arrangement with Thomas Nelson, a division of HarperCollins Christian Publishing, Inc.

Soweit nicht anders angegeben, sind die Bibelverse
folgender Ausgabe entnommen:
Neues Leben. Die Bibel, © der deutschen Ausgabe 2002 und 2006 SCM R.Brockhaus in der SCM Verlagsgruppe GmbH Witten/Holzgerlingen.
Weiter wurden verwendet:
Lutherbibel, revidierter Text 1984, durchgesehene Ausgabe
in neuer Rechtschreibung, © 1999 Deutsche Bibelgesellschaft, Stuttgart. (LUT)
Elberfelder Bibel 2006, © 2006 by SCM R.Brockhaus
in der SCM Verlagsgruppe GmbH Witten/Holzgerlingen. (ELB)
Die Bibelverse Hes 18,4, Offb 12,9, Mt 13,41-42, Jes 1,6b, 1. Thess 5,17 sind folgender Ausgabe entnommen: Die Bibel. Übersetzt von Hans Bruns, © 1962, 11. Aufl. 1993, Brunnen Verlag, Gießen/Basel.
Die Bibelverse Eph 1,21, Kol 1,15-16, Röm 5,9, Jes 35,8, Lk 13,2-3,
Hebr 11,24-27 sind folgender Ausgabe entnommen: Das Neue Testament.
Deutsch für die bibellesende Gemeinde, hrsg. v. Ludwig Thimme,
© 1946, Privileg. Württ. Bibelanst., Stuttgart.

Übersetzung: Dr. R. Dumath
Umschlaggestaltung: Kathrin Spiegelberg, Weil im Schönbuch
Titelbild: ©1968 Billy Graham Evangelistic Association, used with permission, all rights reserved. www.billygraham.org
Satz: typoscript GmbH, Walddorfhäslach
Druck und Bindung: GGP Media GmbH, Pößneck
Gedruckt in Deutschland
ISBN 978-3-7751-5913-5
Bestell-Nr. 395.913

Inhalt

Vorwort – Friede mit Folgen 5
Helmut Thielicke an Billy Graham 7
Ein einführendes Wort 8

Teil I
Das Problem

  1 | Auf der Suche 11
  2 | Die Bibel 22
  3 | Gott 31
  4 | Die Sünde 41
  5 | Der Teufel 55
  6 | Was kommt nach dem Tode? 66

Teil II
Die Lösung

  7 | Warum Jesus kam 79
  8 | Wie und wo müssen wir beginnen? 95
  9 | Buße 105
10 | Glaube 112
11 | Die Wiedergeburt 122
12 | Glaubensgewissheit 131

Teil III
Die Ergebnisse

13 | Die Feinde des Christen 139
14 | Christliche Lebensregeln 150
15 | Der Christ und die Gemeinde 160
16 | Die sozialen Pflichten des Christen 172
17 | Die Zukunft des Christen 187
18 | Und endlich der Friede 203

Vorwort –
Friede mit Folgen

Billy Graham sprach 1970 in der Dortmunder Westfalenhalle, die bis auf den letzten Platz gefüllt war. Ein Ehepaar nahm an der Veranstaltung teil. Mann und Frau wussten allerdings nicht voneinander. Sie waren getrennt gekommen, da sie kurz vor der Scheidung standen. Billy Graham sprach davon, dass Gott durch Jesus Christus mit uns Menschen Frieden gemacht hat. Er lud ein, diesen Frieden anzunehmen. Am Schluss seiner Ansprache rief er die Hörer auf, sich für Jesus zu entscheiden, ihre Sünden zu bekennen, um Vergebung zu bitten und Jesus nachzufolgen. In der Dortmunder Westfalenhalle folgten viele der Einladung und gingen nach vorne zur Bühne. Sie standen vor dem Rednerpult und beteten mit Billy Graham ein kurzes Gebet. Unter ihnen das genannte Ehepaar.

Ich war als junger Pfarrer an diesem Abend in der Seelsorgeberatung eingesetzt. Ich erlebte, wie sich das zerstrittene Ehepaar traf. Zuerst nahmen beide – jeder für sich – die Vergebung der Sünden an. Dann versöhnten sie sich miteinander. Sie hatten durch Jesus Frieden mit Gott gefunden. Ich wurde Zeuge, dass dieser Friede wunderbar heilende Folgen hat.

Millionen Menschen in aller Welt haben Billy Graham gehört und durch Jesus Frieden mit Gott gefunden. Hunderttausende haben das Buch »Friede mit Gott« gelesen. Es ist in viele Sprachen übersetzt worden. Ich wünsche Ihnen, dass auch Sie durch dieses Buch den Frieden mit Gott finden. Dieser Friede zieht Kreise. Er hat Folgen für Zeit und Ewigkeit.

Ulrich Parzany

Helmut Thielicke an Billy Graham

In einem Brief nach einer Evangelisation in Los Angeles schrieb Professor Dr. Helmut Thielicke an Dr. Billy Graham:
»Welch ein Unterschied ist es, wenn man sich persönlich begegnet. Auch das Reich Gottes hat seine Stilgesetze. Sie haben eine andere Form der Verkündigung als ich; Paul Tillich und Dietrich Bonhoeffer haben wieder andere Formen. Der Abend, an dem ich hinter Ihrem Rednerpult saß, bedeutete für mich in dieser und in anderer Hinsicht eine wichtige Erfahrung. Wir deutschen Theologen sind wahrlich begabt mit dem Hang zur Kritik, und mir ist es persönlich immer leichtgefallen, festzustellen, was am anderen falsch oder mangelhaft ist. Wenn ich hier und da um ein Urteil über Ihre Predigtweise gebeten wurde (die ich natürlich aus Ihren Büchern und aus Schriften über Sie kenne), so war ich in der Tat nicht zu bescheiden gewesen, ein oder zwei mehr oder weniger tiefsinnige theologische Beobachtungen zum Besten zu geben.

Der Abend, den ich mit Ihnen verbrachte, machte mir klar – und der Heilige Geist wird dabei geholfen haben –, dass die Frage in der umgekehrten Richtung gestellt werden müsste: Was fehlt mir persönlich und meinen theologischen Kollegen auf der Kanzel und hinter dem akademischen Pult, sodass ein Mann wie Billy Graham nötig wird? An jenem Abend wurde mir ein für alle Mal klar, mein lieber Dr. Graham, dass Sie biblisches Brot und nicht intellektuelle Leckerbissen und raffinierte Propaganda verabreichen. Dafür möchte ich Ihnen danken ...«

Aus »The Christian«, übersetzt in »Licht und Leben«, 3/64

Ein einführendes Wort

Aus Amerika und England kommt uns erstaunliche Kunde: Ein junger Evangelist, Billy Graham, zieht mit der Botschaft des Evangeliums durch das Land, und Tausende versammeln sich, um diese Botschaft zu hören. Es ist wie in den Zeiten Moodys. Billy Graham beweist uns, dass nicht nur der Fußball 40 000 und 50 000 Menschen zusammenführt, sondern – allen düsteren Prognosen zum Trotz – auch das Evangelium.

Da spricht man von der »satten« westlichen Welt. Und nun bricht auf einmal solch ein Hunger nach Gott auf!

Wir Deutsche sind leicht misstrauisch. Und wenn wir von solchen Evangelisationsversammlungen hören, dann fragen wir schnell: »Wo steckt doch da wohl die Schwärmerei?« Ja, ich bin nicht ganz sicher, ob sich nicht auch an diesem Buch gelehrte Zeigefinger erheben und tadelnd fragen: »Warum sagt der Verfasser kein Wort über die ›Sünde der Wiedergeborenen‹?« Oder: »Wie kann er so naiv im Zusammenhang mit dem Antichristen nur vom Kommunismus reden? Sieht er nicht die antichristlichen Tendenzen in der westlichen Welt?«

Gewiss, solches und Ähnliches kann man fragen. Und wir werden darauf nicht viel anderes antworten können als: »Bedenken Sie, dass Billy Graham Amerikaner ist. Er gehört zu einem jungen Volke, das nicht durch so viele trübe Erfahrungen dauernd gehemmt ist wie wir armen Europäer. Wir wagen kaum mehr eine Wahrheit auszusprechen, ohne sie gleich durch so viele ›Zwar‹ und ›Aber‹ abzuschirmen, bis diese Wahrheit völlig verwischt ist.«

Vielleicht beruht darauf der Einfluss Billy Grahams, dass er so uneingeschränkt die Macht der Gnade Jesu Christi verkündigt. Und das in einer Sprache, die Hans und Grete verstehen können. Hier ist Evangelium, klares, biblisches, herrliches Evangelium!

Aber da ist noch ein anderes, das mir auffällt, wenn ich diese Verkündigung Billy Grahams mit der Art der Predigt in unseren deutschen Kirchen und Versammlungen vergleiche: Ich las vor Kurzem eine Leserzuschrift in einem christlichen Blatt: »Die Pfarrer predigen uns wohl klar vom Heil Gottes in Jesus. Aber sie sagen uns nicht, wie wir es ergreifen können.«

Der Schreiber hat sicher Tausenden aus dem Herzen gesprochen. Und darum wird dieses Buch eine gewaltige Hilfe sein. Denn Billy Graham sagt, »wie man das Heil ergreift«.

Aber nun genug davon, sonst wird Billy Graham ärgerlich, weil ich mich in diesem Geleitwort an die Leute wende, die er gar nicht ansprechen will. Er sagt nämlich: »Dieses Buch ist nicht für Theologen und Philosophen geschrieben, sondern für den Mann auf der Straße.«

Dass recht viele »Männer auf der Straße« durch dies schöne, lebendige Zeugnis den Weg zum »Frieden mit Gott« finden möchten, ist mein herzlicher Wunsch und mein dringendes Gebet.

Essen, 30. April 1954, Wilhelm Busch

Teil I
Das Problem

1 | Auf der Suche

*Wenn ihr mich sucht, werdet ihr mich finden;
ja, wenn ihr ernsthaft, mit ganzem Herzen
nach mir verlangt.*
Jer 29,13

Du begannst die große Suche, als du auf die Welt kamst. Vielleicht dauerte es viele Jahre, bevor du es erkanntest, bevor es dir deutlich wurde, dass du ständig auf der Suche warst nach etwas, was du nicht hattest, was aber wichtiger war als alles andere im Leben. Manchmal versuchtest du, es zu vergessen und dich in andere Dinge zu verlieren, sodass du keine Zeit und keinen anderen Gedanken hattest als nur für dein nächstes Geschäft. Manchmal magst du sogar gemeint haben, du seist endlich befreit von der Notwendigkeit, diesem namenlosen Etwas weiter nachzuspüren. Für Augenblicke mag es dir fast gelungen sein, dir dieses ständige Suchen völlig aus dem Sinn zu schlagen. Aber immer wieder bist du von Neuem darauf gestoßen – immer wieder musstest du die Suche neu aufnehmen.

In den einsamsten Stunden deines Lebens hast du auf andere Männer und Frauen geschaut und dich gefragt, ob auch sie wohl nach etwas suchten und strebten, was sie nicht beschreiben konnten, von dem sie aber wussten, dass sie danach verlangten und es nötig hatten. Einige von ihnen schienen so viel glücklicher und weniger belastet zu sein als du. Einige schienen in der Ehe und im

Familienleben Erfüllung gefunden zu haben. Andere gingen hinaus in die Welt, um irgendwo Ruhm und Reichtum zu erwerben. Wieder andere blieben zu Hause und hatten Erfolg, und indem du auf sie blicktest, magst du gedacht haben: »Diese Leute befinden sich nicht auf der großen Suche, sie haben ihren Weg gefunden. Sie wussten, was sie wollten, und waren imstande, es zu erreichen. Nur ich wandere auf diesem Pfade, der nirgendwo hinführt. Ich allein frage und suche in einem fort und strauchele auf diesem dunklen, verzweiflungsvollen Wege, der keine Wegweiser hat.«

Aber du bist nicht allein. Die ganze Menschheit wandert mit dir, alle Menschen sind auf dieser großen Suche. Alle suchen sie eine Antwort auf die Verworrenheit, auf die sittliche Not, auf die geistige Leere, die die Welt bedrückt. Die ganze Menschheit ruft nach einer Führung, sie sehnt sich nach Trost und Frieden. Man sagt uns, wir leben in dem »Zeitalter der Angst«. Geschichtsschreiber haben darauf hingewiesen, dass es wenige Epochen in der Geschichte gegeben hat, wo der Mensch so sehr der Furcht und Unsicherheit unterworfen war. Alle vertrauten Stützen scheinen hinweggefegt worden zu sein. Wir reden von Frieden, aber stehen dem Kriege gegenüber. Wir ersinnen fein ausgearbeitete Pläne für die Sicherheit, und doch wissen wir, dass wir keine Sicherheit finden. Wir greifen nach jedem Strohhalm auf dem Wege, doch wenn wir zufassen wollen, schwindet er dahin. Seit Generationen laufen wir wie erschreckte Kinder einmal auf diesem toten Gleis, dann auf jenem. Jedes Mal sagten wir uns: »Dies ist der richtige Weg, der wird uns dahin führen, wohin wir wollen.« Aber jedes Mal irrten wir uns.

Einer der ersten Wege, die wir einschlugen, trug die Aufschrift »Politische Freiheit«. Gebt jedem die politische Freiheit, so sagten wir, und die Welt wird eine Stätte des Glückes werden. Wir wollen unsere Staatsmänner selbst wählen, und wir werden eine Regierung bekommen, die unser Leben lebenswert machen wird. So erlangten wir politische Freiheit, aber was wir nicht erreichten, war unsere bessere Welt. Unsere Tageszeitungen berichten uns von Bestechungen in hohen Ämtern, von Günstlingswirtschaft, Ausbeutung und Heuchelei, die in ihrer Art der Gewaltherrschaft mancher Herrscher des Altertums gleichkommen oder sie sogar noch übertreffen. Die politische Freiheit ist eine wertvolle und wichtige Sache, aber sie allein kann uns nicht die Welt geben, die wir ersehnen.

Ein anderer hoffnungsvoller Weg hieß »Erziehung«, und viele setzten ihr ganzes Vertrauen darauf. Die politische Freiheit, verbunden mit der Erziehung, wird zum Ziele führen, so sagte man, also eilten wir wie versessen diesen Weg der Erziehung entlang. Einige Zeit schien es ein heller, leuchtender und vernünftiger Weg zu sein, und wir schritten auf ihm voran mit eifrigen, erwartungsvollen Schritten; aber wohin hat er uns geführt? Du weißt die Antwort. Wir sind das bestunterrichtete Volk in der Geschichte der Zivilisation – doch zugleich sind wir das elendste. Die Schüler in den oberen Klassen unserer höheren Schulen wissen mehr über die physikalischen Gesetze des Weltalls als der größte Naturwissenschaftler in den Tagen des Aristoteles. Aber obwohl unsere Köpfe mit Wissen vollgestopft sind, bleiben doch unsere Herzen leer.

Der glänzendste und einladendste Weg von allen hatte den Wegweiser »Höherer Lebensstandard«. Fast jeder glaubte, dass dieser Weg ihn automatisch in jene bessere und glücklichere Welt bringen würde. Dieser Weg musste zum Ziel führen! Das war die Straße, auf der es nach dem Motto ging: »Drück nur auf den Knopf, und du hast, was du willst.« Es war der Weg, der durch die schönen, buntfarbigen Reklameanzeigen führte, vorbei an all den glänzenden neuen Autos, an den funkelnden Reihen elektrischer Eisschränke und automatischer Waschmaschinen, vorbei an all den fetten Hühnchen, die in den funkelnagelneuen Töpfen kochen. Wir wussten, diesmal hatten wir den rechten Einsatz getroffen. Die anderen Wege mochten uns in eine falsche Richtung geführt haben, aber diesmal hatten wir den richtigen getroffen!

Schön, nur sieh dich in diesem Augenblick einmal um. In diesem Augenblick siehst du in Amerika ein Land, welches politische

Freiheit in einem Ausmaße genießt, wie man es sich in vielen Teilen der zivilisierten Welt nicht träumen lässt. Du siehst das großartigste und umfangreichste öffentliche Erziehungssystem, das Menschen je geschaffen haben, und im In- und Ausland werden wir wegen unseres hohen Lebensstandards gepriesen. »Die amerikanische Lebensweise«, so nennen wir gern diese unsere elektrische, verchromte und vollautomatische Wirtschaft – aber hat sie uns glücklich gemacht? Hat sie uns Freude und Befriedigung gebracht und den Lebensgrund, nach dem wir suchen? Nein! Während wir hier stehen, selbstzufrieden und stolz darüber, so viel erreicht zu haben, was Generationen vor uns nur erträumten, während wir unsere Meere in Stunden statt in Monaten überqueren, während wir Wunderarzneien produzieren, die einige der furchtbarsten Krankheiten der Menschen zum Erlöschen bringen, während wir Gebäude errichten, denen gegenüber der Turm zu Babel wie ein Ameisenhügel erscheint, während wir mehr und mehr von den wunderbaren Geheimnissen erkennen, die in der Tiefe des Meeres verborgen liegen, und weiter und weiter in das All vorstoßen – verlieren wir dabei auch nur ein Jota von jenem Gefühl der Leere in uns? Bringen alle diese modernen Wunder uns die Empfindung des Erfülltseins, helfen sie uns, die Frage zu klären, warum wir hier sind, zeigen sie uns, was wir lernen und erfahren sollten?

Wir können nicht leugnen, dass die Naturwissenschaft dem Menschen viele Dinge gegeben hat, die er zu benötigen glaubte, aber dieselbe Naturwissenschaft hat uns die furchtbarste Gabe dargeboten, die jemals der Menschheit übergeben worden ist. Das Leben und die Zukunft eines jeden Lebewesens auf diesem Planeten hängt heute von dieser Gabe der Naturwissenschaft ab. Sie steht wie ein dunkler Schatten hinter unseren wachen Gedanken. Sie schleicht wie ein Schreckgespenst durch die Träume unserer Kinder. Wir tun so, als ob dies Gespenst nicht da wäre. Wir versuchen vorzutäuschen, dass wir diese Gabe nicht empfangen haben, dass es alles bloß ein Scherz war, dass wir eines Morgens aufwachen und feststellen werden, dass die Wasserstoffbombe in Wirklichkeit nie erfunden und die Atombombe niemals hergestellt worden ist – aber unsere Morgenzeitung erzählt uns etwas anderes.

Es gibt noch andere Wege, und viele wandern in diesem Augenblick auf ihnen. Es gibt die Wege des Ruhmes und des Glückes, der Freude und der Macht. Keiner von ihnen führt anderswohin als nur noch tiefer in den Sumpf hinein. Wir sind gefangen in den Schlingen unseres eigenen Gedankengewebes, die so klug und vollendet angelegt sind, dass wir weder die Ursache noch die Heilung von der Krankheit erkennen können, die uns solch einen tödlichen Schmerz bereitet.

Wenn es wahr ist, dass es für jede Krankheit eine Heilung gibt, dann müssen wir uns beeilen, sie zu entdecken. Der Sand im Stundenglas der Zivilisation rieselt schnell dahin, und wenn es einen Weg gibt, der zum Licht führt, zurück zur seelischen Gesundung, dann dürfen wir keine Stunde verlieren!

Viele quälen sich in dieser Zeit der Krise ab und kommen zu der Erkenntnis, dass ihre Anstrengungen sie nicht aufwärts, sondern nur noch tiefer in die Grube bringen. Im letzten Jahr gab das amerikanische Volk allein für Wahrsager 125 Millionen Dollar aus! 125 Millionen Dollar wurden von ängstlichen, erschreckten Männern und Frauen an gleichfalls irregeleitete Leute gegeben, damit diese ihnen falsche Antworten auf ihre dringenden Fragen gaben.

Wir beklagen uns darüber, dass die Jugend unseres Landes ihren Schwung, ihre Kraft und ihr Streben, zu arbeiten und vorwärtszukommen, verloren hat. Jeden Tag höre ich Eltern klagen, dass sie nicht wissen, was mit ihren Kindern los ist – sie wollen keine Anstrengung mehr machen, sondern wünschen nur noch, dass ihnen alles fertig zugereicht wird. Die Eltern scheinen nicht zu erkennen, dass ihre wohlerzogenen, sorgfältig herangebildeten Kinder tatsächlich innerlich leer sind. Sie sind nicht erfüllt von dem Geist, der die Arbeit zu einer Freude macht, von der Einsicht, dass das Vorwärtsstreben Genuss bereitet. Aber warum sind sie so leer? Weil sie nicht wissen, woher sie kommen, warum sie hier sind und wohin sie gehen! Sie gleichen Reihen schöner neuer Autos, die in allen Einzelheiten vollkommen sind, denen aber der Treibstoff in den Tanks fehlt. Das Äußere ist schön, aber es steckt nichts dahinter, was ihnen Kraft gibt. Und so sitzen sie und rosten – vor Langeweile. Amerika soll von allen Ländern der Erde den höchsten Prozentsatz an Langeweile haben. Das erkennen wir daran, dass wir die größte Anzahl und Mannigfaltigkeit von künstlichen Vergnügungseinrichtungen haben. Die Menschen sind so leer geworden, dass sie sich nicht einmal mehr unterhalten können. Sie müssen andere Leute dafür bezahlen, damit sie sie belustigen und zum Lachen bringen, damit sie sich bemühen, ihnen für ein paar Minuten das Gefühl von Glück und Behagen zu verschaffen, damit sie jenes furchtbare, erschreckende, hohle Gefühl loswerden, jene schreckliche und bedrückende Empfindung, verloren und allein zu sein.

Du magst denken, die Langeweile sei eine geringfügige Sache. Es sei nur natürlich, dass jeder sich hin und wieder langweilt. Aber ich will dir etwas sagen über die Langeweile und über diese gefährliche Gefühllosigkeit, die über das Land und über die Seelen und Herzen der Menschen kriecht. Der Mensch ist das einzige Geschöpf Gottes, das fähig ist, Langeweile zu haben. Kein anderes Lebewesen außer dem Menschen kann sich jemals über sich selbst oder seine Umgebung langweilen. Das ist sehr bedeutsam, denn der Schöpfer tut nichts ohne Absicht, und wenn er dem Menschen die Fähigkeit zur Langeweile gab, so tat er es zu einem bestimmten Zweck.

Die Langeweile ist einer der sichersten Maßstäbe, um deine eigene innere Leere zu messen. Dieser Maßstab ist so genau wie ein Thermometer und sagt dir, wie hohl dein innerer Geist wirklich ist. Der Mensch, der völlig gelangweilt ist, lebt und arbeitet in einem leeren Raum. Es ist eine der unfehlbarsten Regeln in dieser Welt, dass alle leeren Räume ausgefüllt, und zwar sofort ausgefüllt werden müssen. Wir brauchen nicht zum Altertum zurückzugehen, um zu sehen, was mit einem Volke von leeren Leuten geschieht. Wir brauchen nicht weiter zurückzublicken als in die jüngste Geschichte Deutschlands, Italiens oder Russlands, um zu sehen, mit welch einer verhängnisvollen Eile die Natur die leeren Räume, die in uns entstanden sind, wieder auffüllt. Faschismus oder Kommunismus können keinen Platz finden in dem Herzen und in der Seele eines Menschen, der von dem Geist Gottes erfüllt ist; aber sie strömen mit größter Leichtigkeit in die Herzen und Seelen derjenigen, die leer sind und auf etwas warten. Die Natur verabscheut Leere, aber es ist Sache jedes Einzelnen von uns, zu entscheiden, womit unsere innere Leere gefüllt werden soll. So also steht es mit uns heute – wir sind ein Volk von leeren Leuten. Wir haben versucht, uns mit Wissenschaft und Erziehung erfüllen zu lassen, mit einem besseren Lebensstil, mit der Freude, und mit den vielen anderen Dingen, die uns so nötig schienen, aber wir sind immer noch leer. Warum sind wir leer? Weil der Schöpfer uns für sich selbst geschaffen hat; und wir werden niemals Vollkommenheit und Erfüllung finden außerhalb der Gemeinschaft mit ihm.

Vor langer Zeit sagte uns Jesus: »Der Mensch braucht mehr als nur Brot zum Leben.« (Lk 4,4), aber wir haben nicht darauf achtgegeben. Wir haben uns mit Brot jeder Art vollgestopft, bis wir davon krank geworden sind. Inzwischen rast die Zeit dahin. Die Werkzeuge totaler Vernichtung sind in unserer Hand. Wir dürfen keinen weiteren falschen Weg einschlagen, wir dürfen keine weiteren unbekannten Straßen mehr ausprobieren. Wir können es uns nicht leisten, in weitere Sackgassen hineinzutappen. Wir haben nicht mehr die Zeit dazu. Denn unsere Generation hat vollendet, was andere Generationen nur zu tun versäumten oder was sie in den wahnsinnigsten Augenblicken ihrer Macht und Unbarmherzigkeit erträumten. Wir haben eine Waffe der totalen Zerstörung geschaffen. Wir sind Zeugen des Gipfels menschlichen Wahnsinns – der Atomspaltung!

Wie müssen die Teufel gelacht haben, als einige der tüchtigsten Männer auf Erden jahrelang eifrigst daran arbeiteten, diesen Schrecken zu vollenden! Das Atom ist gespalten! Teile und herrsche! Spalte auseinander, vernichte, zerstöre, zermalme, zerschmettere! Der mit dem »gespaltenen Huf« hat seine Arbeit getan, und Menschen waren begierig, ihm dabei zu helfen. Wir sehen Satans Meisterstück vor uns, seine kluge Verfälschung der gespaltenen Zungen göttlichen Feuers. Denn dieses satanische Feuer und die pfingstlichen Flammen fallen beide von oben herab, beide sind gespalten, beide erleuchten mit einem Licht, weit heller als das der Sonne, beide verwandeln sofort alles, was sie berühren – aber mit welch einem Unterschied! Es ist der Unterschied von Himmel und Hölle! Wir leben in einer völlig verdrehten Welt. Alles ist in Verwirrung. Aber du kannst gewiss sein, es ist eine planvolle Verwirrung – nach dem Plane Satans! Die Bibel sagt uns, dass Satan der große Betrüger ist und dass er die Sache unserer großen Selbsttäuschung und die Täuschungen, die zwischen den Völkern dieser Welt liegen, zu seiner eigenen Sache gemacht hat. Er hat uns dahin geführt, dass wir glauben, die Dinge würden besser, während sie in Wirklichkeit nur schlechter werden.

Der hervorragende englische Gelehrte Dr. Henry Bett sagt: »Der leichtgläubige Optimismus der Neunzigerjahre, in denen man es beinahe für selbstverständlich hielt, dass die Welt automatisch zur Vollkommenheit fortschreitet, ist heute unmöglich geworden. Die unbestimmte Erwartung, dass Erziehung, Humanismus und ›Fortschritt‹ allmählich und unvermeidlich zu einer Art Utopia führten, ist durch die Ereignisse der letzten fünfundzwanzig Jahre sehr gründlich widerlegt worden. Ganz so leicht stehen die Dinge nicht. Satan ist nicht tot. Die Fürstentümer und Mächte der Finsternis sind noch lebendig, und die ganze Welt liegt noch im Argen.«

Noch vor einigen Jahren waren die Kinder erfreut über die Aussicht auf einen Ausflug zu den Hafenanlagen, um dort zu beobachten, wie die großen Schiffe einliefen. Heute müssen es schon Hubschrauber und Düsenflugzeuge sein. Wir, die wir uns einstmals über den Telegrafen wunderten, nehmen jetzt das weit größere Wunder des Fernsehens als selbstverständlich hin. Es ist noch nicht lange her, da hat man viele Krankheiten der Menschen als hoffnungslos und unheilbar angesehen. Heute haben wir so wirkungsvolle Heilmittel, dass viele uralte Krankheiten selten geworden sind. Wir haben sehr viel erreicht, darüber besteht kein Zweifel.

Aber trotz allen Fortschritts hat der Mensch das grundlegende Problem der Menschheit nicht gelöst. Wir können die höchsten Gebäude, die schnellsten Schiffe, die längsten Brücken bauen – aber wir bringen es nicht fertig, uns selbst zu regieren oder in Einigkeit und Frieden zusammenzuleben!

Wir mögen große, neue Kunst- und Musikschulen errichten, neuere und bessere Vitamine entdecken, aber es gibt nichts Neues gegen unsere inneren Nöte und Sorgen. Sie sind dieselben alten geblieben, unter denen die Menschen schon immer gelitten haben, nur scheinen sie noch größer und zahlreicher geworden zu sein. Sie mögen in neuen Formen zu uns kommen, sie mögen uns schärferen Schmerz und tiefere Pein bereiten; aber im Grunde stehen wir denselben Versuchungen, Anfechtungen und Prüfungen gegenüber, mit denen die Menschheit ständig zu kämpfen hatte. Denn seit jenem tragischen Augenblick im Garten Eden, da der Mensch Gottes Willen zugunsten seines eigenen Willens verneinte, ist er stets von den gleichen Problemen geplagt worden. Ihre Ursache ist im ersten Kapitel der Bibel angegeben. Die schrecklichen Zustände, die sie hervorriefen, sind im ersten Kapitel des Römerbriefes geschildert worden. Und das Evangelium von Jesus Christus gibt uns das Heilmittel dazu. Des Menschen verdorbene und sündige Natur erfüllt ihn mit Haß, Neid, Habsucht und Eifersucht. Der Fluch der Sünde liegt auf seinem Leibe, und er wird immerfort heimgesucht von der Furcht vor dem Tode. Sein erfinderischer Geist hat ihn befähigt, alles zu ändern, nur nicht sich selbst. Denn trotz des laut gepriesenen »Fortschritts« unserer Zeiten ist der Mensch doch so geblieben, wie er am Anfang war. Auch die Sünde ist unverändert geblieben, obwohl der Mensch sein Bestes getan hat, um sie zu verändern. Wir haben versucht, sie mit anderen Namen zu umkleiden. Wir haben neue Beschriftungen auf die gleiche alte Giftflasche geklebt. Wir haben uns bemüht, die alte Scheune zu tünchen, und geben vor, es wäre ein anderes Gebäude. Wir haben versucht, die Sünde als »Irrtümer« oder »Fehler« oder »schlechtes Urteilsvermögen« zu bezeichnen, aber die Sünde selbst ist die gleiche geblieben. Gleichgültig, wie wir versuchen, unser Gewissen zu beruhigen, wir wissen nur zu gut, dass die Menschen immer noch Sünder sind, und die Ergebnisse der Sünde sind immer noch Krankheit, Enttäuschung, Verzweiflung und Tod.

Auch Sorge und Not haben sich nicht verändert. Sie begannen, als Adam und Eva mit gebrochenem Herzen den leblosen Körper ihres ermordeten Sohnes Abel erblickten und das erdrückende Gewicht des Leids kennenlernten. Und so ist es weitergegangen, bis Sorge und Kummer heute Allgemeingut der Menschen geworden sind. Niemand entgeht ihnen, jeder erfährt sie. Einem von Hiobs Tröstern schienen sie sogar das Ziel des Lebens zu sein, denn er sagte: »… der Mensch ist zur Mühsal geboren, wie die Funken nach oben fliegen« (Hiob 5,7; ELB).

Schließlich ist auch der Tod immer noch der gleiche. Die Menschen haben versucht, seine Erscheinung zu verändern. Wir haben die Worte für Totengräber, Sarg, Leichenhalle und Friedhof im Amerikanischen verändert. Wir versuchen, die Starrheit der letzten Totenbräuche abzumildern; aber ganz gleich, mit welchen Namen wir es bezeichnen oder wie wir die Wangen schminken – die kalte, harte, grausame Wirklichkeit des Todes hat sich während der ganzen Menscheitsgeschichte nicht verändert.

Diese drei Tatsachen schließen die wahre Geschichte des Menschen in sich: Seine Vergangenheit ist erfüllt von der Sünde; seine Gegenwart fließt über von Kummer und Sorge; und die Unabänderlichkeit des Todes erwartet ihn in der Zukunft.

Die Bibel sagt: »Es ist dem Menschen bestimmt, einmal zu sterben« (Hebr 9,27); und für den Durchschnittsmenschen scheint das eine unerbittliche und hoffnungslose Situation zu sein. Hunderte von philosophischen Systemen und Dutzende von Religionen sind von Menschen erfunden worden bei ihrem Bemühen, das Wort Gottes zu umgehen. Moderne Philosophen und Psychologen versäumen immer noch, es deutlich zu machen, dass es doch einen anderen Ausweg gibt als den Weg Jesu. Aber der Mensch hat alle Wege ausprobiert, und keiner von ihnen führt irgendwo anders hin als nach unten.

Christus ist gekommen, um uns die Antworten zu geben auf die drei ewigen Fragen von Sünde, Leid und Tod. Denn Jesus Christus, und er allein, ist ebenfalls ewig und unveränderlich, er ist »derselbe gestern und heute und in Ewigkeit« (Hebr 13,8).

Alle anderen Dinge mögen sich verändern, Christus bleibt unverändert. In dem ruhelosen Meer menschlicher Leidenschaften steht Christus fest und ruhig da, bereit, alle diejenigen willkommen zu heißen, die sich ihm zuwenden und den Segen der Gewissheit und des Friedens annehmen wollen. Denn wir leben in dem Zeitalter der Gnade, in dem Gott verspricht, dass jeder seinen Sohn aufnehmen darf, der nach ihm verlangt. Aber diese Zeit der Gnade wird nicht unbegrenzt andauern. Wir leben heute von geliehener Zeit.

2 | Die Bibel

*Himmel und Erde werden vergehen,
doch meine Worte bleiben ewig.*
Mt 24,35

Die Zeit geht dahin. Die Sekunden ticken dahin auf die Mitternacht zu. Das Menschengeschlecht steht im Begriff, den verhängnisvollen Sturz zu tun. Welchen Weg sollen wir einschlagen? Ist noch irgendeine Autorität vorhanden? Gibt es irgendeinen Pfad, dem wir folgen können? Gibt es ein Licht, das die stygische Dunkelheit durchdringt? Können wir einen Code finden, der uns den Schlüssel für unsere Nöte geben wird? Gibt es irgendeine Quelle der Vollmacht, an die wir uns wenden können? Sind wir von einem unbekannten Schöpfer oder irgendeiner Macht hierher gestellt worden, ohne einen Anhaltspunkt dafür zu haben, woher wir kamen, warum wir hier sind und wohin wir gehen?

Die Antwort heißt: Nein. Wir haben einen Code. Wir besitzen einen Schlüssel. Wir besitzen ein vollmächtiges Quellenmaterial. Es findet sich in dem alten historischen Buch, das wir Bibel nennen. Dieses Buch ist durch die Jahrhunderte auf uns gekommen. Es ist durch viele Hände gegangen, in vielen Formen erschienen und hat Angriffe jeder Art überlebt. Weder barbarischer Vandalismus noch zivilisierte Gelehrsamkeit haben ihm etwas anzutun vermocht. Weder der Feuerbrand noch das Gelächter der Spötter konnten seine Vernichtung bewerkstelligen. Durch die vielen dunklen Zeiten der Menschheitsgeschichte sind seine herrlichen Verheißungen unverändert lebendig geblieben. Jetzt, da wir uns der Stunde nähern, die anscheinend eine neue Entscheidungsstunde in der Weltgeschichte werden wird, wollen wir dieses unzerstörbare Buch der Weisheit und Prophetie noch einmal überprüfen; wir wollen herausfinden, warum dieses besondere Buch alles überdauert hat und für den Menschen eine unfehlbare Quelle des Glaubens und geistlicher Kraft geblieben ist.

Es gibt Menschen, welche die Bibel hauptsächlich als die Geschichte Israels betrachten. Andere geben zu, dass sie die wertvollste Ethik darlegt, die jemals aufgestellt wurde. Aber diese Dinge, so wichtig sie auch sind, stehen nur am Rande des eigentlichen Themas der Bibel, der Geschichte von Gottes Erlösung, wie sie in Jesus Christus geschieht. Diejenigen, die die Heilige Schrift als großartige Literatur, als spannende Dichtung oder historischen Bericht lesen und dabei die Geschichte von der Erlösung übersehen, verkennen die wirkliche Bedeutung und Botschaft der Bibel.

Gott ließ die Bibel zu dem ausdrücklichen Zweck schreiben, dem Menschen den göttlichen Plan für seine Erlösung zu offenbaren. Gott ließ dieses Buch schreiben, um seinen Kindern seine ewig gültigen Gesetze klarzumachen, damit sie die große Weisheit erkennen möchten, mit der er sie auf ihrem Lebensweg leitet, und die große Liebe, mit der er sie auf diesem Weg tröstet. Denn ohne die Bibel würde diese Welt in der Tat eine dunkle und schreckliche Stätte sein ohne Wegweiser oder Leuchtturm.

Die Bibel erweist sich als das einzige Buch göttlicher Offenbarung. Es gibt viele Bücher verschiedener Religionen; es gibt den muslimischen *Koran*, den buddhistischen Kanon der heiligen Schriften, die *Zendavesta* des Zarathustra und die brahmanischen *Veden*. Alle diese Schriften sind uns durch zuverlässige Übersetzungen zugänglich gemacht, und wir können ihren Wert beurteilen. Man wird bald herausfinden, dass alle diese nicht christlichen Bibeln Entwicklungen in der falschen Richtung sind. Sie alle beginnen mit irgendeinem Aufblitzen des wahren Lichtes, enden aber in Dunkelheit. Selbst der nur gelegentliche Beobachter entdeckt bald, dass die Bibel davon völlig verschieden ist. Sie ist das einzige Buch, das dem Menschen eine Erlösung anbietet und ihm den Ausweg aus seinen Schwierigkeiten zeigt. Sechzehnhundert Jahre waren nötig, um die Aufzeichnungen der Bibel zu vollenden. Sie ist das Werk von mehr als dreißig Verfassern, von denen jeder als ein Schreiber Gottes wirkte. Diese Männer, von denen viele durch Generationen voneinander getrennt waren, haben nicht bloß das niedergeschrieben, was sie dachten oder hofften. Sie handelten als Kanäle für Gottes Unterweisung; sie schrieben nach seinen Anweisungen; und unter seiner göttlichen Eingebung waren sie imstande, die großen und ewigen Wahrheiten zu erkennen und sie aufzuzeichnen, damit auch andere sie sehen und erfahren möchten.

Während dieser sechzehnhundert Jahre wurden die sechsundsechzig Bücher der Bibel von Männern verschiedener Sprachen geschrieben, die zu verschiedenen Zeiten und in verschiedenen Ländern lebten; aber die Botschaft, welche sie schrieben, war ein und dieselbe. Gott sprach zu jedem Manne in seiner eigenen Sprache, in seiner eigenen Zeit, aber in jedem Falle war seine Botschaft im Grunde dieselbe. Als die großen Gelehrten die vielen alten Handschriften, welche in Hebräisch, Aramäisch und Griechisch geschrieben waren, sammelten, um sie in eine moderne Sprache zu übersetzen, fanden sie, dass Gottes Verheißungen unverändert geblieben waren. Seine große Botschaft an den Menschen hatte sich nicht geändert. Wenn wir heute diese zeitlosen Worte lesen, finden auch wir, dass die Verhaltensvorschriften, wie sie von den alten Schriftstellern dargelegt wurden, für die heutige Generation genauso frisch und bedeutsam sind, wie sie es für die Menschen zur Zeit Jesu waren. Es ist deshalb nicht verwunderlich, dass die Bibel immer der »Bestseller« der Welt gewesen ist. Kein anderes Buch reicht an ihre tiefe Weisheit, ihre dichterische Schönheit oder die Klarheit ihrer Geschichte und Prophetie heran. Die Kritiker, welche behaupten, die Bibel sei erfüllt von Betrügereien, Erdichtungen und unerfüllten Verheißungen, stellen fest, dass die Schwierigkeiten bei ihnen liegen und nicht in der Bibel. Gründlichere und gewissenhaftere Forschung hat nachgewiesen, dass anscheinende Widersprüche durch ungenaue Übersetzungen verursacht wurden und nicht durch göttliche Widersprüche. Der Mensch und nicht die Bibel musste korrigiert werden. Und doch ist es in vielen Häusern und bei sogenannten gebildeten Leuten üblich geworden, über die

Bibel zu spotten und sie als einen Staubfänger anzusehen statt als lebendiges Wort Gottes. Als ein kleines Mädchen von seinem Pfarrer gefragt wurde, ob es wüsste, was in der Bibel wäre, antwortete sie stolz, dass sie alles wüsste, was drin wäre, und dann zählte sie auf: »das Bild des Freundes ihrer Schwester, das Rezept für Mutters Lieblingswaschmittel, eine Haarlocke des kleinen Brüderchens und der Garantieschein für Vatis Taschenuhr«. Das war alles, was sie von der Familienbibel wusste. Zu viele Familien haben die Bibel benutzt als einen sicheren Aufbewahrungsort für alte Briefe und gepresste Blumen und haben dabei völlig die Hilfe und Gewissheit übersehen, welche Gott ihnen mit diesem Buch geben wollte. Diese Haltung ändert sich jetzt, sie ändert sich schnell. Das Leben hat alles unechte Beiwerk abgestreift. Die falschen Versprechungen, die der Mensch dem Menschen gemacht hat, stellen sich jetzt als die offenbaren Irrtümer heraus, die sie in Wirklichkeit sind. Wenn unsere erschreckten Augen Ausschau halten nach etwas, das wirklich und wahr und beständig ist, dann wenden wir uns wieder diesem alten Buch zu, das Millionen Menschen in vergangenen Jahrhunderten Trost, Kraft und Erlösung gegeben hat.

Ja, die Menschen entdecken die Bibel wieder. Sie wischen den Staub von ihren alten Exemplaren oder kaufen sich neue. Sie finden, dass die vertrauten, aber beinahe vergessenen Sätze in so gegenwartsnaher Bedeutung erklingen, als seien sie erst gestern geschrieben worden. Das liegt daran, dass die Bibel tatsächlich all die Weisheit enthält, die der Mensch braucht, um die Sehnsucht seines Herzens zu erfüllen und all seine Probleme zu lösen. Sie ist der Bauplan des großen Baumeisters, und nur wenn wir ihren Anweisungen folgen, können wir das Leben, das wir suchen, richtig aufbauen.

Hier in Amerika haben wir ein anderes großes Dokument, das wir schätzen und achten. Es wurde vor beinahe hundertfünfzig Jahren von einer Reihe von Männern geschrieben, die lange an seinen vielen Bestimmungen arbeiteten und noch länger darüber beratschlagten, um es schließlich zur Bestätigung an die dreizehn Bundesstaaten zu schicken. Die Männer, die unsere Verfassung schufen, wussten, dass sie das grundlegende Dokument für eine Regierung von freien Menschen schrieben; sie erkannten, dass die Menschen nur dann frei und unabhängig leben konnten, wenn jeder Einzelne das Gesetz kannte und verstand. Sie mussten ihre Rechte, ihre Vorrechte, aber auch ihre Begrenzungen kennen. Sie sollten als Gleichberechtigte vor dem Gerichtshof stehen; auch der Richter war an dasselbe Gesetz gebunden und verpflichtet, nach dem er auch jeden Fall zu behandeln hatte. Während die übrige Welt dieses große Experiment der Menschheit beobachtete, erkannten die Menschen, dass sie tatsächlich frei sein konnten, wenn sie das Gesetz kannten und beobachteten. Jedermann konnte genau wissen, wo er stand. Er hatte seine verfassungsmäßigen Rechte, er trug aber auch seine entsprechende Verantwortung. Vernachlässigte er das eine, so würde auch das andere darunter leiden, wie es vielen säumigen Wählern erging, die hernach entdecken mussten, dass ihnen von der Regierung Beschränkungen auferlegt wurden, die ihnen nicht gefielen.

Wie Amerika mit dem Werk unserer Verfassung gewachsen und vorwärtsgekommen ist, so hat sich auch die Christenheit entwickelt und ausgebreitet nach den Gesetzen, die in der Bibel niedergelegt sind. Wie die Verfassung sich in gleicher Weise an alle Menschen wendete, die unter ihr leben wollten, ohne besondere Begünstigung oder Auslegung, so steht die Bibel da als die oberste Verfassung für die ganze Menschheit; ihre Gesetze wenden sich in gleicher Weise an alle, die unter ihrer Herrschaft leben, ohne Ausnahme oder besondere Auslegung. Wie die Verfassung das höchste Gesetz des Landes ist, so ist die Bibel das höchste Gesetz Gottes. Denn in der Bibel hat Gott seine geistlichen Gesetze niedergelegt. In der Bibel spricht Gott seine ewigen Verheißungen aus. In der Bibel offenbart Gott den Erlösungsplan für das Menschengeschlecht.

In den Wundern der Natur sehen wir Gottes Gesetze in Aktion. Wer hat nicht in einer wolkenlosen Nacht zu den Sternen emporgeschaut und in stiller Ehrfurcht die Herrlichkeit der Schöpfung bewundert? Wessen Herz fühlt sich nicht erhoben, wenn im Frühling die ganze Schöpfung mit neuem Leben und neuer Kraft emporsprießt? In der Schönheit und Mannigfaltigkeit um uns sehen wir die Größe der göttlichen Macht und die unendliche Genauigkeit seiner Planung; aber die Natur sagt uns nichts von Gottes Liebe oder Gottes Gnade. Wir finden nicht die Verheißung unserer persönlichen Erlösung in der Natur.

Das Gewissen erzählt uns in unserem Innersten von der Gegenwart Gottes und von dem Unterschied zwischen Gut und Böse; aber seine Botschaft ist bruchstückartig und in keiner Weise so deutlich und umfassend wie die Lehren der Bibel. Nur auf ihren Seiten finden wir die klare und unfehlbare Botschaft, auf die das wahre Christentum gegründet ist. Als die biblischen Schriftsteller ihre klaren Berichte niederschrieben, haben sie nie versucht, die Wirklichkeiten des Lebens zu beschönigen. Die Sünden der Großen und Kleinen werden freimütig zugegeben. Die Schwächen der menschlichen Natur werden anerkannt, und das Leben in den biblischen Zeiten wird genau so berichtet, wie es tatsächlich gewesen ist. Es ist erstaunlich, dass das Leben und die Beweggründe dieser Menschen, die vor so langer Zeit gelebt haben, uns zuweilen so modern vorkommen. Beim Lesen der Bibel erscheinen uns die Seiten wie Spiegel, die unserem Geist und Herzen vorgehalten werden, und in denen sich unser Stolz und unsere Vorurteile, unsere eigenen Fehler und Schwächen, unsere eigenen Sünden und Sorgen widerspiegeln. Die Wahrheit ist zeitlos. Die Wahrheit ändert sich nicht von einem Zeitalter zum anderen, von einem Volk zum anderen, von einer geografischen Ortschaft zur anderen. Die Gedanken der Menschen mögen verschieden sein, die Sitten der Menschen mögen sich ändern, die sittlichen Grundsätze mögen wechseln, aber die große, für alle geltende Wahrheit bleibt für Zeit und Ewigkeit beständig. Die Botschaft von Jesus Christus, unserem Heiland, ist die Geschichte der Bibel – sie ist die Geschichte der Erlösung. Kluge Forscher haben in der Bibel die Geschichte von Jesus Christus, beginnend bei den Anfängen des Alten Testamentes, festgestellt, denn er ist das wahre Thema des Alten wie des Neuen Testamentes.

- Er erscheint in dem ersten Buch Mose als der Same des Weibes.
- Im zweiten Buch Mose ist er das Passahlamm.
- Im dritten Buch Mose ist er das Sühneopfer.
- Im vierten Buch Mose ist er der geschlagene Felsen.
- Im fünften Buch Mose ist er der Prophet.
- Im Buch Josua ist er der Herr der Heerscharen.
- Im Buch der Richter ist er der Befreier.
- Im Buch Ruth ist er der himmlische Verwandte.
- In den sechs Büchern der Könige ist er der verheißene König.
- Im Buch Nehemia ist er der Erneuerer des Volkes.
- Im Buch Esther ist er der Anwalt.
- Im Buch Hiob ist er mein Erlöser.
- In den Psalmen ist er mein Ein und Alles.
- In den Sprüchen Salomos ist er mein Vorbild.
- Im Prediger Salomo ist er mein Ziel.
- Im Hohelied Salomos ist er mein Freudenbringer.
- In den Propheten ist er der kommende Friedefürst.
- In den Evangelien ist er der Christus, der gekommen ist, um zu suchen und zu retten.
- In der Apostelgeschichte ist er der auferstandene Christus.
- In den Briefen ist er der Christus zur rechten Hand des göttlichen Vaters.
- In der Offenbarung ist er der wiederkehrende und herrschende Christus.

Dies ist die ewige Botschaft der Bibel. Es ist die Geschichte des Lebens, des Friedens, der Ewigkeit und des Himmels. Die Bibel hat keine verborgene Absicht. Sie braucht keine besondere Auslegung. Sie hat eine einzigartige, klare und kühne Botschaft für jedes Lebewesen – die Botschaft von Christus und sein Angebot des Friedens mit Gott. Eines Tages saß Jesus mit seinen Jüngern auf einem Berg in der Nähe von Kapernaum. Die kleine Gruppe muss sehr ehrfurchtsvoll geworden sein unter seinem freundlichen und liebenden Blick. Sie müssen wohl sehr still untereinander geworden sein in dem Gefühl, dass etwas Bedeutsames gesagt wurde, etwas, an das sie sich erinnern mussten, etwas, das sie mitteilen mussten all den anderen Menschen in der ganzen Welt, die nicht wie sie das Vorrecht hatten, diese Worte von des Meisters eigenen Lippen zu hören.

Denn dort saß Jesus auf dem Berge, vielleicht unter den silbrigschimmernden, graugrünen Blättern eines Olivenbaumes, und hielt die größte Predigt, die Menschenohren jemals gehört haben. Er erklärte das Wesen christlichen Lebens. Als er geendet hatte, und eine heilige Stille über seine aufmerksamen Zuhörer gebreitet war, »waren die Menschen überwältigt von seiner Lehre, denn er sprach mit Vollmacht – anders als die Schriftgelehrten« (Mt 7,28-29).

In der Tat lehrte er mit Vollmacht, mit der Vollmacht von Gott selbst, und die Lehren, die er aussprach, waren Gottes eigene Lehren, denen jeder Christ, der die Hoffnung auf Erlösung in seinem Herzen trägt, folgen muss. Wenn du keine Bibel in deinem Hause hast, gehe hinaus und beschaffe dir noch jetzt eine – wähle dir eine, die dir am besten passt, von der Größe, die dir am bequemsten zu handhaben, und von der Art, die dir am angenehmsten zu lesen ist, und dann setze dich hin und finde selbst heraus, warum dieses eine Buch alle anderen überdauert hat. Finde für dich selbst heraus, warum es Antwort gibt auf jede menschliche Not, warum es Glauben und Kraft verleiht, welche die Menschheit befähigt, vorwärtszukommen.

Wenn du die Bibel lange nicht mehr in der Hand hattest, dürfte es empfehlenswert sein, deine Bekanntschaft mit ihr zu erneuern, indem du das Johannesevangelium liest. Es gilt als eines der tiefsten Bücher der Bibel und ist zugleich das klarste und bestverständliche Buch. Es wurde zu dem besonderen Zweck geschrieben, das Wie und Warum der Erlösung des Menschen zu zeigen, um sowohl die Fragen des Verstandes als auch das Sehnen des Herzens zu beantworten. Wenn du das Johannesevangelium gelesen hast, könntest du dich auch mit den anderen Evangelien von Markus, Lukas und Matthäus bekannt machen. Du wirst erkennen, wie diese Männer von ganz unterschiedlichem Charakter und mit ganz verschiedenen Stilformen die ewige Geschichte von der Erlösung durch Jesus dargestellt haben. Du wirst die großartige, alles umfassende Wahrheit erkennen, die in der Lehre des Evangeliums enthalten ist, und du wirst von Neuem einen Eindruck von dem gewinnen, was Paulus meinte, wenn er sagte: »Jesus Christus ist gestern, heute und in Ewigkeit derselbe« (Hebr 13,8).

Wenn du jedes der Evangelien einzeln gelesen hast, beginne nochmals mit dem Anfang des Neuen Testaments und lies alle Bücher der Reihe nach durch. Hast du das getan, so wirst du solch eine Freude am Bibellesen gewonnen haben, dass du das Bibellesen zu einem Teil deines täglichen Lebens machen wirst. Denn du wirst die Bibel als eine Quelle göttlicher Offenbarung erkannt haben, als einen praktischen Ratgeber und Führer und als ein Schatzkästlein gesunder Ratschläge. Aber vor allen Dingen ist die Bibel eine Offenbarung des Wesens Gottes. Die Philosophen aller Jahrhunderte haben mit dem Problem eines höchsten Wesens gerungen. Wer ist Er? Was ist Er? Wo ist Er? Wenn es ein solches Wesen gibt, hat es für mich Interesse? Und wenn ja, wie kann ich ihn dann kennen lernen? Jene und tausend andere Fragen über Gott werden in diesem heiligen Buch, das wir die Bibel nennen, beantwortet.

3 | Gott

Kannst du Gott in seiner Tiefe begreifen?
Kannst du die Vollkommenheit des Allmächtigen erfassen?
Hiob 11,7

Wer ist Gott? Wie sieht er aus? Wie können wir sicher sein, dass er existiert? Wo ist sein Anfang? Können wir ihn erkennen?

Jeder hat entweder laut oder leise für sich diese Fragen gestellt, denn wir können nicht die Welt um uns herum anschauen, ohne zu staunen über ihre Erschaffung. Täglich werden wir dem Wunder des Lebens und dem Geheimnis des Todes gegenübergestellt, der Pracht blühender Bäume, dem Glanz des sternbedeckten Himmels, der Größe der Berge und des Meeres. Wer hat dies alles erschaffen? Wer ersann das Gesetz der Schwere, nach welchem alles an seinem eigenen Platz verharrt? Wer ordnete den Tag und die Nacht und die regelmäßige Folge der Jahreszeiten?

Die einzig mögliche Antwort darauf ist, dass alle diese Dinge und viele andere mehr das Werk eines höchsten Schöpfers sind. Wie eine Uhr einen Erfinder haben muss, so hat auch unser Weltall, das einem Präzisionswerk ähnelt, einen großen Konstrukteur. Wir nennen ihn Gott. Ihm gebührt ein Name, mit dem das ganze Menschengeschlecht vertraut ist. Von frühester Kindheit haben wir seinen Namen ausgesprochen. Die Bibel erklärt, dass der Gott, von dem wir sprechen, der Gott, von dem wir singen, der Gott, von dem aller Segen herabströmt, derselbe Gott ist, der diese Welt erschaffen und uns in sie hineingestellt hat.

Aber »wer ist er?«, fragst du, »wo ist er?« Wir alle kennen seinen Namen. Wir rufen ihn an in den Stunden unserer größten Not und Versuchung. Viele von uns sind bemüht, jeden wachen Augenblick mit den Gedanken an ihn auszufüllen. Andere sagen, dass sie nicht an ihn glauben und dass er nicht existiert. Wieder andere sagen: »Erkläre ihn mir, und es kann sein, dass ich dann Gott annehmen werde.«

Die Unkenntnis über Gott und die Weigerung des Menschen, ihm zu gehorchen, ist der Urgrund aller Fragen und Nöte, die uns belasten und uns so viel zu schaffen machen. Die Unklarheit des Menschen über Gottes Plan hat die Welt in Verwirrung gebracht. Das Nichtgewilltsein des Menschen, Gottes Gesetze zu erfahren und ihnen zu gehorchen, hat unseren Seelen eine so schwere Last aufgebürdet. So wollen wir nun, so viel wir nur können, über ihn kennenlernen.

Wohin sollen wir gehen, um diese Kenntnis zu erlangen? Wer von uns kann uns die Wahrheit sagen? Sind wir nicht alle endliche Geschöpfe? Hat Gott hier auf Erden irgendjemanden dazu bestimmt, mit letzter Vollmacht über ihn zu sprechen? Nein – der Einzige, der das konnte, lebte vor 2000 Jahren, und wir haben ihn gekreuzigt! Wie sollten wir es dann also herausfinden?

Wir können die Gelehrten fragen, und sie mögen uns sagen, dass Gott der Ausdruck von allem ist, was uns in der Natur und im Leben begegnet, dass alle Lebewesen mit Gott eins sind, dass das Leben selbst ein Ausdruck seines göttlichen Wesens ist. Sie werden uns sagen, dass man Gott in dem winzigsten Wassertropfen und an dem großen Himmelsbogen erkennen kann.

Frage einen Philosophen, und er wird dir sagen, dass Gott die ursprüngliche und unwandelbare Kraft hinter aller Schöpfung ist, dass er die treibende Kraft ist, die alle Welten in Bewegung hält und die ohne Anfang oder Ende ist. Der Philosoph wird sagen, dass jeder Ausschnitt des Lebens und alle Schönheit, die wir um uns sehen, eine Offenbarung seiner Macht ist, die in einem nie endenden Strom aus der Urkraft kommt und wieder zu ihr zurückströmt.

Frage noch weiter, und man wird dir sagen, dass Gott absolut ist, dass er ein und alles ist und dass es niemandem möglich ist, mehr über ihn zu wissen. Es gibt viele verschiedene Erklärungen für Gott. Jedes Land, jede Rasse, jede Familie, jeder Einzelmensch hat versucht, jenes erhabene Wesen hinter dem Weltall zu erklären. Menschen aller Zeiten haben sich bemüht, den Schöpfer zu entdecken, dessen Werk sie zwar sahen, aber dessen Person sie nicht kannten. Welche von all diesen Erklärungen ist richtig? Welche von diesen vielen Theorien sollen wir annehmen? Von welcher dieser selbstbestimmten Autoritäten sollen wir uns leiten lassen?

Wie wir schon im voraufgegangenen Kapitel gesehen haben, hat Gott sich in dem Buch offenbart, das wir die Bibel nennen. Wenn wir glauben, dass wir in der Bibel eine Offenbarung Gottes haben, dann kann unser Geist voll befriedigt und unser Herz völlig erfüllt werden. Wir können sicher sein, dass wir die genaue Antwort besitzen, dass wir auf dem rechten Wege sind, die wahre Natur Gottes zu erkennen und zu verstehen.

Gott offenbart sich in der Bibel auf hunderterlei Weise, und wenn wir sie so sorgfältig und regelmäßig wie die Tageszeitung läsen, würden wir so vertraut mit Gott und so gut über ihn unterrichtet werden, wie wir es über die letzten Sportmeldungen oder politischen Ereignisse sind.

Wie ein Diamant viele Schliffflächen hat, so gibt es unzählige Erscheinungsformen der göttlichen Selbstoffenbarung, die Bände füllen würden. Es möge genügen, festzustellen, dass wir in unserem begrenzten Rahmen vier Arten von Gottes Selbstoffenbarung erkennen, welche die bedeutendsten zu sein scheinen und die wir stets vor Augen haben sollten.

1. Die Bibel erklärt, dass Gott *Geist* ist. Als Jesus zu der Frau am Brunnen von Sychar sprach, machte er folgende klare Aussage über Gott: »Gott ist Geist« (Joh 4,24).

Was denkst du, wenn du das Wort *Geist* hörst? Was für ein Bild entsteht in deiner Vorstellung? Denkst du an einen Dunststreifen, der am Himmel entlangzieht? Bedeutet *Geist* eine Sache, die unsere Kinder am Abend vor Allerheiligen erschreckt? Ist *Geist* für dich nur ein formloses Nichts? Glaubst du, dass es das war, was Jesus meinte, als er sagte: »Gott ist Geist«?

Wenn wir entdecken wollen, was »Geist« wirklich ist und was Jesus meinte, als er gerade dieses Wort gebrauchte, müssen wir uns wieder an die Bibel wenden, und zwar an die Stelle, wo Jesus nach seiner Auferstehung sagt: »Berührt mich und vergewissert euch, dass ich kein Geist bin; denn ein Geist hat keinen Körper, und ich habe einen, wie ihr seht!« (Lk 24,39).

Daher können wir gewiss sein, dass Geist körperlos ist. Er ist das genaue Gegenstück zum Körper. Doch hat er Wesenheit und Kraft. Das ist für uns schwer verständlich, weil wir es mit unserem endlichen, körperlich begrenzten Verstand zu verstehen versuchen.

Als menschliche Wesen, die die unbegrenzte Schau verloren haben, die Gott ursprünglich seinen Geschöpfen zugedacht hatte, können wir die Herrlichkeit und Größe des Geistes, der so weit außer uns liegt, nicht erfassen. Wenn wir das Wort »Geist« hören, versuchen wir sogleich, es auf unsere winzige Größe zurückzuführen, es für den Gesichtskreis unseres kleinen Verstandes passend zu machen. Es ist ähnlich, als wenn wir das Rauschen und die Ehrfurcht einflößende Majestät des Meeres jemandem klarzumachen versuchten, der niemals ein Gewässer gesehen hat, das größer war als eine Schmutzlache. Wie kann solch eine Person sich die grenzenlose See vorstellen? Wie kann er, wenn er in einen seichten, schmutzigen Teich schaut, die grundlosen Tiefen, das geheimnisvolle Leben, die brandende Kraft, das endlose Rauschen, das furchtbare Wüten des Meeressturmes oder die alles übertreffende Schönheit der Meeresstille erahnen? Wie kann jemand, der nur in eine Dreckpfütze geschaut hat, wissen, worüber du sprichst? Welche Worte könntest du gebrauchen, um ihm ein überzeugendes Bild von der gewaltigen See zu geben? Wie könntest du ihn überzeugen, dass solch ein Wunder wirklich existiert? Wie unendlich schwieriger ist es für uns zu begreifen, was Jesus meinte, als er sagte: »Gott ist Geist«? Jesus wusste es. Sein Geist war nicht so eingeschränkt wie der unsrige. Seine Augen waren nicht auf die Schmutzpfütze des Lebens eingestellt. Er kannte genau die grenzenlosen Bereiche des Geistes, und er kam auf die Erde, um uns ein Verständnis für seine Wunder, seinen Trost und seinen Frieden zu geben.

Wir wissen, dass der Geist nicht etwas ist, das an einen Körper gebunden ist. Geist ist nicht tragbar wie ein Körper. Geist ist nicht veränderlich wie ein Körper. Die Bibel erklärt, dass Gott solch ein Geist ist – dass er nicht an einen Körper, nicht an eine Gestalt gebunden ist. Er kennt keine Grenzen und ist nicht gebunden; er ist völlig unmessbar und unsichtbar für unsere Augen, die nur physische Dinge sehen können. Die Bibel sagt uns, dass Gott, weil er keine solchen Begrenzungen kennt, überall zugleich sein kann, dass er alles hören, alles sehen und alles wissen kann.

Das können wir nicht, deshalb versuchen wir, Gott so zu begrenzen, wie wir selbst begrenzt sind. Wir sprechen Gott die Kraft ab, Dinge zu tun, die wir nicht tun können. Auch meinen wir, Gott könne nicht zugleich überall sein, weil wir es nicht können. Dabei handeln wir so wie der Mann, der oft vom Ozean gehört hatte, und dann, als er schließlich an das Ufer des Meeres kam, ein paar Tropfen Wasser schöpfte und in seiner Hand hielt.

»Ah«, ruft er aus, »endlich habe ich mir den Ozean zu eigen gemacht. Ich halte ihn in meiner Hand, ich besitze ihn.« Wahrlich, er hat einen Teil des Ozeans, aber in demselben Augenblick mögen andere Leute an tausend anderen Meeresufern ein paar andere Tropfen des Ozeans für ihr Eigen erklären. Die Millionen Menschen der Welt könnten an den Meeresstrand herabkommen und ihre Hände ausstrecken, um sie mit Meerwasser zu füllen. Sie mochten, ein jeder für sich, so viel herausnehmen, wie sie wollten, so viel, wie sie nötig hatten, und immer noch würde der Ozean unverändert bleiben.

Genauso ist es mit Gott. Er kann gleichzeitig überall sein, er hört die Gebete aller, die ihn im Namen Christi anrufen; er vollführt die gewaltigen Wunder, welche die Sterne an ihren Orten erhalten und die Pflanzen durch die Erde emporsprießen und die Fische im Meere schwimmen lassen. Für Gott gibt es keine Grenzen, auch nicht für seine Weisheit, für seine Macht, für seine Liebe und Barmherzigkeit. Wenn du versucht hast, Gott einzuschränken, so höre auf, es weiter zu tun. Versuche nicht, ihn oder seine Tätigkeit auf einen einzelnen Platz oder eine bestimmte Sphäre zu beschränken. Du würdest ja auch nicht versuchen, den Ozean zu beschränken. Du würdest nicht wagen zu versuchen, den Lauf des Mondes zu verändern oder die Erde anzuhalten, die sich um ihre Achse dreht. Wie unendlich törichter ist der Versuch, Gott einzuschränken, der all diese Wunder geschaffen hat und erhält.

Ich bin meiner Mutter für viele Dinge ewig dankbar, aber mit der größte Segen, den sie meinem Leben brachte, war der, dass sie mich im Alter von zehn Jahren lehrte, dass Gott ein unendlicher, ewiger und unveränderlicher Geist ist. Diese Definition Gottes habe ich für mein ganzes Leben behalten, und wenn jemand in seinem Herzen weiß, dass Gott ein unendlicher, ewiger und unveränderlicher Geist ist, so hilft es ihm, die Versuchung zu überwinden, ihn einzuschränken. Es hilft ihm, allen Zweifel daran zu überwinden, dass Gott Dinge tun kann, die er selbst nicht fertig bringt.

Wenn du irgendeine Unsicherheit hinsichtlich der Inspiration des Wortes Gottes hast, gehe zurück und sieh es dir noch einmal an. Schau es dir an in dem Lichte des Menschen, der sein ganzes Leben lang eine Schmutzpfütze angestarrt hat und der sich nun zum ersten Mal dem Ozean gegenübersieht. Vielleicht hast du erst jetzt die erste Vorstellung von Gottes unbegrenzter Macht erhalten. Vielleicht fängst du erst jetzt an, ihn so zu verstehen, wie er wirklich ist. Denn wenn Gott Geist ist, wie Jesus es sagt, dann gibt es kein Rätsel der Vorsehung mehr, kein Problem seiner Herrschaft in den Angelegenheiten der Menschen, keinen Zweifel daran, dass er die Menschen, die die Bibel schrieben, inspiriert hat. Alles passt sofort zu seinem richtigen Platz, wenn du verstehst, wer und was Gott wirklich ist.

2. Die Bibel offenbart ihn als eine *Person*. Durch die ganze Bibel hindurch heißt es *Gott liebt, Gott sagt, Gott tut*. Alles, was wir einer Person zuschreiben, wird auch von Gott ausgesagt. Eine Person ist

jemand, der fühlt, denkt, wünscht und eben alle Ausdrucksformen einer Persönlichkeit hat.

Hier auf Erden beschränken wir die Persönlichkeit auf den Körper. Unser endlicher Verstand kann sich keine Persönlichkeit denken, die nicht durch Fleisch und Knochen bezeugt ist. Aber wir wissen, dass unsere eigene Persönlichkeit nicht immer in den Körper gehüllt sein wird, in dem wir jetzt wohnen. Wir wissen, dass im Augenblick des Todes unsere Persönlichkeit den Körper verlassen wird, um zu Bestimmungsformen überzugehen, die auf uns warten. Wir wissen das alles, und doch ist und fällt es uns schwer, das alles anzunehmen. Welch eine Offenbarung würde es sein, wenn wir alle verstehen könnten, dass die Persönlichkeit nicht mit einem körperlichen Wesen gleichgesetzt werden muss! Gott ist nicht an einen Körper gebunden, und dennoch ist er eine Person.

3. Die Bibel stellt fest, dass Gott nicht nur ein Geist und eine Person ist, sondern auch ein *heiliges und gerechtes Wesen*. Vom ersten Buch Mose bis zur Offenbarung des Johannes zeigt sich Gott als ein heiliger Gott. Er ist ganz und gar vollkommen und absolut in jeder Einzelheit. Er ist zu heilig, um den sündigen Menschen zu berühren, zu heilig, um sündhaftes Leben zu dulden. Er ist ein heiliger und vollkommener Gott.

Wenn wir uns das wahre Bild seiner majestätischen Gerechtigkeit vorstellen könnten, in welch einem Gegensatz würde es stehen zu der Art, wie wir als Einzelmenschen und als Völker leben. Die Heilige Schrift sagt von ihm aus, dass er das Licht ist, in dem es überhaupt keine Finsternis gibt – das eine höchste Wesen ohne Fehler oder Makel. Hier ist wieder ein schwieriger Begriff, den der unvollkommene Mensch kaum verstehen kann. Wir, deren Fehler und Schwächen dauernd und überall offenbar sind, können uns kaum die überwältigende Heiligkeit Gottes vorstellen – aber wir müssen sie erkennen, wenn wir die Bibel verstehen und aus ihr Nutzen ziehen wollen. Die Kluft, die den unvollkommenen Menschen von dem vollkommenen Gott trennt, wird in der ganzen Heiligen Schrift nachdrücklich betont. Wir sehen sie in der Einteilung der Stiftshütte und des Tempels in das Heilige und Allerheiligste. Es wird angedeutet in dem vorgeschriebenen Opfer, das gebracht werden musste, wenn ein Sünder sich Gott nähern wollte. Es wird unterstrichen durch ein besonderes Priestertum, das zwischen Gott und den Menschen zu vermitteln hatte. Es wurde nachdrücklich betont durch die Gesetze im dritten Buche Mose, die sich auf die Unreinheit beziehen. Wir erkennen es in vielen Festen Israels, in der Isolierung Israels in Palästina. Von der Heiligkeit Gottes aus erklären sich auch alle anderen Grundsätze Gottes.

Die Heilige Schrift erklärt, dass sein Thron auf dem Boden seiner Heiligkeit errichtet ist. Weil Gott heilig und der Mensch unheilig ist, deshalb besteht so eine weite Kluft zwischen Gott und dem unbußfertigen Sünder. Die Bibel sagt uns, dass unsere Ungerechtigkeiten uns von Gott getrennt haben – und so völlig von ihm getrennt haben, dass sein Angesicht vor uns verborgen ist und er uns nicht hört, wenn wir zu ihm rufen.

Denn Gott ist zu rein, um das Böse anzuschauen. Er ist zu heilig, um Umgang mit der Sünde zu haben. Bevor die Sünde in das Menschengeschlecht hineinkam, hatten Gott und der Mensch Gemeinschaft miteinander. Jetzt ist diese Gemeinschaft unterbrochen, und jede Verbindung zwischen Gott und dem Menschen außerhalb von Jesus Christus ist verloren gegangen. Nur durch Jesus kann der Mensch jemals wieder seine Gemeinschaft mit Gott herstellen.

In Gottes Heiligkeit finden wir den Grund für den Tod Christi. Seine Heiligkeit verlangte die strengste Strafe für die Sünde, und seine Liebe bestimmte, dass Jesus Christus diese Strafe bezahlte und dadurch den Menschen erlöste. Weil der Gott, den wir verehren, ein reiner, ein heiliger und gerechter Gott ist, schickte er uns seinen einzigen Sohn, um es möglich zu machen, dass wir Zugang zu ihm bekämen. Aber wenn wir die Hilfe abweisen, die er uns sandte, wenn wir dem nicht gehorchen, was er gegeben hat, können wir ihn nicht um Barmherzigkeit anrufen, wenn die wohlverdiente Strafe über uns hereinbricht.

4. *Gott ist Liebe.* Aber es geht mit dieser Eigenschaft Gottes genauso wie mit den anderen: Menschen, die ihre Bibel nicht lesen, können nicht verstehen, was die Bibel meint, wenn sie sagt: *Gott ist Liebe* (1. Joh 4,8).

Wir selbst wissen nicht immer ganz genau, was wir meinen, wenn wir den Ausdruck *Liebe* gebrauchen. Dieses Wort ist eins der am meisten missbrauchten Wörter unserer Sprache geworden. Wir brauchen das Wort Liebe, um sowohl die niedrigsten als auch die höchsten menschlichen Beziehungen zu beschreiben. Wir sagen, wir *lieben* das Reisen; oder wir *lieben* das Muster der Tapeten in unserer Wohnung. Nun, wir sagen sogar, wir *lieben* unsere Nachbarn – aber bei den meisten von uns bleibt es dabei, dass sie dies sagen, und das ist alles. So ist es kein Wunder, dass wir keine sehr klare Vorstellung von dem haben, was die Bibel meint, wenn sie sagt: Gott *ist Liebe.* Du darfst nicht den Fehler machen zu glauben, dass, weil Gott Liebe ist, alles glatt und schön und glücklich vonstattengeht und dass niemand für seine Sünden bestraft wird. Gottes Heiligkeit verlangt, dass jede Sünde bestraft wird, aber Gottes Liebe ersinnt den Plan und die Art der Erlösung für den sündigen Menschen. Gottes Liebe sah das Kreuz Jesu vor, wodurch der Mensch Vergebung und Reinigung erhalten kann. Es war die Liebe Gottes, die Jesus Christus an das Kreuz geschickt hat.

Stell nie Gottes große Liebe infrage, denn sie ist eine ebenso unveränderliche Wesensart Gottes wie seine Heiligkeit. Wie schwarz deine Sünden auch sein mögen, Gott liebt dich doch. Die Verheißungen von Gottes Liebe und Vergebung sind so wirklich, so gewiss, so positiv, wie Menschenworte sie nur darstellen können. Aber wie bei der Beschreibung des Meeres, so kann die ganze Fülle erst verstanden werden, wenn man sie wirklich sieht. Dasselbe gilt für Gottes Liebe. Bevor du sie nicht wirklich annimmst, sie wirklich erfährst, bevor du nicht tatsächlich wahren Frieden mit Gott besitzt, kann dir letztlich niemand seine Wunder beschreiben.

Es ist nicht etwas, was du mit deinem Verstand erfassen kannst. Er ist zu begrenzt, um etwas zu erfassen, das so groß ist wie die

Liebe Gottes. Dein Verstand mag Schwierigkeiten haben zu erklären, wie eine schwarze Kuh grünes Gras fressen kann und weiße Milch gibt – aber dennoch trinkst du die Milch und wirst dadurch ernährt. Dein Geist kann sich nicht durch all die komplizierten Vorgänge hindurchfinden, die stattfinden, wenn du ein winzig kleines Samenkorn pflanzt, das eines Tages eine große Rebe hervorbringt, die saftige, rote und grüne Früchte trägt – aber du isst sie und freust dich daran. Dein Geist kann die Elektrizität nicht erklären, die das Licht erzeugt hat, in dessen Schein du in diesem Augenblick liest – aber du weißt, dass es da ist und dass es dir die Möglichkeiten zum Lesen gibt. Du musst Gott im Glauben annehmen – im Glauben an seinen Sohn Jesus Christus. Und wenn das geschieht, dann bleibt kein Raum mehr für Zweifel. Du brauchst nicht mehr daran zu zweifeln, ob Gott in deinem Herzen ist oder nicht, du kannst es wissen.

Halte nicht das Wort irgendeines anderen für Gottes Wort. Suche Gott für dich selbst, und an den wundervollen, warmen Regungen deines Herzens wirst du spüren, dass er ganz sicher da ist.

4 | Die Sünde

*Denn alle Menschen haben gesündigt und das Leben
in der Herrlichkeit Gottes verloren.*
Röm 3,23

Wenn Gott ein gerechtes und liebendes Wesen ist, warum gibt es dann so viel Schlechtigkeit, Leid und Kummer? Wie konnte so viel Hass und Feindschaft entstehen? Warum haben wir uns falsche Götzenbilder gemacht? Warum beten wir an den Altären des Krieges, der Habsucht und der Eigenliebe? Warum sank das Menschengeschlecht, das Gott nach seinem eigenen Bilde geschaffen hatte, so tief in die Verdorbenheit herab, dass die Zehn Gebote geschrieben werden mussten mit der Forderung, sie zu halten? Warum musste Gott seinen eigenen Sohn senden, um uns zu erlösen? Warum wurden Gottes Geschöpfe so mit schändlicher Lust und Bosheit erfüllt?

Um das zu verstehen, um klar zu erkennen, warum ein Volk dem anderen feindlich gegenübersteht, warum Familien getrennt werden, warum jede Zeitung angefüllt ist mit Berichten von heftigen und gemeinen Handlungen der Rohheit und des Hasses, müssen wir zu den ersten Anfängen zurückgehen, zu dem ersten Kapitel der Bibel, der Geschichte Adams im Garten Eden.

Einige Leute behaupten, diese bekannte Geschichte von der Schöpfung sei nur ein Mythos. Sie sagen, sie sei einfach ein Mittel, um Kindern eine nicht zu beantwortende Frage zu erklären. Aber das ist sie nicht. Die Bibel sagt uns ganz genau, was am Anfang geschah und warum der Mensch sich seitdem ständig auf dem Wege der Selbstvernichtung bewegt hat.

Denn Gott schuf diese Welt als ein vollkommenes Ganzes. Er schuf die schöne harmonische Welt, die der Mensch wegwarf – die vollkommene Welt, die wir uns sehnen wiederzufinden, die Welt, nach der wir alle suchen.

In diese vollkommene Welt stellte Gott einen vollkommenen Menschen. Adam war vollkommen, weil nichts, was Gott tut, jemals weniger als vollkommen sein kann, und diesem vollkommenen Menschen verlieh Gott die wertvollste aller Gaben – die Gabe der Freiheit. Gott gab dem Menschen die Freiheit der Wahl.

Der erste Mensch war kein Höhlenbewohner – kein störrisches, knurrendes, brummiges Geschöpf des Waldes, welches versuchte, die Gefahren des Dschungels zu bestehen und die Tiere des Feldes sich zu unterwerfen. Adam war vollkommen erschaffen mit jeder voll entwickelten geistigen und körperlichen Fähigkeit. Er hatte Umgang und Gemeinschaft mit Gott. Er sollte ein König auf Erden sein und nach dem Willen Gottes regieren.

Das war damals Adams Stellung, als er in dem Garten stand, der vollkommene Mensch, der erste Mensch und das einzige irdische Wesen, welchem Gott jemals die unschätzbare Gabe der Freiheit verliehen hatte. Adam hatte die vollkommene Freiheit, die Freiheit zu wählen oder zu verwerfen, die Freiheit, Gottes Geboten zu gehorchen oder ihnen entgegenzuhandeln, die Freiheit, sich glücklich oder elend zu machen; denn es ist nicht der bloße Besitz der Freiheit, der unser Leben befriedigt – es kommt darauf an, wie wir mit unserer Freiheit handeln; das allein bestimmt, ob wir Frieden mit uns selbst und mit Gott finden oder nicht.

Das ist der wirkliche Kern des Problems, denn in dem Augenblick, da einem Menschen die Freiheit gegeben wird, steht er zwei Wegen gegenüber. Die Freiheit ist bedeutungslos, wenn nur ein Weg da ist, dem man folgen kann. Die Freiheit schließt die Möglichkeit in sich ein, zu wählen und jede einzelne Handlungsweise selbst zu bestimmen. Wir alle kennen Männer und Frauen, die nicht so sehr aus freier Wahl ehrlich sind, sondern weil sie keine Gelegenheit haben, unehrlich zu sein. Wir alle kennen Leute, die stolz darauf sind, dass sie gut sind, während in Wirklichkeit nur ihre Umgebung und ihre Lebensweise sie davon abhalten, schlecht zu sein. Wir können es uns nicht als Verdienst anrechnen, keiner Versuchung erlegen zu sein, wenn uns keine Versuchung begegnet ist.

Gott gab Adam kein solches Hindernis. Er gewährte ihm die Freiheit der Wahl, und er gab ihm die Gelegenheit, sie auszuüben. Weil Gott nichts tun konnte, was weniger als vollkommen war, versah er Adam mit der vollkommenen Fähigkeit, zu beweisen, ob er Gott dienen wollte oder nicht.

Gott hatte sein Werk vollendet. Er hatte einen Garten auf Erden geschaffen, der mit allem reichlich versehen war, was der Mensch brauchte. Er hatte einen vollkommenen Menschen geschaffen, der ihm ähnlich war. Er hatte diesen Menschen mit einem Geist und einer Seele versehen und ihm vollkommene Freiheit gegeben, seinen Geist zu gebrauchen und über seine Seele zu verfügen, wie er es für richtig hielt. Dann wartete Gott als der kluge Vater ab, welche Wahl sein Kind treffen würde.

Das war die Probe. Das war der Augenblick, in dem Adam seinen freien Willen gebrauchen würde, um den rechten oder den falschen Weg zu wählen – ihn zu wählen, weil er ihn wollte, und nicht weil ihm nur ein Weg offen stand.

Er traf seine Wahl. Er litt unter ihren Folgen, und er gab das Vorbild, dem die ganze Menschheit folgen sollte. »Die Sünde Adams brachte Verdammnis über alle Menschen« (Röm 5,18).

Denn Adam war der Urquell der Menschheit. Er entsprang wie eine kristallklare Quelle dem Erdboden und durfte wählen, ob er ein Fluss werden wollte, der durch schöne und fruchtbare Wiesen floss, oder ein schmutziger Bach, der sich nur immer zwischen Felsen ergießt und zwischen tiefen, lichtlosen Klippen schäumt – kalt und elend in sich und unfähig, dem umliegenden Land Freude und Fruchtbarkeit zu bringen. Gott ist nicht zu tadeln wegen der tragischen Verwirrung, in der sich die Welt so lange befunden hat. Der Fehler liegt direkt bei Adam, dem die Wahl gegeben war und der sich entschlossen hatte, lieber auf die Lügen des Versuchers zu hören als auf die Wahrheit Gottes. Die Geschichte der Menschheit von jenem Tage bis heute ist die Geschichte der vergeblichen

Anstrengung des Menschen, die Stellung zurückzugewinnen, die durch Adams Fall verloren gegangen ist.

»Aber das ist ungerecht«, magst du vielleicht sagen. »Warum sollten wir heute darunter leiden, dass der erste Mensch in jener weit zurückliegenden Zeit gesündigt hat?«

Wir wollen uns wieder der Geschichte des Baches zuwenden – jenes kalten, schmutzigen Baches, der im Grunde der tiefen, öden Schlucht dahinfließt. Warum fließt dieser Bach nicht zurück zu den warmen, schönen Feldern, die oben liegen? Warum verlässt er nicht seinen traurigen Lauf und wird wieder der glückliche, schäumende Quell, der er war, als er plötzlich aus der Erde hervorquoll?

Er tut es nicht, weil er es nicht kann. Er hat keine Kraft in sich, etwas anderes zu tun, als was er immer getan hat. Ist er einmal die steilen Ufer in die Dunkelheit hinuntergestürzt, kann er sich nie wieder selbst zu dem hellen, sonnigen Lande oben emporheben.

Die Geschichte des Baches ist die Geschichte der Menschen seit den Zeiten Adams, sie haben sich gewunden und gedreht und sich immer tiefer in die erschreckende Dunkelheit versenkt. Obgleich wir unsere Stimmen erhoben haben und um Hilfe riefen, so haben wir doch, genau wie Adam, mit Überlegung den falschen Weg gewählt. In unserer Verzweiflung wenden wir uns gegen Gott und tadeln ihn wegen unserer Verlegenheit. Wir stellen seine Weisheit und sein Urteil infrage. Wir finden Fehler an seiner Gnade und Liebe.

Als Adam fehlte, als er der Versuchung erlag und fiel, da fielen mit ihm die noch ungeborenen Generationen, denn die Bibel stellt ganz klar fest, dass die Folgen von Adams Sünde an jedem seiner Nachkommen heimgesucht werden sollen. Wir alle kennen nur zu gut die Wahrheit jener Stelle im ersten Buch Mose (3,17-19), welche die Tragödie beschreibt, die Adams Tat über uns alle heraufbeschwor: »... soll der Ackerboden deinetwegen verflucht sein. Dein ganzes Leben lang wirst du dich abmühen, um dich davon zu ernähren. Dornen und Disteln werden auf ihm wachsen, doch du musst dich vom Gewächs des Feldes ernähren. Dein ganzes Leben lang wirst du im Schweiße deines Angesichts arbeiten müssen, um dich zu ernähren – bis zu dem Tag, an dem du zum Erdboden zurückkehrst, von dem du genommen wurdest. Denn du bist aus Staub und wirst wieder zu Staub werden.« Und zu Eva sagt Gott: »Mit großer Mühe und unter Schmerzen wirst du Kinder zur Welt bringen. Du wirst dich nach deinem Mann sehnen, doch er wird über dich herrschen« (1. Mose 3,16).

Mit anderen Worten, wegen Adams Ursünde bringt die Erde, die einst nur schöne und nahrhafte Pflanzen trug, jetzt sowohl gute als auch schlechte hervor. Der Mensch, der einst nur durch den Garten zu gehen brauchte, um seine Hand nach Nahrung auszustrecken, der keine Kleidung und keinen Schutz benötigte, muss jetzt alle Tage seines Lebens sich abmühen, um diese notwendigen Dinge für sich und seine Familie zu erwerben. Die Frau, die einst das sorgenfreieste Geschöpf war, ist jetzt mit Sorge und Not belastet. Mann und Frau stehen beide unter der Strafe des geistigen und körperlichen Todes. Die Sünde kam durch Adam in das Menschengeschlecht, und die Menschheit hat seitdem ohne Erfolg versucht, sich davon zu befreien. Die Bibel lehrt, dass Gott Adam warnte, bevor er sündigte: Wenn er von dem Baum der Erkenntnis äße, würde er gewiss sterben. Die Bibel sagt uns auch, dass Gott Adam und Eva die Aufgabe stellte, fruchtbar zu sein und sich zu mehren, um die Erde zu füllen. Aber obwohl sie selbst ursprünglich nach dem Bilde Gottes geschaffen worden waren, gaben Adam und Eva nach ihrem Fall Kindern das Leben, die ihnen glichen und ihrem eigenen Bilde. Infolgedessen waren Kain und Abel angesteckt von der todbringenden Krankheit der Sünde, die sie von ihren Eltern erbten und die seitdem auf jede weitere Generation übergegangen ist. Wir alle sind durch Erbschaft Sünder, und wir mögen versuchen, was wir wollen, wir können unserem Erbe nicht entgehen. Wir haben alle Mittel versucht, um die Stellung zurückzugewinnen, die Adam verlor. Wir haben durch Erziehung, durch Philosophie, durch Religion, durch Regierungsmaßnahmen versucht, das Joch der Verdorbenheit und Sünde abzuschütteln.

Wir haben versucht, die Dinge mit unserem durch die Sünde verdorbenen Verstand zu vollbringen, die wir nach Gottes Plan mit der klaren Einsicht vollbringen sollten, welche nur von oben kommen kann. Unsere Beweggründe sind gut gewesen, und einige unserer Versuche waren lobenswert, aber das Ziel haben sie alle weit verfehlt. All unsere Kenntnis, alle unsere Erfindungen, alle unsere Entwürfe und ehrgeizigen Pläne bringen uns nur wenig vorwärts, und immer wieder fallen wir auf die Stelle zurück, von der wir ausgegangen sind. Denn wir machen immerzu denselben Fehler, den schon Adam machte – wir versuchen immer noch, König mit eigenem Recht und aus eigener Kraft zu sein, anstatt die Gesetze Gottes anzuerkennen.

Bevor wir Gott als ungerecht und unverständig bezeichnen, weil er der Sünde erlaubte, die Welt zu erfüllen, sollten wir die Situation sorgfältiger prüfen. In seinem unendlichen Mitleid schickte Gott uns seinen Sohn, um uns den Weg aus unseren Schwierigkeiten zu zeigen. Er schickte seinen Sohn, um dieselben Versuchungen, denen einst Adam erlegen war, durchzumachen und über sie zu triumphieren. Satan versuchte Jesus, genauso wie er Adam versucht hatte. Satan bot Jesus Macht und Herrlichkeit an, wenn er Gott verlassen würde, genau das, was er zuvor Adam durch Eva angeboten hatte.

Der große Unterschied war, dass Jesus der Versuchung widerstand. Als der Teufel ihm alle Reiche der Welt zeigte und ihm alle ihre Herrlichkeit verhieß, wenn er nur ihm anstatt Gott nachfolgen wollte, da sagte der Herr: »Scher dich fort von hier, Satan. Denn die Schrift sagt: ›Du sollst den Herrn, deinen Gott, anbeten und nur ihm allein dienen.‹« (Mt 4,10).

Er triumphierte vollkommen über den Versucher und offenbarte damit allen nachfolgenden Geschlechtern sein sündloses Wesen.

Wir sehnen uns nach dem Tage, an dem Enttäuschung, Krankheit und Tod verschwinden werden – aber es besteht keinerlei Aussicht, dass dieser Traum je Wirklichkeit wird, solange wir die sündhaften Söhne Adams bleiben. Etwas muss mit unserer Sünde geschehen. In den folgenden Kapiteln werden wir sehen, dass Gott etwas unternommen hat, um dieses Grundproblem des Menschengeschlechts zu lösen.

Vom Anfang der Zeiten bis zum gegenwärtigen Augenblick haben sein gottloses Streben nach Macht und seine Entschlossenheit, das Geschenk der freien Wahl für egoistische Zwecke zu brauchen, den Menschen an den Rand des Verderbens gebracht. Schutt und Trümmer vieler Kulturen bedecken die Erdoberfläche – ein stummes Zeugnis für die Unfähigkeit des Menschen, eine dauerhafte Weltordnung ohne Gott aufzubauen. Neue Trümmer, neues Elend werden heute geschaffen, und immer noch schreitet der Mensch auf seinem verderblichen Wege weiter.

Inzwischen hat Gott in seiner unendlichen Weisheit und Barmherzigkeit zugesehen und mit unbegreiflicher Geduld und Mitleid gewartet. Er wartet und bietet jedem Menschen Erlösung und Frieden an, der nur zu ihm kommen und seine Barmherzigkeit annehmen will. Dieselben beiden Wege, die Gott Adam vor Augen stellte, liegen auch vor uns. Wir haben immer noch den freien Willen. Wir leben in einer Zeit der Gnade, während Gott die Strafe zurückhält, die wir von Rechts wegen so sehr verdienen.

Es ist die Gegenwart der Sünde, die den Menschen daran hindert, glücklich zu sein. Wegen seiner Sünde ist der Mensch niemals in der Lage, den Idealzustand, von dem er träumt, zu erreichen. Jeder Plan, jede Gesellschaftsordnung, die er gründet, ist letztlich zum Scheitern verurteilt und verfällt der Vergessenheit, weil die Werke des Menschen in Gottlosigkeit und Ungerechtigkeit gewirkt werden. Die Trümmer rings um uns sind beredte Zeugen für die Sünde, die die Welt erfüllt.

Der Mensch scheint das beständig wirksame Gesetz von Ursache und Wirkung, das jedes Ding in dieser Welt beeinflusst, aus den Augen verloren zu haben. Die Wirkungen liegen deutlich zutage, aber die tief sitzende, alles beherrschende Ursache scheint weniger deutlich zu sein. Vielleicht ist es der Gifthauch des modernen

Fortschrittsglaubens, der die Sicht des Menschen trübt. Vielleicht ist der Mensch so sehr in seine törichten, menschlichen Theorien verrannt, dass er sich an die Hoffnung klammert, die Menschheit würde sich langsam, aber sicher zu einer letzten Vollkommenheit hin entwickeln.

Manche Philosophen wollen sogar nachweisen, dass die gegenwärtige Welttragödie nur eine Zufallsstation auf dem Wege der Aufwärtsentwicklung sei, und sie weisen auf andere Perioden in der Menschheitsgeschichte hin, in denen die Aussicht ebenso verzweifelt und das Ergebnis ebenso hoffnungslos erschien. Sie versuchen, uns davon zu überzeugen, dass die traurige Lage, die wir jetzt durchmachen müssen, nur die Geburtswehen einer besseren Zeit sind. Die Menschheit befände sich noch im Kindheitsstadium und die Menschen tappten und strauchelten in dem »Kindergarten des Lebens«, weil sie noch weit entfernt seien von dem reifen und vernünftigen Wesen, das sie in künftigen Jahrhunderten einmal sein würden.

Aber die Bibel macht klar, was der Naturwissenschaft so schwerzufallen scheint zuzugeben – nämlich dass die Natur sowohl einen Schöpfer als auch einen Verführer offenbart. Der Mensch tadelt den Schöpfer wegen der Tätigkeit des Verführers. Er vergisst, dass unsere Welt nicht so ist, wie Gott sie machte; sie ist verdorben worden. Gott schuf die Welt gut. Die Sünde verdarb sie. Gott machte den Menschen unschuldig, aber die Sünde drang ein und machte ihn lasterhaft. Jede Erscheinungsform des Bösen ist das Ergebnis der Ursünde – der Sünde, die unverändert geblieben ist seit dem ersten Augenblick, als sie in das Menschenherz eindrang. Sie kann sich in verschiedenen Arten zeigen, aber im Grunde genommen ist es dieselbe Sünde, die einen Ureinwohner dazu veranlasst, den Dschungelpfad entlangzuschleichen, um mit dem Speer in der Hand auf sein Opfer zu warten, oder die einen hochmodernen Gebildeten dahin bringt, mit einem Düsenjäger über denselben Dschungel dahinzufliegen, um über einem ahnungslosen Dorf seine Bomben abzuwerfen.

Die beiden Männer sind in kultureller Hinsicht um Jahrhunderte voneinander getrennt. Der eine mag viel weiter fortgeschritten scheinen als der andere, dem einen stehen alle Vorteile der von Menschen geschaffenen Zivilisation zur Verfügung, während der andere sich noch in einem ursprünglicheren Zustand befindet – und dennoch, sind sie wirklich so sehr voneinander verschieden? Werden sie nicht beide beeinflusst durch Furcht und Misstrauen vor ihren Mitmenschen? Sind beide nicht selbstsüchtig darauf bedacht, auf Kosten ihrer Brüder nur ihre eigenen Ziele zu verfolgen? Ist eine Bombe weniger grausam oder brutal oder »zivilisierter« als ein nackter Speer? Können wir hoffen, eine Lösung unserer Probleme zu finden, solange sowohl die Primitivsten als auch die Fortschrittlichsten unter uns mehr darauf bedacht sind, ihre Nächsten zu töten, als sie zu lieben? Die Bibel weist nach, dass jeder Mensch auf Erden im Angesicht Gottes ein Sünder ist; und jedes Mal, wenn ich höre, dass jemand eine Einwendung gegen dieses strenge Urteil macht, muss ich an die Geschichte von einem Kirchenbeamten denken, der eines Tages zu seinem Pfarrer kam, um mit ihm über die Sünde zu sprechen.

Er sagte zu ihm: »Herr Pfarrer, wir Gemeindeglieder wünschen, dass sie nicht gar so viel und so deutlich über die Sünde sprechen. Wir fürchten, wenn unsere Jungen und Mädchen Sie so viel darüber sprechen hören, könnten sie umso leichter Sünder werden. Warum sprechen Sie nicht einfach von Fehlern oder sagen, dass unsere jungen Leute oft durch Irrtum schuldig geworden sind – aber bitte, sprechen Sie nicht so offen über Sünde.«

Der Geistliche ging zu einem hohen Regal, holte eine Flasche mit Gift herunter und zeigte sie seinem Besucher. Die Flasche war mit großen roten Buchstaben deutlich bezeichnet: »Gift! Nicht anrühren!« – »Was sollte ich nach Ihrer Meinung tun?«, fragte der Geistliche. »Meinen Sie, es würde klug sein, diese deutliche Aufschrift zu beseitigen und sie durch eine andere zu ersetzen, etwa ›Pfefferminzessenz‹? Sehen Sie nicht ein, dass Sie das Gift umso gefährlicher machen, je harmloser Sie die Aufschrift bezeichnen?«

Die Sünde – die primitive, altmodische Sünde, dieselbe Sünde, die Adams Fall verursachte – ist es, unter der wir auch heute alle leiden, und sie wird uns nur noch mehr Schaden als Gutes zufügen, wenn wir sie mit einer geschmackvollen, recht ansprechenden Aufschrift versehen. Wir brauchen kein neues Wort für sie zu erfinden. Was uns nottut, ist, herauszufinden, was das alte Wort wirklich bedeutet. Denn es gibt Millionen von Menschen, die die wirkliche Bedeutung der Sünde überhaupt nicht kennen, obwohl sie heute die ganze Welt beherrscht. Eine irregeleitete, kurzsichtige Auffassung von der Sünde ist für viele Männer und Frauen das Hindernis, das sie von ihrer Umkehr abhält. Der Mangel an wirklicher Erkenntnis der Sünde hält viele Christen davon ab, das wahre Christenleben zu führen.

Wir mögen versuchen, uns eine leichte Auffassung von der Sünde zu bilden und sie einfach als »menschliche Schwäche« anzusehen. Wir mögen versuchen, sie eine Belanglosigkeit zu nennen, aber Gott nennt sie eine Tragödie. Wir mögen sie als einen Zufall beiseiteschieben, aber Gott erklärt sie als einen Gräuel. Der Mensch versucht, sich wegen der Sünde zu entschuldigen, aber Gott sucht ihn davon zu überzeugen und ihn davor zu retten. Die Sünde ist kein belustigendes Spielzeug – sie ist ein Schrecken, den man meiden soll. Lerne also, was Sünde in den Augen Gottes bedeutet.

1. Sünde ist *Gesetzlosigkeit*, die Übertretung von Gottes Gesetz (1. Joh 3,4). Gott zog eine Grenzlinie zwischen Gut und Böse, und immer wenn wir jene Grenze überschreiten, immer wenn wir uns schuldig machen, indem wir in die verbotene Welt des Bösen eindringen, brechen wir das Gesetz. Immer wenn wir es daran fehlen lassen, nach den Zehn Geboten zu leben, immer wenn wir den Vorschriften der Bergpredigt zuwiderhandeln, haben wir das Gesetz Gottes überschritten und uns der Sünde schuldig gemacht.

Jakobus machte es klar, dass wir alle schuldig sind, als er sagte: »Jeder Mensch wird durch seine eigenen Begierden dazu verleitet, Böses zu tun. Wer seinen Begierden nachgibt, sündigt, und die vollzogene Sünde führt zum Tod« (Jak 1,14-15). Weil wir alle Gottes

Gesetze gebrochen, alle seine Gebote übertreten haben, werden wir alle als Sünder bezeichnet.

2. Die Bibel beschreibt die Sünde als eine *Ungerechtigkeit*. Ungerechtigkeit ist die Abweichung vom Rechten, ob der besondere Akt ausdrücklich verboten ist oder nicht. Diese Freveltat hat mit unseren inneren Beweggründen zu tun, gerade mit dem, was wir so oft vor den Augen der Menschen und Gottes zu verbergen versuchen. Es handelt sich nicht in erster Linie um die bösen Handlungen, die uns zuweilen der Zwang der Umstände begehen lässt, sondern um das Unrecht, das aus unserer eigenen verdorbenen Natur hervorgeht.

Jesus beschrieb diese innere Verdorbenheit, wenn er sagte: »Denn von innen, aus dem Herzen eines Menschen, kommen böse Gedanken wie Unzucht, Diebstahl, Mord, Ehebruch, Habgier, Bosheit, Hinterlist, Vergnügungssucht, Neid, Verleumdung, Stolz und Unvernunft. Alle diese üblen Dinge kommen von innen heraus; sie sind es, die den Menschen unrein machen« (Mk 7,21-23).

3. Die Bibel erklärt die Sünde als eine *Verfehlung*, als ein Vorbeischießen an dem Ziel, das uns gesetzt ist. Gottes Ziel ist Christus. Der Sinn und Endzweck unseres ganzen Lebens ist es, dem Leben Christi in rechter und würdiger Weise nachzuleben. Er kam auf diese Welt, um uns zu zeigen, was hier auf Erden für den Menschen zu erreichen möglich ist; und wenn wir es versäumen, seinem Beispiel zu folgen, verfehlen wir das Ziel und erfüllen nicht die göttliche Anforderung.

4. Die Sünde ist eine *Übertretung*. Es ist das Eindringen des Eigenwillens in den Bereich der göttlichen Autorität. Die Sünde ist nicht bloß etwas Negatives, sie ist nicht nur das Fehlen der Liebe zu Gott. Die Sünde bedeutet, dass wir eine positive Wahl treffen, dass wir uns selbst Gott vorziehen. Wir stellen unsere Eigenliebe in den Mittelpunkt, anstatt uns mit unserem ganzen Herzen zu Gott hinzuwenden und ihm wohl zu gefallen. Egoismus und Selbstsucht sind ebenso sichere Kennzeichen der Sünde wie Diebstahl und Mord. Vielleicht sind diese sogar die feinsten und verderblichsten

Formen der Sünde, denn in diesen Formen ist es so leicht, die Aufschrift auf der Giftflasche zu übersehen. Diejenigen, welche allein an sich selbst hängen und ihre ganze Aufmerksamkeit ihrer eigenen Person zuwenden, die nur ihre eigenen Interessen beobachten und nur kämpfen, um ihre eigenen Rechte zu schützen – das sind Sünder genauso sehr wie ein Trunkenbold oder eine Prostituierte.

Jesus sagte: »Was nützt es, die ganze Welt zu gewinnen und dabei seine Seele zu verlieren? Gibt es etwas Kostbareres als die Seele?« (Mt 16,26). In eine moderne Ausdrucksweise übertragen, könnten wir sagen: »Was nützt es einem Manne, ein großes Industriewerk zu errichten, wenn er von Geschwüren hingerafft wird und nichts in seinem Leben genießen kann? Was nützt es einem Diktator, wenn er selbst eine halbe Welt eroberte, wenn er dabei in ständiger Furcht vor der Kugel eines Rächers oder dem Messer eines Mörders leben müsste? Was nützt es einem Vater, Kinder streng aufzuziehen, wenn er später von ihnen verlassen wird und in seinem hohen Alter allein bleibt?«

Wahrhaftig, die Selbstsucht *ist* eine tödliche Sünde.

5. Sünde ist *Unglaube*. Unglaube ist eine Sünde, weil sie eine Beleidigung der Wahrhaftigkeit Gottes ist. »Wer an den Sohn Gottes glaubt, der trägt dies Zeugnis in sich. Wer Gott nicht glaubt, hat ihn zum Lügner gemacht. Er hat ja das Zeugnis nicht geglaubt, das Gott für seinen Sohn abgelegt hat« (1. Joh 5,10). Es ist der Unglaube, der die Tür des Himmels verschließt und die zur Hölle öffnet. Es ist der Unglaube, der das Wort Gottes zurückweist und sich weigert, Christus als den Erlöser anzunehmen. Es ist der Unglaube, der die Menschen veranlasst, ihre Ohren dem Evangelium zu verschließen und die Wunder Christi zu leugnen.

Die Sünde wird mit dem Tode bestraft, und kein Mensch besitzt die Fähigkeit, sich von der Sündenstrafe zu retten oder sein eigenes Herz von ihrem Schmutz zu reinigen. Engel und Menschen können niemals für Sünde sühnen. Nur in Christus ist das Mittel gegen die Sünde zu finden. Nur Christus kann den Sünder vor dem Schicksal retten, das ihn mit Sicherheit erwartet. »Denn der Lohn der Sünde ist der Tod« (Röm 6,23). »Wer aber sündigt, soll persönlich für seine Sünde sterben« (Hes 18,4). »Doch vom Tod können sie sich nicht freikaufen, sie können Gott kein Lösegeld zahlen« (Ps 49,8). »Weder ihr Silber noch ihr Gold wird ihnen am Tag des überwallenden Zorns des Herrn etwas nützen« (Zeph 1,18). Des Menschen einzige Erlösung von der Sünde steht auf einem einsamen, kahlen, schädelförmigen Hügel; ein Dieb hängt an einem Kreuz, ein Mörder an einem anderen, und zwischen ihnen ein Mann mit einer Dornenkrone. Blut fließt von seinen Händen und Füßen herab, es ergießt sich aus seiner Seite, es tropft über seine Augen, während diejenigen, die mit Behagen vor ihm stehen, ihn verhöhnen und verspotten.

Und wer ist diese gemarterte Gestalt, wer ist dieser Mann, den andere zu demütigen und zu töten suchen? Es ist der Sohn Gottes, der Fürst des Friedens, der vom Himmel selbst bestimmte Botschafter für die von der Sünde geplagte Erde. Er ist es, vor dem die Engel niederfallen und ihr Angesicht verhüllen. Und doch hängt er blutend und verlassen an dem grausamen Stamm des Kreuzes.

Was brachte ihn an diesen Ort der Schrecken? Wer fügte dem Mann, der doch gekommen war, um uns die rechte Liebe zu lehren, diese schreckliche Qual zu? *Du* tatest es und *ich*, denn für *deine* und für *meine* Sünde wurde Jesus an das Kreuz genagelt. In diesem unsterblichen Augenblick erfuhr das Menschengeschlecht die dunkelsten Auswirkungen der Sünde, es sank in seine tiefsten Tiefen, es berührte die Grenze seiner größten Schändlichkeit und Gemeinheit. Kein Wunder, dass die Sonne das nicht ertragen konnte und ihr Angesicht verhüllte! Aber der Schlag, der Christus kreuzigte, wurde der Schlag, der den Menschen die Tore zur Freiheit öffnete. Der Sünde Meisterstück an Schande und Hass wurde Gottes Meisterstück an Barmherzigkeit und Vergebung. Durch den Tod des Gotteslammes am Kreuz wurde die Sünde selbst gekreuzigt für alle, die an Christus glauben. Sein Tod ist das Fundament unserer Hoffnung, die Verheißung unseres Sieges! Christus trug an seinem eigenen Leibe die Sünden hinauf ans Kreuz, die uns fesselten. Er starb für uns und ist wieder auferstanden. Er bewies die Wahrheit aller Verheißungen Gottes für den Menschen; und wenn du heute Christus im Glauben annehmen willst, dann kannst auch du die Bande der Sünde zerbrechen und stehst fest und frei da in der Erkenntnis, dass durch die Liebe Christi deine Seele von Sünde gereinigt und von der Verdammnis errettet ist.

5 | Der Teufel

Denn wir kämpfen nicht gegen Menschen aus Fleisch und Blut, sondern gegen die bösen Mächte und Gewalten der unsichtbaren Welt, gegen jene Mächte der Finsternis, die diese Welt beherrschen, und gegen die bösen Geister in der Himmelswelt.
Eph 6,12

Allem, was heute geschieht, liegt ein satanisches Prinzip zugrunde. Die Bibel beschreibt »die alte Schlange, die auch Teufel und Satan heißt, der die ganze Welt verführt« (Offb 12,9). Und wir wissen, dass er am Werk ist, um alle Menschen und alle Völker zu verwirren. Sein Wirken ist überall zu erkennen.

Wir alle hoffen, dass wir in unserer Zeit dem Frieden näher kommen, und doch – fast über Nacht brechen Missverständnisse, Argwohn und Unglaube von Neuem hervor, und die geduldige Arbeit von Monaten wird in einem Augenblick vernichtet. Denn der Satan ist leidenschaftlich darum bemüht, dass der dunkle, freudlose Strom der Menschheit bis zum Ende der Zeit seinen qualvollen Weg fortsetzen wird. Er überwand Adam in dem Garten Eden, und er ist davon überzeugt, dass er die Seelen von Adams Nachkommen für sich in Anspruch nehmen kann.

Es gibt kein denkendes Wesen in der heutigen Welt, das sich nicht schon viele Male über die Existenz des Teufels Gedanken gemacht hatte. Dass er existiert, darüber besteht kein Zweifel. Überall sehen wir seine Macht und seinen Einfluss. Die Frage ist nicht, ob es einen Teufel gibt, sondern *wie* und *warum* der Teufel in Erscheinung treten konnte. Hier treten wir dem größten aller Geheimnisse, dem bedeutendsten aller Rätsel und dem allerschwierigsten Problem gegenüber. Wie konnte Gott – der allmächtig, vollkommen, heilig und allliebend ist – das Böse schaffen oder dem Teufel erlauben, es zu schaffen? Warum musste Adam versucht werden, warum vernichtete Gott den Teufel nicht, als er in den Körper der Schlange fuhr, um der Eva böse Gedanken zuzuflüstern?

Die Bibel gibt uns einige bescheidene Hinweise darüber, wie die Antwort lauten könnte. Aber sie macht es auch sehr klar, dass der Mensch die volle Antwort nicht eher erfahren soll, bis Gott dem Teufel und all seiner Empfindungskraft gestattet hat, dabei mitzuhelfen, Gottes eigenen großen Plan auszuführen.

Vor Adams Fall, lange bevor Adam überhaupt existierte, scheint es so gewesen zu sein, dass Gottes Weltall in Einflusssphären eingeteilt war, von denen jede unter die Aufsicht und Kontrolle eines Engels oder himmlischen Fürsten gestellt war, die alle direkt Gott gegenüber verantwortlich waren. Paulus erzählt uns von »Thronen, Regierungen, Fürstentümern und Obrigkeiten« sowohl in der sichtbaren wie in der unsichtbaren Welt (Eph 1,21). Die Bibel erwähnt an vielen Stellen Engel und Erzengel und zeigt damit, dass eine Ordnung unter ihnen bestand, dass einige mächtiger waren als andere.

Der Teufel muss auch solch ein mächtiger himmlischer Fürst gewesen sein, welchem die Erde vielleicht als sein besonderer Machtbereich zugewiesen war. Bekannt als Luzifer, der »Lichtträger«, muss er Gott sehr nahe gestanden haben – so nahe in der Tat, dass Ehrgeiz sein Herz erfüllte und er beschloss, nicht länger Gottes geliebter Fürst zu sein, sondern mit Gott selbst auf gleicher Stufe zu stehen.

In diesem Augenblick tat sich der Riss im Kosmos auf. In diesem Augenblick spaltete sich die Welt – die nach Gottes Willen vollkommen gut und harmonisch gewesen war, und ein Teil davon stellte sich in Gegensatz zu Gott. Der Teufel bot Gott Trotz und versuchte, seine eigene Herrschaft aufzurichten. Er gab seine eigene Stellung in der Regierung Gottes auf und stieg in die untere Himmelswelt hinab und rief aus, er sei nun dem höchsten Gott gleich. Er war von Gott als Fürst dieser Welt eingesetzt worden;

und Gott hat ihn noch nicht aus dieser Stellung entfernt, obwohl die rechtliche Grundlage für seine Beseitigung durch den Tod Christi gelegt worden ist.

Als ein mächtiger Fürst mit Scharen von Engeln, die ihm zur Verfügung standen, hat er sein Königreich auf Erden errichtet. Seine Macht und Stellung hier in dieser Welt sind die wahren Gründe dafür, dass die heiligen Schriften geschrieben werden mussten. Hätte der Satan nicht Gott Trotz geboten und versucht, mit seiner Macht und Autorität zu wetteifern, dann wäre die Geschichte von Adam im Garten des Paradieses ganz anders verlaufen. Hätte nicht der Satan selbst sich in Widerspruch zu Gott gestellt, dann würde keine Notwendigkeit bestanden haben, der Menschheit die Zehn Gebote zu geben, dann würde es Gott nicht nötig gehabt haben, seinen Sohn ans Kreuz zu schicken. Jesus und seine Apostel waren von der Existenz des Teufels fest überzeugt. Matthäus berichtet eine tatsächliche Unterredung zwischen Jesus und dem Teufel (Mt 4,1-10), auch den Pharisäern schien der Teufel völlig wirklich zu sein – so wirklich in der Tat, dass sie Jesus anklagten, dass er selbst der Teufel sei (Mt 12,24). In Jesu Geist bestand kein Zweifel an der Existenz des Teufels noch an der Macht, die er hier auf Erden ausübt.

Des Teufels Macht wird klar gezeigt in der Stelle Judas 9, welche berichtet: »Dabei hat es nicht einmal Michael, einer der mächtigsten Engel, gewagt, den Satan im Streit um den Körper von Mose zu verspotten. Er sagte nur: ›Der Herr bestrafe dich.‹« Die moderne Verwirrung über die Person des Teufels ist hauptsächlich zurückzuführen auf die Karikaturen über ihn, die besonders im Mittelalter in Mode waren. Um ihre Furcht vor dem Teufel abzuschwächen, versuchten die Leute, über ihn zu lachen, und stellten ihn dar als ein närrisches, lächerliches Geschöpf mit Hörnern und einem langen Schwanz. Sie legten ihm eine Mistgabel in die Hand, gaben seinem Gesicht einen schwachsinnigen, schielenden Blick, und dann sagten sie zueinander: »Wer fürchtet sich wohl vor einer solchen lächerlichen Gestalt?«

In Wahrheit ist der Teufel ein Geschöpf von überaus hoher Intelligenz, ein mächtiger und hochbegabter Geist von unendlicher Findigkeit. Wir vergessen leicht, dass der Teufel vielleicht der größte und höchste von allen Engeln Gottes war.

Der Teufel ist ganz und gar befähigt, den falschen Propheten hervorzubringen, vor welchem die Bibel warnt. Auf den Trümmern von Unglauben und zögerndem Zweifel wird der Teufel sein Meisterstück gestalten, den Gegenkönig. Er wird eine Religion schaffen ohne einen Erlöser. Er wird eine Kirche bauen ohne einen Christus. Er wird zu einem Gottesdienst aufrufen ohne das Wort Gottes.

Der Apostel Paulus sagte dies voraus, als er schrieb: »Doch ich habe Angst, es könnte euch etwas von eurer reinen und schlichten Hingabe an Christus abbringen, so wie Eva von der Schlange getäuscht wurde. Ihr scheint ohne Bedenken alles zu glauben, was die Leute euch erzählen, selbst wenn sie einen anderen Jesus verkünden als den, den wir verkünden, oder einen anderen Geist als den, den ihr empfangen habt, oder eine andere Botschaft als die, die ihr geglaubt habt. ... Diese Leute sind falsche Apostel. Sie haben euch getäuscht, indem sie sich für Apostel von Christus ausgaben« (2. Kor 11,3-4.13).

Wir wissen dass der Antichrist erscheinen und versuchen wird, die Seelen und Herzen der Menschen zu verführen. Die Zeit rückt nahe, die Zielstrecke ist schon abgesteckt – Verwirrung, Panik und Furcht herrschen draußen vor. Die Anzeichen des falschen Propheten sind überall zu erkennen, und viele von uns mögen lebendige Zeugen des furchtbaren Augenblicks werden, wenn der letzte Akt dieses uralten Dramas beginnt. Es kann sehr wohl in unserer Zeit geschehen, denn das Tempo ist sehr rasch, die Ereignisse überstürzen sich, und auf beiden Seiten sehen wir Männer und Frauen bewusst oder unbewusst ihre Partei wählen – und sich entweder auf den Teufel oder auf Gott ausrichten.

Es wird ein Kampf auf Leben und Tod werden im wahrsten Sinne dieses Wortes – eine Schlacht, in der es keine Schonung

Empfehlungen für Clubkunden

Lesenswert

Neue Romane von Gerth Medien

Thomas Franke

Das Mädchen, das nicht verschwinden wollte

Roman

GerthMedien

„In diesem Roman geht es darum, die ungeheure Kraft des kindlichen Glaubens zu entdecken. Ich glaube, in jedem Christen gibt es die Sehnsucht nach diesem Gott, den wir tatsächlich ‚Papa' nennen dürfen."
Thomas Franke

Über die Kraft des kindlichen Glaubens

Miriams beruflicher Erfolg bei einer Marketingagentur ist hart erkämpft. Das fromme Weltbild ihres Elternhauses hingegen hat sie längst hinter sich gelassen. Als plötzlich alte Wunden aufbrechen beschließt sie, sich einer neuartigen Therapie zu unterziehen. Doch etwas geht schief, und Miriam begegnet ihrem kindlichen Ich. Fortan wird sie auf Schritt und Tritt von einem rothaarigen Mädchen begleitet, das niemand außer ihr sehen kann. Dies bringt nicht nur ihr Leben durcheinander, sondern stellt auch ihre Weltsicht infrage.

Thomas Franke • Das Mädchen, das nicht verschwinden wollte
Gebunden • ca. 224 Seiten • € 18,– (€ [A] 15,30/CHF 15,70)
ISBN 978-3-95734-923-1 • Nr. 956 017 923
Clubausgabe mit abweichendem Titelbild • erhältlich ab Januar 2023

„Die berührende Geschichte hat mich mit großer Dankbarkeit erfüllt und ermutigt, am Gebet festzuhalten. Dykes gelingt es, auch in herausfordernden Situationen Mut und Hoffnung zu vermitteln."

Ingrid Holl, BuchPerle kostbar, Göppingen

Gott ist an unserer Seite. Auch in tiefster Dunkelheit.

Frankreich, 1918: Als der amerikanische Soldat Matthew an der Front ankommt, ruht alle Hoffnung auf ihm und seinen Kameraden. Während der Kampf ihm alles abverlangt, findet Matthew Trost in einem Lied, gesungen von einer Stimme, die so klar ist, dass sie eigentlich nur Einbildung sein kann. Doch in den Schützengräben verbreitet sich das Gerücht einer geheimnisvollen Frau, die heilsame Spuren hinterlässt …

Amanda Dykes • Der die Nacht erhellt • Gebunden • ca. 432 Seiten
€ € 18,70 (€ [A] 19,30/CHF 28,80) • ISBN 978-3-95734-894-4 • Nr. 956 017 894
Clubausgabe mit abweichendem Titelbild • erhältlich ab Januar 2023

GerthMedien

Viele Bücher sind auch als eBook erhältlich.

Diese Bücher erhalten Sie unter www.der-christliche-club.de
Irrtum, Preisänderung und Liefermöglichkeit vorbehalten.

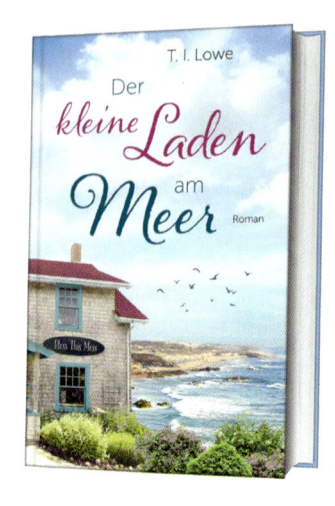

Opal liebt es, alte Möbel zu restaurieren. Als ein Sturm ihren Laden zerstört, bietet ihr der Ex-Soldat Lincoln seine Hilfe an. Sein Bein und seine Seele wurden bei einem Militäreinsatz schwer verletzt. Dass Opal trotz des Schicksalsschlages an Gott festhält, bewundert er. Eine charmante Geschichte, die zeigt, dass Glaube Berge versetzen kann.

T. I. Lowe • Der kleine Laden am Meer
Gebunden • 384 Seiten
€ 18,– (€ [A] 18,50/CHF 27,70*)
ISBN 978-395734-826-5 • Nr. 817826
Clubausgabe mit abweichendem Titelbild

Zehn Jahre erträgt Leah die brutalen Gewaltausbrüche ihres Ehemanns. Als sie eines Tages entkommen kann, flüchtet sie in eine hübsche Kleinstadt in South Carolina. Dort lernt sie Sophie kennen, der ein Café gehört und die Leah sofort in ihr Herz schließt. Wird Leah einen Neuanfang schaffen?

T. I. Lowe • Sophies Café
Gebunden • 384 Seiten
€ 15,30 (€ [A] 15,70/CHF 23,50)
ISBN 978-3-95734-743-5 • Nr. 956 017 743
Clubausgabe mit abweichendem Titelbild

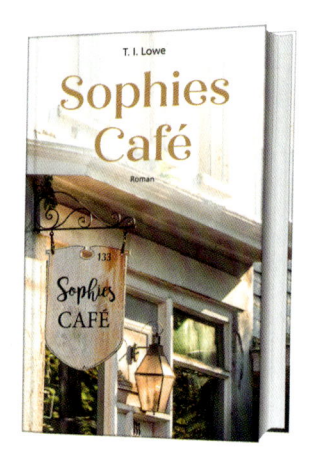

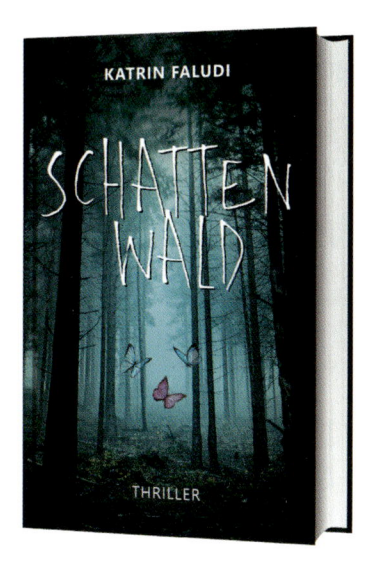

"Für diesen Thriller sollte man sich ein Wochenende reservieren, denn wer einmal anfängt, legt ihn nicht mehr aus der Hand."

Claudia Nickel,
freie Lektorin

Gast im Podcast *Der Flügelverleih*

Eine Reise ins Dunkel. Und ins Licht.

Sara und ihre Mutter Eva führen ein beschauliches Leben in der Nähe von Lübeck. In ihre heile Welt flattert eines Tages eine Karte aus Schweden, die mit den Worten „Dein Papa" unterschrieben ist. Sara ist verwirrt, hat ihre Mutter ihr doch erzählt, dass ihr Vater vor vielen Jahren ums Leben kam. Als weitere mysteriöse Dinge geschehen, wird Sara klar, dass in ihrer Kindheit etwas Schreckliches passiert sein muss … Ein packender Thriller über die Schatten der Vergeltung und die Kraft der Vergebung.

Katrin Faludi • Schattenwald • Gebunden • 432 Seiten
€ 15,30 (€ [A] 15,70/ 23,50) • ISBN 978-3-95734-922-4 • Nr. 956 017 922
Clubausgabe mit abweichendem Titelbild

The Chosen – Die Fortsetzung des weltweiten Serien-Phänomens

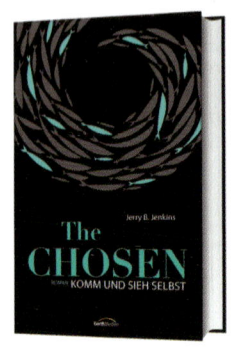

„Wunderbare, berührende und bildgewaltige Interpretation des Lebens Jesu in erzählender Form. Hervorragend!"

Leserstimme zu Band 1

Jesus – niemand hat die Welt so bewegt. Wo er auftaucht, wird alles anders. Lassen Sie sich mit hineinnehmen in die Geschehnisse rund um Jesus und die Menschen, die ihm nachfolgen: Simon Petrus, Johannes, Matthäus und Maria Magdalena. Sie lernen den Sohn Gottes immer besser kennen. Doch es gibt auch Rückschläge, Missverständnisse und Streitfragen, die es zu lösen gilt. Dieser Roman basiert auf der zweiten Staffel der erfolgreichen TV-Serie *The Chosen*.

Jerry B. Jenkins • The Chosen: Komm und sieh selbst • Gebunden • 400 Seiten
€ 18,70 (€ [A] 19,30/CHF 28,80) • ISBN 978-3-95734-921-7 • Nr. 956 017 921
Clubausgabe mit abweichendem Titelbild • erhältlich ab Januar 2023

Die 2. Staffel der außergewöhnlichen Serie. 8 neue Folgen nehmen Sie mitten hinein in die Geschehnisse der damaligen Zeit …

The Chosen – Staffel 2 • Laufzeit ca. 400 Min.
€ 16,99 (€ [A] 18,90/CHF 26,20)
DVD: EAN 4029856451299 • Nr. 045129
Blu-ray: EAN 4029856451305 • Nr. 045130

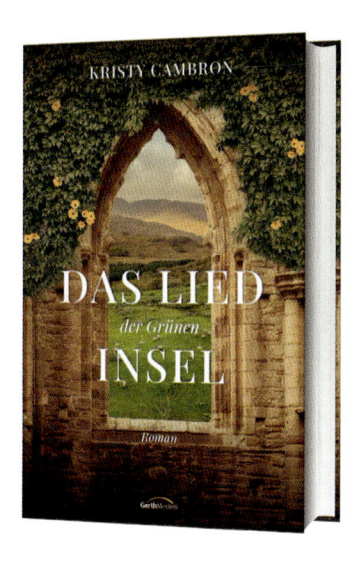

„Eine packende,
epische Geschichte
über drei Generationen
von Frauen, die
nach Wahrheit und
Gerechtigkeit streben."

Rachel Hauck,
Bestsellerautorin

Zeitreise ins malerische Irland

Laine Forrester steht an einem Wendepunkt in ihrem Leben, der sie auf eine abenteuerliche Reise nach Irland führt. Dort erwartet sie nicht nur eine atemberaubende Landschaft, sondern auch ein geheimnisvolles Schloss, hinter dessen Mauern Geschichten aus längst vergangenen Tagen zu neuem Leben erwachen. Es offenbaren sich die Schicksale von Issy, einer jungen Frau zur Zeit des Osteraufstandes von 1916, und Maeve, der Schlossherrin, die während der irischen Rebellion von 1798 ums Überleben kämpfte … Dieser Roman erzählt die Geschichten dreier starker Frauen, die sich entscheiden, all ihre Hoffnung darauf zu setzen, dass Gott selbst aus den schmerzhaftesten Situationen Gutes hervorbringen kann.

Kristy Cambron • Das Lied der Grünen Insel • Gebunden • 416 Seiten
€ 14,40 (€ [A] 14,90/CHF 22,30) • ISBN 978-3-95734-777-0 • Nr. 956 017 777
Clubausgabe mit abweichendem Titelbild

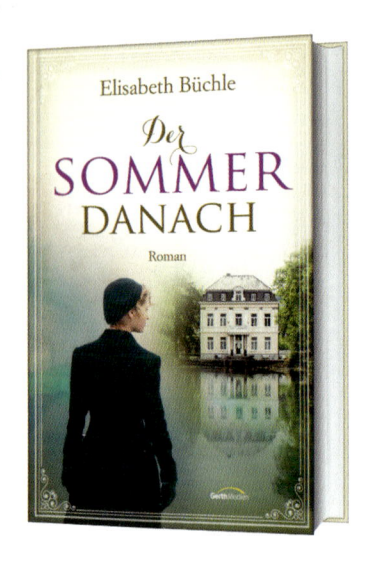

„Ein großartiger, wichtiger und gut recherchierter Roman, der eindrucksvoll zeigt, dass selbst die dunkelsten Kapitel in unserem Leben heller werden, wenn wir die Hoffnung nicht aufgeben und darauf vertrauen, dass Gott uns in seiner starken Hand hält."

Carolin Kilian, Lektorin

Gast im Podcast *Der Flügelverleih*

Die berührende Geschichte einer mutigen Frau

Potsdam, 1945: Die Welt blickt auf „Die Großen Drei" und ihre Beschlüsse für Nachkriegsdeutschland. In dieser Zeit lernt Karla, eine junge Deutsche, Joan Bright, eine außergewöhnliche Britin mit dem Spitznamen „Moneypenny" kennen, und eine tiefe Freundschaft entsteht. Allerdings ist es auch eben jene Moneypenny, die Karla in gefährliche Heimlichkeiten verstrickt. Karlas Frage, was aus ihren als vermisst geltenden Brüdern wurde, sowie ihre verbotene Liebe zu einem Briten sind somit bei Weitem nicht die größten Herausforderungen, denen sich die junge Frau stellen muss.

Elisabeth Büchle • Der Sommer danach • Gebunden • 432 Seiten
€ 17,– (€ [A] 17,50/CHF 26,20) • ISBN 978-3-95734-843-2 • Nr. 956 017 843
Clubausgabe mit abweichendem Titelbild

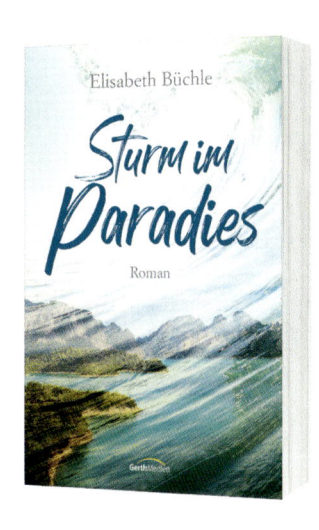

Zum Dank für seine Rettung lädt der Millionär Marty das Team der Schwarzwälder Luftrettung zu seiner Hochzeit nach Thailand ein. Auch die Sanitäterin Rebecca nimmt nach einigem Zögern die Einladung an. Doch dann bricht ein Sturm über das Paradies herein: Eine riesige Welle bahnt sich den Weg zur Küste …

Elisabeth Büchle • Sturm im Paradies
Taschenbuch • 384 Seiten
€ 12,95 (€ [A] 13,30/CHF 16,90)
ISBN 978-3-95734-944-6 • Nr. 817944

South Carolina, 1847: Nach einigen Schicksalsschlägen bittet die 18-jährige Joanna Steinmann ihren älteren Bruder Stewart, sie und ihre vier jüngeren Schwestern auf einen Treck in den Westen der USA mitzunehmen. Werden die Geschwister am Ziel ihrer langen Reise ankommen? Ein romantischer und gleichzeitig spannender Roman.

Elisabeth Büchle • Wohin der Wind uns trägt • Taschenbuch • 592 Seiten
€ 12,– (€ [A] 12,40/CHF 15,70)
ISBN 978-395734-842-5 • Nr. 817842

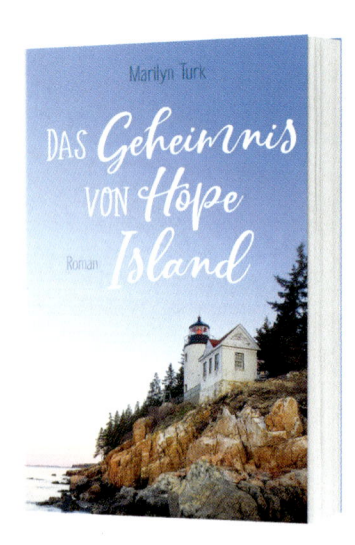

„Ein Roman wie ich ihn mir wünsche! Sowohl die Spannung als auch der historische Kontext haben mich begeistert, der Schreibstil ist sensationell. Die geistliche Botschaft ist alltagstauglich und unaufdringlich eingeflochten. Einfach klasse!"

Leserstimme

Willkommen auf Hope Island

Abby Baker zieht nach dem Tod ihres Mannes zusammen mit ihrer Tochter Emely zurück in ihren Heimatort Hope Harbor. Dort lernt sie Carson Stevens kennen, der die kleine Insel Hope Island mitsamt dem nostalgischen Leuchtturm gekauft hat, um diesen in ein Bed & Breakfast umzubauen. Abby ist die Enkelin der ehemaligen Leuchtturmwärter, und Carson überredet sie, ihn beim Innenausbau zu unterstützen. Während Abby und Carson gemeinsam an diesem Herzensprojekt arbeiten, entdecken sie in einem Geheimfach des Leuchtturmwärterhäuschens das alte Logbuch von Abbys Großmutter. Was sie darin finden, stellt Abbys Leben gehörig auf den Kopf ...

Marilyn Turk • Das Geheimnis von Hope Island • Broschur • 336 Seiten
€ 12,70 (€ [A] 13,10/CHF 19,60) • ISBN 978 3-95734-796-1 • Nr. 956 017 796
Clubausgabe mit abweichendem Titelbild

„Ein spannender Roman voller Emotionen. Die Geschichte ermutigt, sich Gott in allen Situationen anzuvertrauen und bei ihm Halt und Geborgenheit zu suchen – trotz aller Widrigkeiten des Lebens."

Leserstimme

Auf den Spuren der Vergangenheit

Köln, 1946: Die 7-jährigen Zwillinge Rosmarie und Gerd Henke werden im Rahmen der *Operation Shamrock* nach Irland gebracht, um den schwierigen Lebensumständen im Nachkriegsdeutschland zu entkommen. Während Gerd nach drei Jahren wieder zurückkehrt, wird Rosie adoptiert und verbringt den Großteil ihres Lebens auf der Grünen Insel … Mit 80 Jahren reist sie noch einmal nach Deutschland, um sich auf die Suche nach Gerd zu machen. Doch ist ihr Bruder überhaupt noch am Leben? Ein fesselnder und zu Herzen gehender Roman, der auf wahren Begebenheiten basiert und ein Stück deutsche Geschichte zu neuem Leben erweckt.

Dorothea Morgenroth • Auf den Flügeln der Zeit • Gebunden • 416 Seiten
€ 14,40 (€ [A] 14,90/CHF 22,30) • ISBN 978-3-95734-776-3 • Nr. 956 017 776
Clubausgabe mit abweichendem Titelbild

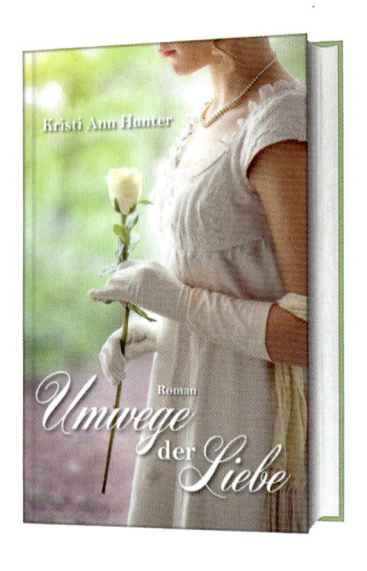

„Dieser Regency-Roman ist wie ein Wirbelwind, mit geistlicher Tiefe und faszinierenden Charakteren. Ein Buch, das man sich nicht entgehen lassen sollte."

Leserstimme

Romantisch, humorvoll, historisch

England, 1813: Lady Georgina Hawthorne hat hart dafür gearbeitet, dass ihre Einführung in die Londoner Gesellschaft ein voller Erfolg wird. Sie ist fest entschlossen, einen reichen Ehemann zu finden. Denn nur ein einflussreicher Mann wird ihr helfen, ein Geheimnis zu wahren, von dem selbst ihre Familie und ihre engsten Freunde nichts wissen – und das ihr Leben zerstören könnte. Colin McCrae ist zwar wohlhabend, aber alles andere als ein begehrenswerter Junggeselle. Als sich die Wege der beiden immer wieder kreuzen und sie regelmäßig aneinandergeraten, kommt Colin nach und nach hinter Georginas Geheimnis.

Kristi Ann Hunter • Umwege der Liebe • Gebunden • 400 Seiten
€ 14,40 (€ [A] 14,90/CHF 22,30) • ISBN 978-3-95734-790-9 • Nr. 956 017 790
Clubausgabe mit abweichendem Titelbild

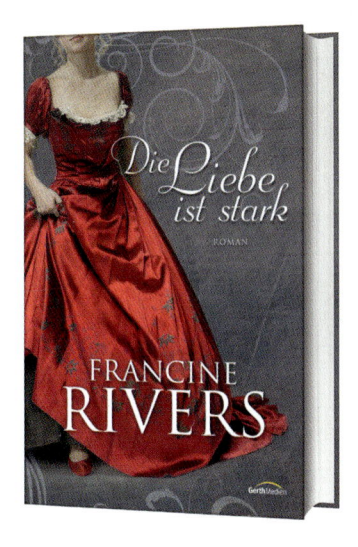

„Vielleicht das bewegendste Buch, das Sie in Ihrem ganzen Leben lesen werden."

Angela E. Hunt, Autorin

Die Neuauflage des Klassikers

Amerika im Goldrausch der 1850er-Jahre: Die erst 8-jährige Sarah wird in die Prostitution verkauft. „Angel" ist Sarahs Prostituierten-Name, doch was sie erlebt, ist die Hölle auf Erden. Angel wird innerlich kalt wie Stein und lässt nichts und niemanden mehr an sich heran. Bis sie Michael Hosea begegnet. Der einfache, rechtschaffene Farmer holt Angel aus dem Gefängnis der Abhängigkeit und Gewalt und nimmt sie zur Frau. Mit unendlicher Geduld lebt er ihr vor, was bedingungslose Liebe heißt. Ganz langsam beginnt Angels Herz aufzutauen …

Francine Rivers • Die Liebe ist stark • Gebunden • 480 Seiten
€ 18,70 (€ [A] 19,30/CHF 28,80) • ISBN 978-3-95734-802-9 • Nr. 956 017 802
Clubausgabe mit abweichendem Titelbild

„Dieses Buch überzeugt mit liebenswerten Charakteren, deren Glaube und Gottvertrauen sie durch schwierige Zeiten im Leben tragen. Ein Roman, der in jeder Hinsicht mitten ins Herz trifft."

Sarah Sundin, Autorin

Die ergreifende Fortsetzung von *Weiter als der Ozean*

Grace und Garth McAlister wurden im Jahr 1909 von London aus als angebliche Waisenkinder nach Kanada verschickt. Während Grace adoptiert wurde, arbeitete Garth für einen Farmer. Nach einigen Jahren kehrt er Kanada den Rücken, um als Soldat in den Krieg zu ziehen. Seine große Liebe Emma lässt er schweren Herzens zurück. Als der Briefkontakt zu ihr abreißt, beschließt Garth zurückzukehren, um die beiden Frauen zu suchen, die er einfach nicht aus Kopf und Herz bekommt: seine schmerzlich vermisste Schwester Grace und die plötzlich verschwundene Emma …

Carrie Turansky • Kein Weg zu weit • Gebunden • 352 Seiten
€ 15,30 (€ [A] 15,70/CHF 23,50) • ISBN 978-3-95734-830-2 • Nr. 956 017 830
Clubausgabe mit abweichendem Titelbild

„Die Geschichte der Familie McAlister geht unter die Haut. Man kann das Buch nicht weglegen. Es spricht in die Gegenwart."

Ingrid Holl,
Buchhandlung
Buchperle kostbar,
Göppingen

Verschickt auf die andere Seite der Welt

London, 1909: Nach dem Tod ihres Mannes kämpft Edna darum, für ihre drei jüngsten Kinder zu sorgen. Als sie ernsthaft erkrankt, werden die Kinder in einem Waisenhaus untergebracht – und sollen nach Kanada vermittelt werden. Mit Hilfe des jungen Anwalts Andrew begibt sich Laura, die älteste Tochter, die außerhalb der Stadt als Hausmädchen arbeitet, auf die Suche nach ihren Geschwistern. Werden sie die Kinder finden? Dieser Roman der mehrfach preisgekrönten Autorin Carrie Turansky basiert auf wahren Begebenheiten.

Carrie Turansky • Weiter als der Ozean • Gebunden • 432 Seiten
€ 15,30 (€ [A] 15,70/CHF 23,50) • ISBN 978-3-95734-705-3 • Nr. 956 017 705
Clubausgabe mit abweichendem Titelbild

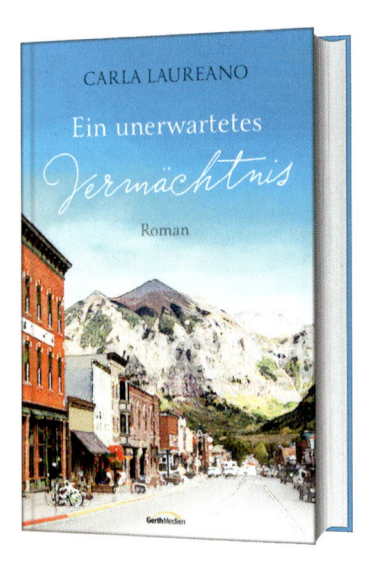

„Laureano zeigt, dass ein Leben aus Gottes Vergebung dazu befreit, anderen und auch sich selbst vergeben zu können. Ein zu Herzen gehender Roman mit geistlichem Tiefgang."

Antje Balters, Übersetzerin

Auf Spurensuche in der Vergangenheit

Als die Innenarchitektin Melissa Green eines Tages erfährt, dass sie fünf historische Häuser geerbt hat, kann sie es kaum glauben. Denn bis dahin hatte sie als Pflegekind keine Ahnung, wer ihre Familie ist. Kurzerhand fliegt sie nach Colorado, um sich ein Bild von den Immobilien zu machen. Während Melissa sich mit dem Nachlass ihrer Großmutter befasst, stößt sie auf Dinge aus ihrer Vergangenheit, die sie nie für möglich gehalten hätte … Ein berührender Roman, der zeigt, dass Liebe und Vergebung heilende Wirkung entfalten können.

Carla Laureano • Ein unerwartetes Vermächtnis • Gebunden • 448 Seiten
€ 17,– (€ [A] 17,50/CHF 26,20) • ISBN 978-3-95734-906-4 • Nr. 956 017 906
Clubausgabe mit abweichendem Titelbild

geben wird, keine Nachsicht, keine Ausnahme. Die menschliche Phase dieser Schlacht begann im Garten Eden, als der Teufel die Menschheit von Gott weglockte und es dadurch ermöglichte, dass es nun Milliarden von widerstreitenden Willensäußerungen gibt, dass jeder Mensch seinen eigenen Weg geht. »Wir alle irrten umher wie Schafe, ein jeder ging seinen eigenen Weg; der Herr aber legte unser aller Sünde auf ihn« (Jes 53,6). Sie wird dauern bis zum Ende der Zeit, bis eine oder die andere von diesen beiden gewaltigen Kräften – die Macht des Guten oder des Bösen – siegen und den wahren König oder den falschen König auf den Thron setzen wird.

Während keiner einzigen Sekunde deines Wachseins oder Schlafens bist du außerhalb dieser beiden mächtigen Kräfte, niemals gibt es einen Augenblick, da du nicht mit Überlegung wählen kannst, ob du mit dem einen oder anderen gehen willst. Immer steht der Teufel an deiner Seite, um dich zu versuchen, dich zu beschwätzen, dir zu drohen oder zu schmeicheln. Immer aber auch steht an deiner anderen Seite Jesus, der alliebende und immer vergebende Heiland, und wartet darauf, dass du dich ihm zuwendest, dass du ihn um seine Hilfe bittest, damit er dir übernatürliche Kraft schenke, um dem Bösen zu widerstehen. Im Augenblick deiner größten Furcht und Angst, in Augenblicken, wenn du dich hilflos fühlst gegenüber den gewaltigen Ereignissen, die du nicht kontrollieren kannst, wenn Verzweiflung und Enttäuschung dich überwältigen – in diesen Augenblicken ist es sehr oft der Teufel, der versucht, dich an deiner schwächsten Stelle zu fangen und dich weiter voranzuschieben auf dem Wege, den Adam gewählt hat.

In diesen gefährlichen Augenblicken erinnere dich daran, dass Christus dich nicht verlassen hat. Er hat dich nicht ohne Verteidigung gelassen. Als er in der Stunde seiner Versuchung über Satan triumphierte, hat er versprochen, dass auch du täglich über den Versucher siegen kannst. Denke daran: »Denn zu diesem Zweck ist der Sohn Gottes erschienen, um die Werke des Teufels zu zerstören« (1. Joh 3,8).

Dasselbe Buch, das uns immer wieder von Gottes Liebe erzählt, warnt uns beständig vor dem Teufel, der zwischen uns und Gott treten will, der ständig darauf wartet, die Seelen der Menschen zu verführen. »Seid besonnen und wachsam und jederzeit auf einen Angriff durch den Teufel, euren Feind, gefasst! Wie ein brüllender Löwe streift er umher und sucht nach einem Opfer, das er verschlingen kann« (1. Petr 5,8). Die Bibel spricht von einem persönlichen Teufel, der über ein Heer von dämonischen Geistern herrscht, welche versuchen, alles menschliche Tun zu beeinflussen und zu überwachen. »Satan, der im Machtbereich der Luft regiert« (Eph 2,2).

Zweifle keinen Augenblick an dem Vorhandensein des Teufels! Er ist sehr persönlich und sehr real! Und er ist überaus klug. Blicke noch einmal auf die erste Seite der heutigen Zeitung, wenn du irgendeine Frage über die Person des Teufels hast. Drehe deinen Radio- oder Fernsehapparat an und höre die Nachrichtenübertragung, wenn du einen konkreten Beweis nötig hast.

Würden gesund denkende Männer und Frauen sich in dieser Weise benehmen, wenn sie nicht in der Gewalt des Bösen wären? Könnten Herzen, die nur mit Gottes Liebe und Gottes Güte erfüllt sind, solche Taten der Gewalt und Bosheit ersinnen und durchführen, wie sie uns jeden Tag berichtet werden? Könnten Männer von hoher Bildung und Intelligenz und ehrlichem Wollen sich an einen Konferenztisch setzen und so vollständig versagen und die Nöte und Ziele der anderen nicht verstehen, wenn ihr Denken nicht bewusst umwölkt und verdorben wäre?

Immer wenn ich einen aufgeklärten Mann unserer Zeit die Glaubwürdigkeit eines persönlichen Teufels, der über ein Heer von bösen Geistern verfügt, ablehnen höre, erinnere ich mich an das folgende Gedicht von Alfred J. Hough:

Die Menschen glauben jetzt nicht an den Teufel,
wie es ihre Väter zu tun pflegten;

sie haben mit Gewalt die Tür des umfassendsten Glaubensbekenntnisses aufgestoßen, um seine Majestät durchzulassen.
Es ist kein Abdruck seines gespaltenen Fußes, auch kein feuriger Pfeil von seiner Stirn heute auf Erden oder in der Luft zu finden, denn die Welt hat es so bestimmt.
Wer spürt den Schritten des sich abmühenden Heiligen nach und gräbt Fallgruben für seine Füße?
Wer sät das Unkraut auf den Feldern der Zeit, wenn Gott immer nur den Weizen sät?
Der Teufel soll es nicht sein, so entschied man, und natürlich ist das richtig.
Aber wer vollführt dann diese Arbeit, die der Teufel allein tun kann?
Uns wird gesagt, dass er jetzt nicht umhergeht wie ein brüllender Löwe;
aber wen sollen wir verantwortlich machen für den ewigen Zank und Streit,
der im Hause, in der Kirche und im Staate bis zu den fernsten Grenzen der Erde zu hören ist,
wenn der Teufel nach einstimmigem Urteil nirgends mehr zu finden ist?
Wird niemand vortreten und eine Verbeugung machen und zeigen, wie die Betrügereien und Verbrechen eines einzigen Tages entstehen? Das wollen wir wissen.
Der Teufel ist rechtmäßig abgeschafft worden, und natürlich ist er fort;
aber einfache Leute wollen es immer noch wissen, wer die Arbeit weitermacht.

Wer ist denn in Wirklichkeit verantwortlich für die Niedertracht, den Schrecken und die Todesangst, die wir um uns herum sehen? Wie können wir die Leiden erklären, die wir alle erfahren, wenn das Böse keine mächtige Kraft ist? Die moderne Erziehung hat wahrlich unseren Geist nur gehindert, wenn die angeblich wissenschaftlichen Ergebnisse von uns verlangen, dass wir unseren Glauben an die übernatürlichen Kräfte des Satans aufgeben.

Der moderne Geist mag es verwerfen, aber das veranlasst das böse Prinzip durchaus nicht, selbst zu verschwinden.

Der große Methodistenprediger Dr. Cloves Chappell schreibt in seinen Predigten zu den Gleichnissen: »Es scheint, dass Jesus ebenso wie die Heiligen des Neuen Testaments glaubte, dass es eine böse Persönlichkeit gab, die als der Teufel bekannt ist. Unsere Zeit hat diese Lehre beiseitegelegt.« Aber er fügt dann nachdenklich hinzu: »Wenn wir auch das Vorhandensein des Bösen nicht mehr erklären und dem Teufel zur Last legen können, so können wir deshalb doch nicht die Tatsache des Bösen selbst aus der Welt schaffen. Die Sünde ist eine grimmige Tatsache, wir mögen es erklären, wie wir wollen.« Die Sünde ist allerdings eine grimmige Tatsache. Sie steht wie eine riesenhafte Kraft da und bekämpft all das Gute, das die Menschen gern tun wollen. Sie steht da wie ein dunkler Schatten, immer bereit, jedes Licht auszulöschen, das uns von oben her erreichen möchte. Wir alle kennen das. Wir alle sehen es. Wir alle merken es bei jeder unserer Bewegungen. Wir mögen es nennen, wie wir wollen, wir kennen seine nur zu wirkliche Existenz.

»Denn wir kämpfen nicht gegen Menschen aus Fleisch und Blut, sondern gegen die bösen Mächte und Gewalten der unsichtbaren Welt, gegen jene Mächte der Finsternis, die diese Welt beherrschen, und gegen die bösen Geister in der Himmelswelt« (Eph 6,12).

Wie erklären sich diejenigen, welche den Teufel und seine Gehilfen leugnen, die Schnelligkeit, mit der sich das Böse ausbreitet? Wie erklären sie sich die unendlich vielen Steine des Anstoßes, die auf den Weg der Gerechten gestreut sind? Wie können sie die Tatsache fortdiskutieren, dass Zerstörung und Unglück nur die Arbeit von Sekunden sind, während Aufbau und Wiederherstellung oft sehr lange dauern?

Sprich eine Lüge in die Luft, löse eine verleumderische Zunge – und die Worte werden wie durch Zauberkraft in die fernsten Ecken getragen. Sprich eine Wahrheit aus, vollführe eine edle und ehrliche Tat – und unsichtbare Kräfte werden immer sogleich dabei sein und versuchen, diesen winzigen Strahl von Licht und Hoffnung zu verbergen. Niemand baut dem Teufel mit Bewusstsein Kirchen, niemand errichtet Kanzeln, von denen herab sein Wort gepredigt wird. Und dennoch ist sein Wort überall, und allzu oft wird es in gefährliche Taten übertragen. Wenn keine unsichtbare Kraft am Werke ist, um die Menschenherzen zu verderben und die Gedanken der Menschen zu verzerren, wie willst du dann die Bereitwilligkeit der Menschen erklären, dem Bösen und Gemeinen und Schlechten zu lauschen, während sie für das Gute, Reine und Wahre taube Ohren haben? Würde einer von uns an einer reifen, köstlichen Frucht vorbeigehen und eine verfaulte wählen, die von Würmern wimmelt und nach Verwesung riecht, wenn wir nicht durch eine böse, finstere Macht zu dieser schrecklichen Wahl getrieben worden wären? Und doch ist es genau das, was wir immer wieder tun. Wir gehen beständig an den reichen, schönen und heilsamen Erfahrungen vorbei und suchen die wertlosen, billigen und herabziehenden. Das sind die Werke des Teufels, und sie gedeihen überall.

Was wir hier auf Erden sich ereignen sehen, ist nur eine Widerspiegelung der weit größeren Kämpfe zwischen Gut und Böse in der unsichtbaren Welt. Wir denken gern, unser Planet sei der Mittelpunkt der Welt, und wir legen zu viel Wert auf die irdischen Ereignisse. Unser törichter Stolz ist so groß, dass wir nur das erkennen und in Rechnung stellen können, was unseren menschlichen Augen sichtbar ist. Aber ein Kampf von unendlich viel größerer Bedeutung wird in der Welt ausgetragen, die wir nicht sehen können.

Einer der vielen Preise, die Adam bezahlen musste, weil er auf den Teufel hörte, war der, dass er den Blick für die geistlichen Zusammenhänge verlor. Für sich und die ganze Menschheit verlor er die Fähigkeit, etwas zu sehen und zu hören und zu verstehen, was nicht materiell begründet war. Adam schloss sich selbst aus von den ewigen Wundern und Herrlichkeiten der unsichtbaren Welt.

Er verlor die Kraft der wahren Prophetie, die Fähigkeit, nach oben zu blicken und dadurch das Wirken des Gegenwärtigen besser zu verstehen. Er verlor seinen Sinn für Stetigkeit, für das Einssein mit dem Weltall und mit allen lebenden Wesen. Er trennte sich von Gott und wurde ein Fremdkörper in Gottes Welt.

Als Adam dieses tat, wurde er so etwas wie ein fehlerhafter Fernsehempfänger, der nur imstande ist, einen Kanal einzustellen anstatt viele – und jener eine Kanal ist verworren und verzerrt.

Wenn wir ein Bild verschwommen und unscharf finden, tadeln wir deshalb nicht die Sendestation. Wenn wir nicht das Programm bekommen können, das wir wünschen, oder wenn das Bild auf dem Schirm undeutlich wird, verurteilen wir nicht die Wissenschaftler, die die Röhren ersannen, um das Fernsehen möglich zu machen. Wir erkennen, dass der Fehler an dem besonderen Apparat liegt, den wir gerade gebrauchen. Wir sagen nicht, dass das ganze Fernsehen ein kläglicher Fehlschlag ist, weil unsere Antenne vielleicht unzweckmäßig angelegt ist oder weil wir in einer Gegend wohnen, in welcher der Fernsehempfang schlecht ist.

Aber wenn ein Schicksalsschlag oder eine Krankheit über uns hereinbricht, wenn wir für die Folgen unserer eigenen Sünden leiden müssen, dann tadeln wir deswegen sofort Gott. Wir sind geduldig und verständnisvoll bei unseren Fernsehapparaten, wenn sie uns nicht das geben, was wir wollen, aber wir murren schnell gegen Gott und seine Welt, wenn wir ein verzerrtes Bild davon bekommen.

Es ist das Böse und die Verzerrung in uns selbst, die uns davon abhalten, Gottes vollkommene Welt zu sehen und zu erkennen. Unsere Sünde macht das Bild undeutlich, das uns davon abhält, Gottes reine Kinder zu sein, anstatt Kinder des Bösen. Paulus sprach für uns alle, wenn er sagte: »Wenn ich Gutes tun will, tue ich es nicht. Und wenn ich versuche, das Böse zu vermeiden, tue ich es doch« (Röm 7,19).

Paulus erkannte den furchtbaren Feind, den gewaltigen Gegner der Menschheit und rief aus: »Was bin ich doch für ein elender

Mensch! Wer wird mich von diesem Leben befreien, das von der Sünde beherrscht wird? Gott sei Dank: Jesus Christus, unser Herr! Fest steht: Meiner Vernunft nach möchte ich dem Gesetz Gottes gehorchen, aber meiner menschlichen Natur nach bin ich ein Sklave der Sünde« (Röm 7,24-25).

Zwei gewaltige Gegner erkannte Paulus deutlich, und er war sich darüber klar, dass er zwischen ihrem mächtigen Magnetismus hin- und hergerissen wurde. Die Kraft des Guten zog seinen Geist und sein Herz empor zu Gott, während die Kraft des Bösen versuchte, seinen Körper in Tod und Verderben hinunterzuziehen. Auch du bist gefangen zwischen diesen beiden gleichen Kräften: Leben und Tod! Wähle Gottes Weg, und du findest das Leben. Wähle Satans Weg, und du hast den Tod! Du allein kannst diese Wahl treffen. Und eines Tages musst du sie treffen.

6 | Was kommt nach dem Tode?

Es ist nur ein Schritt zwischen mir und dem Tode.
1. Sam 20,3 (LUT)

Man hat gesagt, das ganze Leben sei nur eine Vorbereitung auf den Tod. Ein Dichter hat gesagt: »Wo ist jemand, der da lebt und den Tod nicht sähe?« (Ps 89,49; LUT).

Unser Zeitalter wird vielfach für eine radikale Freidenkerzeit gehalten. Wir haben versucht, die Welt und die Gesetze, welche sie regieren, durch Erkenntnis, Wissenschaft, Erfindung, Philosophie und materialistisches Denken zu ändern. Wir haben versucht, die falschen Götter, Geld, Ruhm und menschliche Weisheit, auf den Thron zu setzen; aber was wir auch immer versuchen, das Ende bleibt stets dasselbe: »Es ist dem Menschen bestimmt, einmal zu sterben« (Hebr 9,27). Mitten im Leben sehen wir auf jeder Seite den Tod. Die Klage des Krankenwagens, die erleuchteten Symbole der Leichenhalle, die vielen Friedhöfe, an denen wir vorbeikommen, und der Anblick eines Leichenwagens, der sich durch den Verkehr windet, alles das erinnert uns daran, dass der schreckliche Schnitter Tod uns in jedem Augenblick rufen kann. Keiner von uns ist sicher, wann dieser Augenblick für uns da sein wird, aber was wir alle ganz genau wissen, ist, dass er einmal kommen wird.

Jedes Jahr steigen etwa vierzigtausend Amerikaner in ihr Auto und denken wohl kaum daran, dass dies ihre letzte Fahrt ist. Trotz aller vermehrter Sicherheitsmaßnahmen werden weitere dreißigtausend Personen durch Unfälle zu Hause getötet, wo ihnen jeder Gedanke an den Tod völlig fern liegt. Der Tod schreitet unbarmherzig neben der Menschheit einher, und wenn auch die medizinische Wissenschaft und die Sicherheitsorgane einen ständigen Kampf gegen ihn führen, am Ende bleibt der Tod doch immer der Sieger.

Dank dieser lange durchkämpften wissenschaftlichen Schlacht haben wir jetzt den Vorteil, einige Jahre länger leben zu können. Aber trotzdem steht der Tod am Ende des Weges, und die Lebensspanne des Durchschnittsmenschen reicht nicht weiter als die biblischen siebzig Jahre.

Von dem Augenblick, in dem ein Kind geboren wird, beginnt auch schon der Kampf gegen den Tod. Die Mutter widmet Jahre der Sorge um den Schutz des Lebens ihres Kindes. Sie beobachtet die Nahrung, die Kleidung, die Umgebung, die ärztlichen Anweisungen und Impfungen, aber trotz ihrer liebenden Sorge hat das Kind schon angefangen zu sterben.

Nach einigen Jahren schon werden die fühlbaren Anzeichen der Schwäche sichtbar. Der Zahnarzt soll den Verfall unserer Zähne aufhalten. Brillen werden benötigt, um unsere schwindende Sehkraft zu verbessern. Die Haut wird mit der Zeit runzlig und faltig, unsere Schultern werden gebeugt und unsere Schritte immer langsamer und unsicherer. Die Hinfälligkeit unseres Körpers nimmt zu, während unsere Kraft nachlässt, und fast ohne dass wir es merken, sind wir dabei, uns dem Tode immer mehr zu nähern. Krankenversicherung und Krankenhauspflege werden benötigt, um uns zu helfen, den Schlag abzumildern. Eine Lebensversicherung wird eingegangen, um unsere letzten Ausgaben und Verpflichtungen zu decken, und schließlich sehen wir unser ganzes Leben als einen großen und nie endenden Kampf mit dem Tode. Wir erkennen, dass wir alle ein Wettrennen durchführen, in dem das Höchste, das wir erhoffen können, etwas mehr Zeit ist und dass wir unseren Gegner, soweit wir können, etwas überlisten; aber wir wissen, dass am Ende der Tod doch immer siegen wird.

Wie geheimnisvoll ist doch dieser Feind – so geheimnisvoll wie das Leben selbst. Denn das Leben, das wir so mannigfalt um uns sehen in Pflanzen und Tieren, ebenso wie im Menschen, kann von uns nicht geschaffen, auch nicht einmal erklärt werden. Auch der Tod ist unerklärlich, obgleich wir seiner Gegenwart so sicher sind wie der des Lebens. Wie ungern sprechen wir jedoch von ihm oder denken an seine Bedeutung! Wenn das Leben kommt, wenn ein Kind geboren wird, dann freuen wir uns. Wenn das Leben dahingeht, wenn ein Mensch stirbt, dann versuchen wir, so schnell wie möglich diesen Gedanken loszuwerden.

Scheint es da nicht eigenartig, dass, während wir so viel von unserer Energie darauf richten, Leben in die Welt zu bringen, wir so entschlossen uns abwenden von der brennenden Tatsache, dass dieses selbe Leben ständig Abschied nimmt von der Erde?

Heute gibt es etwa zwei Milliarden Menschen auf diesem Planeten. Fast alle werden in hundert Jahren tot sein. Ihre Körper werden ohne Gefühl sein. Aber was wird aus ihren Seelen – aus dem wesentlichen und ewigen Teil des Lebens? Hier liegt das Geheimnis. Was geht dahin, wenn ein Mensch stirbt? Wohin geht dieses schwindende Etwas? Vor zwei Jahren starb in Denver Colorado ein Journalist. Die trauernden Hinterbliebenen hörten bei der Bestattung seine auf Magnetofonband aufgenommene Stimme, als er sagte: »Dies ist mein Begräbnis. Ich bin Atheist und bin es viele Jahre gewesen. Ich habe die äußerste Verachtung für den theologischen Unsinn. Die Geistlichen sind moralische Feiglinge. Die Wunder sind das Produkt der Einbildung. Wenn vier Berichterstatter zu einer Hinrichtung geschickt würden und ihre Tatsachen so verdreht berichteten wie die Apostel in den biblischen Berichten, dann würden sie sofort hinausgeworfen werden. Ich wünsche keine geistlichen Lieder. Dies hier soll ein völlig rationalistisches Begräbnis sein.«

Jede Zeit hat Menschen hervorgebracht, die in ihrem Hass gegen Gott versucht haben, Schimpf und Schande auf die Kirche, die Bibel und Jesus Christus zu häufen. Ohne einen Beweis zu erbringen, richteten sie sich gegen die Stimme Gottes. Die Geschichte bezeugt das von Bernard Shaw, Robert Ingersoll und vielen anderen Philosophen, welche sich bemühten, durch Beweisgründe die Todesfurcht zu zerstören.

Hören wir, was ein Anthropologe von dem Tod im Dschungel erzählt. Dort gibt es keinen »theologischen Unsinn«, denn sie haben nichts von Jesus Christus gehört. Wie steht es dort mit dem Tode? In einigen Stämmen werden die alten Menschen in den Busch getrieben, sodass die wilden Tiere sie angreifen können und wo der Tod nicht von den jungen Menschen mit angesehen zu werden braucht. In einem anderen Stamm werden die Kleider abgestreift und die Körper der Leidtragenden weiß angestrichen. Stunde für Stunde verkünden die Seufzer und Schreie der Frauen, dass eine Seele im Begriff ist, den Körper zu verlassen. Außerhalb des christlichen Einflusses ist der Tod von Schrecken und Verzweiflung erfüllt.

Wie ganz anders ist da doch die Todesstunde des Christen, der seine Sünde bekannt und Jesus Christus im Glauben als seinen persönlichen Erlöser empfangen hat!

Viele Jahre hindurch unterrichtete Dr. Effie Jane Wheeler Englisch und Literatur in dem College, das ich besuchte. Dr. Wheeler war ebenso bekannt wegen ihrer Frömmigkeit wie wegen ihrer großen Fachkenntnisse in den Fächern, die sie lehrte. Im Mai 1949, am Gedächtnistag des Colleges, schrieb Dr. Wheeler folgenden Brief an Dr. Edman, den Direktor, an ihre Kollegen und an die ehemaligen Studenten: »... Ich lege großen Wert auf den Augenblick, in dem in der Kapelle dieser Brief vorgelesen wird, denn bevor Sie in die Sommerferien gehen, sollen Sie die Wahrheit über mich erfahren, wie ich sie selbst erst am letzten Freitag erfuhr. Mein Arzt hat mir endlich die wirkliche Diagnose meiner wochenlangen Krankheit mitgeteilt – unheilbarer Krebs. Wenn er ein Christ gewesen wäre, hätte er nicht so lange gezögert und wäre nicht so erschüttert gewesen, denn er würde gewusst haben – wie Sie und ich –, dass das Leben oder der Tod in gleicher Weise willkommen sind, wenn wir nach dem Willen und in der Gegenwart unseres Herrn leben. Wenn der Herr es bestimmt hat, dass ich bald zu ihm gehen soll, dann gehe ich freudig. Bitte, klagen Sie nicht einen Augenblick über mich. Ich sage kein kaltes ›Lebewohl‹, sondern vielmehr ein warmes ›Auf Wiedersehen‹, bis ich Sie wiedersehe in dem gesegneten Land, wo ich einen Vorhang zur Seite ziehen darf, wenn Sie eintreten. Mit einem Herzen voller Liebe für jeden Einzelnen von Ihnen.« Gezeichnet: Effie Jane Wheeler.

Genau zwei Wochen nachdem sie diesen Brief geschrieben hatte, trat Dr. Wheeler vor das Angesicht ihres Herrn und Meisters, der sein Versprechen, dem Tode den Stachel zu nehmen, gehalten hatte. Die Bibel lehrt, dass du eine unsterbliche Seele hast. Deine Seele ist ewig und wird immer weiterleben. Mit anderen Worten, das wirkliche Du – der Teil von dir, der denkt, fühlt, träumt, strebt, – das Ich der Persönlichkeit – wird niemals sterben. Die Bibel lehrt, dass deine Seele für immer an einem der beiden Orte leben wird – im Himmel oder in der Hölle. Wenn du kein Christ und nicht wiedergeboren bist, dann lehrt die Bibel, dass deine Seele unmittelbar an einen Ort geht, den Jesus Hades nannte, wo du auf das Urteil Gottes warten wirst.

Ich bin mir der Tatsache bewusst, dass der Begriff Hölle nicht sehr angenehm ist. Er ist sehr unbeliebt, umstritten und oft missverstanden. Auf meinen Evangelisationsreisen jedoch widme ich gewöhnlich einen Abend der Besprechung dieses Themas. Als Folge meiner Erörterung erscheinen viele Briefe tagelang bei den Herausgebern der Tageszeitungen, in denen die Leute das Für und Wider erörtern, denn die Bibel hat über diesen Gegenstand beinahe ebenso viel zu sagen wie über jeden anderen. Bei Studentendiskussionen in den vielen Universitäten Amerikas werde ich ständig gefragt: »Was bedeutet Hölle? Gibt es Feuer in der Hölle?« und ähnliche Fragen. Als Geistlicher muss ich mich mit dieser Frage beschäftigen. Ich kann sie nicht einfach ignorieren, selbst wenn es viele Leute unbehaglich und ängstlich macht. Ich gebe zu, dass es eine der härtesten Wahrheiten des Christentums ist. Es gibt Menschen, welche lehren, dass schließlich jeder gerettet werden wird, dass Gott ein Gott der Liebe ist und niemals jemanden in die Hölle schicken wird. Sie glauben, dass die Worte »ewig« oder »immerwährend« in Wirklichkeit nicht »für immer« bedeuten. Jedoch wird dasselbe Wort, welches von der ewigen Trennung von Gott redet, auch für die Ewigkeit des Himmels gebraucht. Es hat jemand gesagt, die Ehrlichkeit verlangt, dass wir sowohl die Freude der Gerechten als auch die Strafe für die Bösen mit der gleichen Zeitdauer bestimmen müssen, da für sie im Griechischen dasselbe Wort verwendet wird, das denselben Zeitraum bezeichnet.

Andere lehren, dass diejenigen, die sich geweigert haben, Gottes Heilsplan anzunehmen, vernichtet werden und aufhören zu bestehen. Wenn ich die Bibel Seite für Seite durchforsche, so kann ich nicht den geringsten Beweis für die Unterstützung dieser Ansicht finden. Die Bibel lehrt, dass es ein bewusstes und ewiges Weiterleben der Seele und der Persönlichkeit geben wird, gleichgültig, ob wir gerettet werden oder verloren gehen.

Es gibt andere, die lehren, dass es nach dem Tode noch einmal eine Möglichkeit der Erlösung gebe, dass Gott noch eine zweite Gelegenheit schenken werde. Wenn das wahr sein sollte, so müssen wir wenigstens feststellen, dass die *Bibel* keinen Hinweis darauf gibt, sondern vielmehr fortgesetzt warnt: »Gott ist bereit, euch gerade *jetzt* zu helfen. *Heute* ist der Tag der Erlösung« (2. Kor 6,2).

Dutzende von Stellen der Heiligen Schrift könnten angeführt werden. Die Bibel lehrt, dass es eine Hölle gibt für jeden Menschen, der aus eigenem Willen und wissentlich Christus als Herrn und Erlöser ablehnt: »Ich leide entsetzliche Qualen in diesen Flammen« (Lk 1.6,24).

»Wer zu seinem Freund sagt: ›Du Dummkopf!‹, den erwartet das Gericht. Und wer jemanden verflucht, dem droht das Feuer der Hölle« (Mt 5,22).

»Der Menschensohn wird seine Engel senden, und sie werden aus seinem Herrschaftsbereich alle zusammenholen, die Ärgernis geben und gegen die Ordnung (Gottes) handeln, und werden sie in den Feuerofen werfen; da wird dann Heulen und Zähneknirschen sein« (Mt 13,41-42).

»Und dann wird sich der König denen auf seiner linken Seite zuwenden und sagen: ›Fort mit euch, ihr Verfluchten, ins ewige Feuer, das für den Teufel und seine bösen Geister bestimmt ist!‹« (Mt 25,41).

»Die Spreu aber wird er im ewigen Feuer verbrennen« (Mt 3,12).

»Er (Jesus) wird mit seinen mächtigen Engeln kommen, inmitten von Feuerflammen, um das Gericht über diejenigen zu bringen, die Gott nicht kennen, und über diejenigen, die der Botschaft von Jesus, unserem Herrn, nicht gehorchen. Sie werden mit ewigem Verderben bestraft werden und für immer vom Herrn und seiner herrlichen Macht getrennt sein« (2. Thess 1,7-9).

»… muss den Wein des Zornes Gottes trinken, der unverdünnt in den göttlichen Kelch des Zorns eingeschenkt wird. Und sie werden in der Gegenwart der heiligen Engel und des Lammes mit Feuer und Schwefel gequält werden. Der Rauch ihrer Qualen wird für alle Zeit aufsteigen, und sie werden Tag und Nacht keine Erleichterung finden …« (Offb 14,10-11).

»Und der Tod und das Totenreich wurden in den Feuersee geworfen. Das ist der zweite Tod – der Feuersee. Und alle, deren Namen nicht im Buch des Lebens geschrieben standen, wurden ebenfalls in den Feuersee geworfen« (Offb 20,14-15).

»Doch die Feigen und Treulosen und diejenigen, die abscheuliche Taten tun, und die Mörder und Unzüchtigen und die, die Zauberei treiben, die Götzendiener und alle Lügner – sie erwartet der See, der mit Feuer und Schwefel brennt. Das ist der zweite Tod« (Offb 21,8).

Es besteht kein Zweifel darüber, dass böse Menschen in einem gewissen Sinne schon hier auf Erden eine Hölle durchleben. Die Bibel sagt: »Wenn ihr euer Wort aber nicht haltet, dann habt ihr gegen den Herrn gesündigt und eure Sünde wird mit Sicherheit auf euch zurückfallen« (4. Mose 32,23). An einer anderen Stelle sagt die Bibel: »Denn was ein Mensch sät, wird er auch ernten« (Gal 6,7).

Jedoch gibt es um uns herum Beweise, die zeigen, dass es einigen solchen Menschen anscheinend ganz gut geht, während die Gerechten für ihre Gerechtigkeit leiden. Die Bibel lehrt uns, dass es eine Zeit des gerechten Ausgleichs geben wird, wenn das Urteil gefällt wird.

Wird ein liebender Gott einen Menschen in die Hölle schicken? Die Antwort lautet – Ja! Aber er schickt ihn nicht gern dorthin. Der Mensch verurteilt sich selbst, wenn er Gottes Erlösungsweg zurückweist. In Liebe und Barmherzigkeit bietet Gott den Menschen einen Weg der Rettung und Erlösung an, eine Hoffnung und Vorahnung besserer Dinge. In seiner Blindheit, Torheit, Halsstarrigkeit, in seinem Eigendünkel und seiner Freude an sündhaften Vergnügungen lehnt der Mensch Gottes einfachen Weg ab, der ihn vor den Qualen ewiger Verdammnis bewahren möchte.

Was wissen wir über die Natur der Hölle? Es gibt vier Worte, die in unserer Bibel mit »Hölle« übersetzt werden. Das eine Wort heißt *Scheol*, das im Alten Testament 31-mal vorkommt. Es ist die »Unterwelt«, in der sich die Toten aufhalten. Die Worte Sorge, Pein und Zerstörung werden im Zusammenhang damit gebraucht. Das zweite Wort ist *Hades*, es ist das griechische Wort für die Unterwelt und wird zehnmal im Neuen Testament gebraucht. Es bedeutet dasselbe wie Scheol im Alten Testament. Stets werden Gericht und Leiden damit verbunden.

Das dritte Wort ist *Tartarus*, das nur einmal, nämlich in 2. Petrus 2,4, vorkommt, wo es heißt, dass die ungehorsamen Engel in den »Tartarus« geworfen werden. Es bezeichnet eine Stätte des Gerichts, ähnlich einem Gefängnis oder einem Kerker, wo völlige Finsternis herrscht.

Das vierte Wort ist *Gehenna*, das elfmal gebraucht wird und im Neuen Testament gewöhnlich mit »Hölle« wiedergegeben wird. Es ist das Wort, das Jesus von dem Tale Hinnom gebraucht hat, einem Orte außerhalb Jerusalems, wo dauernd Abfall verbrannt wurde.

Andere fragen: »Lehrt die Bibel, dass in der Hölle buchstäblich Feuer brenne?« Ohne Zweifel gebraucht die Bibel das Wort *Feuer* oft in bildlichem Sinne. Jedenfalls hat Gott ein Feuer, das brennt und doch nicht verzehrt.

Als Moses den brennenden Dornbusch sah, wunderte er sich, dass der Busch nicht verzehrt wurde. Die drei hebräischen Jünglinge wurden in einen Feuerofen geworfen, aber sie wurden nicht verzehrt, ja, nicht ein Haar wurde auf ihren Häuptern versengt.

Andererseits spricht die Bibel davon, dass unsere Zungen »von einem höllischen Feuer entzündet werden« jedes Mal, wenn wir böse über unsere Nachbarn sprechen. Das bedeutet nicht, dass jedes Mal eine tatsächliche Verbrennung stattfindet, wenn wir etwas gegen unsere Nächsten aussagen. Aber, ob nun wörtlich oder bildlich gemeint, die Wirklichkeit des Wortes wird nicht davon berührt. Wenn es kein irdisches Feuer ist, dann braucht Gott eine symbolische Sprache, um etwas zu zeigen, was noch viel schlimmer ist.

Im Wesentlichen bedeutet »Hölle« Trennung von Gott. Es ist der zweite Tod, welcher beschrieben wird als die ewige, bewusste Trennung von der Gegenwart alles dessen, was hell, froh, gut, gerecht und glücklich ist. Die Bibel hat viele furchtbare Beschreibungen für diesen schrecklichen Zustand, in dem die Seele sich schon eine Minute nach dem Tode befinden wird.

Der Tod ist ein Ereignis, das jedem Menschen unnatürlich erscheint, wenn es ihn selbst angeht, aber natürlich, wenn es anderen gilt. Der Tod setzt alle Menschen auf die gleiche Stufe. Er nimmt dem Reichen seine Millionen und dem Armen seine Lumpen. Er kühlt den Geiz ab und stillt die Feuer der Leidenschaft. Alle möchten gern den Tod ignorieren, und doch müssen sie ihm alle gegenübertreten – der Fürst und der Bauer, der Narr und der Philosoph, der Mörder und der Heilige in gleicher Weise. Der Tod kennt keine Altersgrenzen, keine Parteilichkeit. Ihn fürchten alle Menschen.

Gegen Ende seines Lebens berichtete Daniel Webster, wie er einmal einen Gottesdienst in einem stillen Dorf besuchte. Der Geistliche war ein schlichter, frommer, alter Mann. Nach der Eingangsliturgie stieg er auf die Kanzel und verlas seinen Text und sagte dann mit äußerster Einfachheit und tiefem Ernst: »Meine Freunde, wir können nur einmal sterben.«

Als Daniel Webster später von dieser Predigt berichtete, sagte er: »So kalt und schwach diese Worte erscheinen mochten, so wurden sie für mich doch zu den eindrucksvollsten und aufrüttelndsten, die ich jemals gehört habe.«

Es ist leicht, daran zu denken, dass andere diesen Kontrakt mit dem Tode halten müssen, aber es ist schwer für uns, dessen eingedenk zu sein, dass auch wir das gleiche Gesetz einhalten müssen. Wenn wir sehen, wie Soldaten an die Front gehen, oder wenn wir von einem zum Tode verurteilten Gefangenen lesen oder einen todkranken Freund besuchen, dann spüren wir eine gewisse Feierlichkeit, die solche Personen umgibt. Der Tod ist für alle bestimmt, und die Frage seines Eintritts ist nur eine Frage der Zeit. Andere Verabredungen im Leben – etwa Geschäft oder Vergnügen – können wir vernachlässigen oder brechen und müssen die Folgen tragen, aber hier ist eine Vereinbarung, die kein Mensch ignorieren oder brechen kann. Er wird nur einmal damit zu tun haben, aber er entgeht ihr nicht.

Wenn der körperliche Tod die einzige Folge eines Lebens wäre, das fern von Gott geführt wurde, dann würden wir nicht so viel zu fürchten haben, aber die Bibel warnt uns, dass es noch einen zweiten Tod gibt, der ewige Trennung von Gott bedeutet.

Es gibt aber auch eine helle Seite. Wie die Bibel die Hölle für den Sünder ankündigt, so verheißt sie den Himmel für den Erlösten. Der Himmel ist leichter anzunehmen als die Hölle. Und doch lehrt die Bibel beides.

Wenn du dich einem neuen Hause näherst, möchtest du gern alles über die Hausgemeinschaft wissen, zu der du gehst. Wenn du dich in eine andere Stadt begibst, möchtest du alles über die Stadt erfahren, ihre Eisenbahnen, ihre Industriewerke, Parkanlagen, Seen, Schulen usw. Und da wir die Ewigkeit an irgendeinem Ort verleben werden, sollten wir unter allen Umständen etwas darüber wissen. Auskunft über den Himmel finden wir in der Bibel. Es ist nicht mehr als recht und billig, dass wir darüber nachdenken und darüber sprechen. Wenn wir uns über den Himmel unterhalten, kommt uns die Erde im Vergleich dazu recht klein vor. Unsere irdischen Sorgen und Fragen scheinen uns dann viel unbedeutender, wenn wir eine klare Vorahnung von der zukünftigen Welt haben. In gewissem Sinne besitzt der Christ den Himmel bereits hier auf Erden. Er hat Seelenfrieden, Gewissensfrieden, Frieden mit Gott. Mitten in den Nöten und Schwierigkeiten kann er lächeln; er hat einen leichten Schritt, ein fröhliches Herz und ein Lachen auf seinem Gesicht.

Aber die Bibel verheißt dem Christen vor allem einen Himmel in dem künftigen Leben. Eines Morgens fragte jemand John Quincy Adams, als er 94 Jahre alt war, wie er sich fühle. Er sagte: »Ganz gut, ganz gut, aber das Haus, in dem ich lebe, ist nicht so gut.« Selbst wenn das Haus, in dem wir leben, krank und schwach ist, können wir uns doch wirklich stark und sicher fühlen, wenn wir Christen sind. Jesus lehrte, dass es einen Himmel gibt.

Es gibt eine Anzahl Stellen, die angeführt werden könnten. Die eindruckvollste steht wohl in Johannes 14,2-3: »Es gibt viele Wohnungen im Haus meines Vaters, und ich gehe voraus, um euch einen Platz vorzubereiten. Wenn es nicht so wäre, hätte ich es euch dann so gesagt? Wenn dann alles bereit ist, werde ich kommen und euch holen, damit ihr immer bei mir seid, dort, wo ich bin.« Paulus war so überzeugt von der Wirklichkeit dieser himmlischen Welt, dass er sagen konnte: »Ja, wir sind voll Zuversicht und würden unseren jetzigen Körper gern verlassen, weil wir dann daheim beim Herrn wären« (2. Kor 5,8).

Wie verschieden ist die Vorahnung des Christen von der Ungewissheit dessen, der nicht an Übersinnliches glaubt. Bob Ingersoll sagte am Grabe seines Bruders: »Das Leben ist ein schmaler Schleier zwischen den kalten und öden Gipfeln zweier Ewigkeiten. Wir bemühen uns vergeblich, über die Höhen hinwegzublicken. Wir rufen laut, doch die einzige Antwort ist der Widerhall unserer Klagerufe.«

Der Apostel Paulus sagte immer wieder: *Wir wissen, wir sind getrost, wir haben eine feste Zuversicht.* Die Bibel sagt, dass Abraham nach einer Stadt Ausschau hielt, die »einen festen Grund hatte und deren Erbauer und Schöpfer Gott ist«.

Viele Leute sagen: »Glaubt ihr, dass der Himmel wirklich ein bestimmter Ort ist?« Ja!, sagte Jesus: Ich gehe hin, für euch eine Wohnung zu bereiten. Die Bibel lehrt, dass Henoch und Elia in einem wirklichen Körper zu einem wirklichen Ort emporstiegen, der genauso wirklich ist wie Los Angeles, London oder Algier. Sie sagt ferner, dass der Himmel ein Land von wunderbarer Schönheit ist. Er wird beschrieben als »ein Bauwerk Gottes« – »eine Stadt« – »ein besseres Land« – »ein Erbe« – »eine Herrlichkeit«.

Ihr mögt fragen: »Werden wir im Himmel einander wiedererkennen?« Die Bibel weist in einer Anzahl von Stellen darauf hin, dass es eine Zeit der großen Wiedervereinigung mit denen sein wird, die vor uns dahingegangen sind.

Andere fragen: »Glaubst du, dass auch Kinder gerettet werden?« Ja! Die Bibel weist darauf hin, dass Gott ein Kind nicht für seine Sünden verantwortlich macht, bis es das Alter der eigenen Verantwortlichkeit erreicht hat. Die Bibel sagt uns auch, dass der Himmel eine Stätte sein wird, wo wir Dinge verstehen und erkennen werden, die wir hier unten auf Erden niemals begreifen konnten.

Sir Isaac Newton sagte im hohen Alter zu einem Mann, der seine Weisheit lobte: »Ich bin wie ein Kind am Seestrand, das hier einen Kieselstein und dort eine Muschel aufhebt, aber der große Ozean der Wahrheit liegt immer noch vor mir.«

Viele von den Geheimnissen Gottes, die Seelennot, die Prüfungen, die Enttäuschungen, die Trauerfälle und das Schweigen Gottes zu unserem Leiden werden dort offenbar werden.

Viele Leute fragen: »Was werden wir denn im Himmel tun? Werden wir nur sitzen und die Freuden des dortigen Lebens genießen?« Nein! Die Bibel weist darauf hin, dass wir Gott *dienen* werden. Wir werden dort für Gott Arbeit zu verrichten haben. Wir werden viel Zeit *damit* zubringen, ihn zu preisen. Die Bibel sagt: »Nichts wird je wieder unter einem Fluch stehen« (Offb 22,3). Es wird eine Zeit der Freude, des Dienstes und des Lobpreises Gottes sein.

Viele Leute fragen: »Wie können Körper, welche verwest oder verbrannt sind, auferstehen?« Die Naturwissenschaftler haben schon bewiesen, dass keine chemischen Stoffe von der Erde verschwinden. Es wäre wohl ein Leichtes für den Gott, der zuerst den Körper erschuf, alle ursprünglichen chemischen Stoffe wieder zusammenzubringen, sodass der Körper wiedererstehen und sich mit der Seele vereinigen kann. Aber der neue Körper, den wir dann haben werden, wird ein verklärter Leib sein – wie der Leib Jesu. Er wird ein ewiger Körper sein. Er wird keine Tränen, keine Seelennot, keine Trauer, keine Krankheit, kein Leid und keinen Tod mehr kennen.

Hier haben wir ein Bild von zwei ewigen Welten, die im Weltraum schweben. Jeder Sohn Adams wird sich in der einen oder in der anderen befinden. Sehr viele Geheimnisse umgeben beide Welten, aber es gibt genug Hinweise und Folgerungen in der Bibel, die uns klarmachen, dass die eine der beiden eine Welt des Leides und der Trauer und die andere eine Welt des Lichtes und der Herrlichkeit sein wird.

Wir haben nun die großen Fragen der Menschheit betrachtet. Oberflächlich gesehen, erscheinen sie verwickelt zu sein; aber im Grunde sind sie einfach. Wir haben gesehen, dass sie wohl alle in dem einen Wort zusammengefasst werden könnten – Sünde. Ohne Gott ist des Menschen Zukunft hoffnungslos. Aber es genügt nicht, unsere Probleme zu zergliedern und eine vernunftgemäße Erkenntnis von Gottes Plan zu gewinnen. Wenn Gott dem Menschen helfen soll, dann muss der Mensch gewisse Bedingungen erfüllen. In den nächsten Kapiteln wollen wir diese Bedingungen erörtern.

Teil II
Die Lösung

7 | Warum Jesus kam

Ich habe euch das weitergegeben, was am wichtigsten ist und was auch mir selbst überliefert wurde – dass Christus für unsere Sünden starb, genau wie es in der Schrift steht. Er wurde begraben und ist am dritten Tag von den Toten auferstanden, wie es in der Schrift steht.
1. Kor 15,3-4

Wir haben gesehen, dass die furchtbarste und verheerendste Tatsache in dieser Welt die Sünde ist. Die Ursache aller Unruhe, die Wurzel aller Not, der Schrecken jedes Menschen liegt in diesem einen kleinen Wort – *Sünde*. Sie hat die Natur des Menschen umgekehrt. Sie hat die innere Harmonie des Menschenlebens zerstört. Sie hat ihm seinen Seelenadel geraubt. Sie trägt die Schuld daran, dass der Mensch in der Falle des Teufels gefangen wurde.

Alle geistigen Unordnungen, alle Krankheiten, alle Zerstörung, alle Kriege haben ihre Wurzel in der Sünde. Sie verursacht den Wahnsinn im Gehirn und das Gift im Herzen. In der Bibel wird sie gekennzeichnet als eine furchtbare und vernichtende Krankheit, die eine Radikalkur erforderlich macht. Sie ist wie ein wütender Wirbelsturm. Sie ist wie ein wilder Vulkan. Sie ist wie ein Wahnsinniger, der aus dem Irrenhaus ausgebrochen ist. Sie ist wie ein Gangster auf seinem Raubzug. Sie ist wie ein brüllender Löwe, der seine Beute sucht. Sie ist wie ein Blitzstrahl, der auf die Erde herabzuckt. Sie ist wie ein Fallbeil, das den Kopf abschneidet. Sie ist wie ein tödlicher Krebs, der sich in die Seelen der Menschen hineingefressen hat. Sie ist wie ein wütender Strom, der alles vor sich herwalzt.

Seit Jahrhunderten lebten die Menschen verloren in geistiger Finsternis, blind geworden durch die Krankheit der Sünde. Sie tasteten, suchten, forschten und fragten nach einem Ausweg. Der Mensch brauchte jemanden, der ihn aus der geistigen Verwirrung und aus dem moralischen Labyrinth herausführen konnte, jemanden, der ihn aus dem Gefängnis des Teufels erlösen, der seine Kerkertüren aufschließen konnte. Hoffnungslos standen die Menschen mit suchenden Augen und lauschenden Ohren, mit gebrochenem Herzen und hungernder Seele. Inzwischen freute sich der Teufel über seinen glänzenden Sieg im Garten Eden.

Von dem primitiven Menschen im Dschungel über die großartigen Kulturen von Ägypten, Griechenland und Rom stellten die irregeleiteten Menschen alle dieselbe Frage: »Wie kann ich herauskommen? Wie kann ich besser werden? Was kann ich tun? Welchen Weg soll ich gehen? Wie kann ich von dieser schrecklichen Krankheit befreit werden?

Wir haben schon gesehen, dass die Bibel lehrt, dass Gott ein Gott der Liebe ist. Er wollte etwas für die Menschen tun. Er wollte den Menschen retten. Er wollte ihn aus dem Gefängnis des Teufels befreien. Wie konnte er das tun? Gott war ein gerechter Gott. Er war gerecht und heilig. Von Anfang an hatte er den Menschen gewarnt, dass er leiblich und geistig sterben würde, wenn er dem Teufel folgte anstatt Gott. Aber der Mensch war mit Überlegung Gott gegenüber ungehorsam. So musste der Mensch sterben, sonst wäre Gott zum Lügner geworden, denn Gott konnte sein Wort nicht brechen. Als daher der Mensch bewusst Gott den Gehorsam verweigerte, wurde er aus der Gegenwart Gottes verbannt. Er hatte mit Überlegung den Weg des Teufels gewählt. Gott konnte die Sünde des Menschen nicht ohne Weiteres vergeben, sonst hätte er sich in der unmöglichen Lage befunden zu lügen, weil er gesagt hatte: »Wenn du die Früchte von diesem Baum isst, musst du auf jeden Fall sterben« (1. Mose 2,17).

Es musste ein anderer Weg gefunden werden, denn der Mensch war verloren und hoffnungslos verstrickt. Die ursprüngliche Natur des Menschen war völlig verkehrt worden. Er hatte sich gegen Gott aufgelehnt. Viele leugneten sogar, dass Gott existiere, so verblendet waren sie durch die Krankheit, an der sie litten.

Aber schon im Garten Eden gab Gott einen Hinweis darauf, dass er etwas tun wollte. Er warnte den Teufel und versprach dem Menschen: »Von nun an setze ich Feindschaft zwischen dir und der Frau und deinem Nachkommen und ihrem Nachkommen. Er wird dir den Kopf zertreten und du wirst ihn in seine Ferse beißen« (1. Mose 3,15). Er wird dir den Kopf zertreten – das war ein Lichtschimmer aus dem Himmel! Hier war eine Verheißung. Hier war etwas, woran der Mensch sich halten konnte. Gott hatte verheißen, dass eines Tages ein Erlöser kommen würde. Gott gab dem Menschen eine Hoffnung. Durch die Jahrhunderte hindurch hielt sich der Mensch an diesen Hoffnungsschimmer.

Das war nicht alles. Noch bei anderen Gelegenheiten im Laufe der jahrtausendelangen Menschheitsgeschichte blitzten weitere Lichtstrahlen vom Himmel auf. Durch das ganze Alte Testament gab Gott dem Menschen die Verheißung seiner Erlösung, wenn er nur an den kommenden Retter glaubt. Deshalb fing Gott an, sein Volk zu lehren, dass der Mensch nur durch eine Stellvertretung gerettet werden konnte und dass ein anderer die Rechnung für die Erlösung des Menschen bezahlen müsse.

Die brennende Frage lautete: »Wie kann Gott gerecht sein und dennoch den Sünder freisprechen?« Wir müssen uns daran erinnern, dass das Wort *rechtfertigen* oder freisprechen »Befreiung der Seele von Schuld« bedeutet. Rechtfertigung ist viel mehr als lediglich Vergebung. Die Sünde muss beseitigt werden, aber so, als ob sie niemals vorhanden gewesen wäre. Der Mensch musste wiederhergestellt werden, sodass kein Flecken oder Fehler oder Makel an ihm zurückblieb. Mit anderen Worten, der Mensch musste in die Anfangsstellung zurückgebracht werden, in der er sich befand, bevor er aus der Gnade fiel.

Die einzige Lösung bestand darin, dass ein Unschuldiger freiwillig und stellvertretend vor Gott den körperlichen und geistigen Tod erlitt. Dieser Unschuldige hatte das Urteil, die Strafe und den Tod auf sich zu nehmen. Aber wo war solch ein Wesen? Das stand fest, auf Erden gab es keins, denn die Bibel sagt: »Denn alle Menschen haben gesündigt« (Röm 3,23). Es gab nur eine Möglichkeit. Gottes eigener Sohn war die einzige Person in der Welt, die in der Lage war, an ihrem eigenen Leibe die Sünden der Welt zu tragen. Möglicherweise hätte auch Gabriel kommen können, um für *eine* Person zu sterben, aber nur Gottes Sohn war unendlich und groß genug, um für alle zu sterben.

Die Bibel lehrt uns Gott in drei Personen erkennen. Dies ist ein Geheimnis, das wir niemals ganz verstehen werden. Die Bibel lehrt nicht, dass es drei Götter gibt – sondern dass es *einen* Gott gibt. Dieser eine Gott jedoch wird in drei Personen dargestellt. Es gibt Gott den Vater, Gott den Sohn und Gott den Heiligen Geist.

Die zweite Person dieser Dreieinigkeit ist der Gottessohn Jesus Christus. Er ist mit Gott dem Vater wesensgleich. Er ist nicht *ein* Sohn Gottes, sondern *der* Sohn Gottes. Er ist der ewige Gottessohn – die zweite Person der Heiligen Dreieinigkeit, der im Fleisch geoffenbarte Gott, der lebendige Heiland.

Die Bibel lehrt, dass Jesus Christus keinen Anfang hat. Er wurde niemals geschaffen. Die Bibel lehrt, dass alle Himmel durch ihn geschaffen wurden. Alle die unzähligen Myriaden von Sternen und leuchtenden Sonnen wurden von ihm geschaffen. Die Geburt Jesu Christi, die wir Weihnachten feiern, war nicht sein Anfang. Sein Ursprung ist in das gleiche Geheimnis gehüllt, das uns immer verwirren wird, wenn wir über den Anfang Gottes nachdenken. Die Bibel sagt uns nur: »Am Anfang war das Wort. Das Wort war bei Gott und das Wort war Gott« (Joh 1,1). Die Bibel lehrt uns: »Er ist das Ebenbild des unsichtbaren Gottes, der Erstgeborene der ganzen Schöpfung. Durch ihn ist alles im Himmel und auf Erden erschaffen, das Sichtbare und das Unsichtbare, alle Throne im Himmel, Herrschaften, Mächte und Gewalten: Alles ist durch ihn und zu ihm geschaffen« (Kol 1,15-16).

Jener letzte Satz zeigt, dass er alle Dinge zusammenhält. Mit anderen Worten, die ganze Welt würde in Billionen von Atomen auseinanderbrechen, wenn sie nicht durch die Kraft Jesu Christi zusammengehalten würde. Wiederum sagt die Bibel: »Herr, am Anfang hast du das Fundament der Erde gelegt, der Himmel ist das Werk deiner Hände. Sie werden vergehen, aber du bleibst ewig. Sie werden veralten wie ein Gewand. Du wirst sie wechseln wie ein Kleidungsstück, und sie werden fort sein. Doch du bleibst für immer und ewig derselbe; deine Jahre haben kein Ende« (Hebr 1,10-12).

An anderer Stelle sagt Jesus von sich selbst: »Ich bin das A und das O, der Anfang und das Ende.« – Er, und er allein, hatte die Macht und Fähigkeit, den Menschen zu Gott zurückzubringen. Aber würde er es wollen? Wenn er es tun wollte, dann müsste er auf die Erde kommen. Er müsste die Gestalt eines Dieners annehmen. Er müsste den Menschen gleich werden. Er hätte sich zu demütigen und gehorsam zu werden bis zum Tode. Er würde mit der Sünde kämpfen müssen. Er hätte dem Satan zu begegnen und diesen Feind der Menschenseele zu überwinden. Er hätte die Sünder von dem Sklavenmarkt der Sünde loszukaufen. Er hätte die Fesseln zu lösen und die Gefangenen zu befreien, indem er für sie einen Preis zahlte – und dieser Preis musste sein eigenes Blut sein. Er musste von den Menschen verachtet und verworfen werden, ein Mann der Leiden und mit Schmerzen vertraut. Er müsste von Gott verworfen und getrennt werden. Er müsste für die Übertretungen der Menschen verwundet und für ihre Missetaten geschlagen werden. Er würde die Aufgabe haben, Gott und den Menschen wieder miteinander zu versöhnen. Er würde der große Mittler in der Geschichte werden. Er müsste eine Stellvertretung übernehmen. Er müsste anstelle des sündigen Menschen den Tod erleiden. Und alles dieses müsste freiwillig geschehen.

Gott sei Dank – das ist genau das, was geschehen ist. Als er über die Zinnen des Himmels hinunterblickte, sah er diesen Planeten im Weltraum schweben – verurteilt, verdammt, vernichtet und für die Hölle bestimmt. Er sah dich und mich, wie wir uns unter unserer Sündenlast abmühten und in den Ketten und Schlingen der Sünde gebunden waren. Er traf seine Entscheidung im Beratungszimmer Gottes. Die himmlischen Heerscharen beugten sich in Demut und Ehrfurcht vor dem Fürsten und Herrn des Himmels, der durch sein Wort Welten erschaffen konnte. Er stieg in seinen juwelengeschmückten Wagen, schritt durch die Perlentore, über die Höhen der Himmel, und in einer dunklen Nacht, während die Sterne den Sphärengesang anstimmten und die begleitenden Engel zu seinem Lobe sangen, stieg er aus dem Wagen, warf seine Gewänder ab und wurde Mensch!

Er kam auf die Erde, um den Menschen Gott zu offenbaren. Er wurde Mensch, um uns in unserer eigenen Sprache sagen zu können, dass Gott uns liebt und an unserem Leben interessiert ist. Er erzählte uns von der Barmherzigkeit und Langmut und Gnade Gottes. Er versprach uns ewiges Leben.

Aber mehr als das, Jesus nahm vor allem darum die Gestalt von Fleisch und Blut an, damit er für uns sterben konnte. »Jesus kam, um die Sünden der Menschen wegzunehmen« (1. Joh. 3,5). Christus kam auf diese Welt, um »sein Leben als Lösegeld für viele hinzugeben« (Mt 20,28). Der eigentliche Zweck seines Kommens in diese Welt war, dass er sein Leben als Opfer für die Sünden der Menschen geben wollte. Er kam, um zu sterben. Der Schatten seines Todes hing dauernd wie eine dunkle Wolke über den dreiunddreißig Jahren seines Erdenlebens.

In der Nacht, da Jesus geboren wurde, erzitterte Satan. Er suchte ihn zu vernichten, noch bevor er geboren wurde, und er versuchte, ihn zu töten, sobald er geboren war. Als der Befehl von König Herodes ausging, alle kleinen Kinder in Bethlehem zu töten, war es zu dem einzigen Zweck, Jesus mit Sicherheit zu beseitigen.

In seiner ganzen Lebenszeit auf Erden hat Jesus nie eine Sünde begangen. Er ist der einzige sündlose Mensch, der jemals lebte. Er konnte sich vor die Menschen stellen und fragen: »Wer von euch kann mir zu Recht eine Sünde vorwerfen?« (Joh 8,46). Tag und Nacht wurde er verfolgt, aber niemals fanden sie eine Sünde an ihm. Er war ohne Fehler und ohne Makel.

Jesus führte ein einfaches Leben. Er verschaffte sich kein hohes Ansehen. Er erhielt keine Ehre von den Menschen. Er wurde in einem Stall geboren. Er wurde in dem unbedeutenden Städtchen Nazareth aufgezogen. Er war Zimmermann. Er sammelte eine Gruppe einfacher Fischer um sich als seine Schüler. Er ging als ein Mensch unter die Menschen. Er gab sich keinen höheren Schein und suchte keine weltliche Würde. Er demütigte sich, wie kein anderer Mensch sich jemals gedemütigt hat.

Jesus lehrte mit einer solchen Vollmacht, dass die Leute seiner Zeit sagten: »Noch nie haben wir einen Menschen so sprechen hören!« (Joh 7,46). Jedes Wort, das er sprach, war wahr in historischem, wissenschaftlichem und ethischem Sinne. Es gab keine Ausflüchte in den sittlichen Vorstellungen und Darlegungen Jesu. Seine ethische Sicht war völlig korrekt und richtig, nicht nur in der Zeit, in der er lebte, sondern ebenso für jede folgende Zeit.

Seine Worte waren prophetisch wahr. Er prophezeite viele Dinge, die sogar jetzt noch in der Zukunft liegen. Rechtsgelehrte versuchten, ihn mit schwierigen Fragen zu fangen, aber niemals konnten sie ihn verwirren. Die Antworten, die er seinen Gegnern gab, waren klar und geschickt. Es gab kein Fragezeichen hinsichtlich seiner Darlegungen, keine Unklarheit in seiner Meinung, kein Zögern in seinen Worten. Er wusste alles genau und sprach daher mit ruhiger Autorität. Er sprach so einfach, dass auch die gewöhnlichen Leute ihn gern hörten. Obwohl seine Worte tief waren, waren sie doch immer zugleich schlicht. Sie waren gewichtig, aber leicht verständlich. Sie leuchteten mit einem Glanz und mit der Schlichtheit einfacher Feststellung, die seine Feinde verblüffte. Er sprach über die großen Probleme der Zeit in einer Weise, dass ein vorbeigehender Mensch keine Schwierigkeit hatte, ihm zu folgen.

Er heilte die Kranken, die Lahmen und die Blinden. Er heilte die Aussätzigen und erweckte die Toten. Er trieb die Dämonen aus. Er beruhigte die Elemente. Er stillte den Sturm. Er brachte Frieden, Freude und Hoffnung den vielen Tausenden, denen er half.

Er zeigte kein Zeichen von Furcht. Er war nie in Eile. Er bewegte sich mit vollkommener Ruhe und Klarheit. Er zeigte höchste Ausgeglichenheit und zauderte und schwankte nicht bei seiner Arbeit.

Er stand vor Pilatus und sagte ruhig: »Du hättest keine Macht über mich, wenn sie dir nicht von oben gegeben wäre« (Joh 19,11). Er sagte dem erschreckten Petrus, dass Legionen von Engeln auf seinen Befehl bereitständen.

Er ging mit Würde und Ruhe seinem Kreuz entgegen, mit Sicherheit in dem festen Vorsatz, die Prophezeiungen zu erfüllen, die achthundert Jahre vorher über ihn geschrieben wurden: »Wie ein Lamm, das zum Schlachten geführt wird, und wie ein Schaf vor seinem Scherer verstummt, so machte auch er den Mund nicht auf« (Jes 53,7). Jesus Christus sagte, er habe Macht, sein Leben hinzugeben, als er sprach: »Ich bin der gute Hirte. Der gute Hirte opfert sein Leben für die Schafe« (Joh 10,11). Weiter sagte er: »… so muss auch der Menschensohn an einem Pfahl aufgerichtet werden, damit jeder, der glaubt, das ewige Leben hat« (Joh 3,14-15). Jesus Christus hat schon in weit zurückliegenden Ewigkeiten der Tatsache des Kreuzes entgegengesehen. Als er von einer Jungfrau geboren wurde, verdunkelte schon das Kreuz seinen Lebensweg. Er hatte menschliche Gestalt angenommen, damit er sterben konnte. Von der Wiege bis zum Kreuz war der Zweck seines Lebens das Sterben.

Er litt, wie kein Mensch jemals gelitten hat: Die Nachtwachen in Gethsemane, von leuchtenden Fackeln erhellt, der Kuss des Verräters, die Gefangennahme, der Prozess vor dem Hohen Priester, die Stunde des Wartens, der Palast des römischen Statthalters, der Gang zum Palast des Herodes, die rohe Behandlung durch die Soldaten, die schrecklichen Szenen, während Pilatus versuchte, ihn zu retten, und die Priester und das Volk sein Blut verlangten, die Geißelung, die schreiende Menge, der Weg von Jerusalem nach Golgatha, die Nägel durch seine Hände und Füße, die Dornenkrone auf seinem Haupt, die bitteren und spöttischen Rufe der beiden Diebe an seiner Seite: »Andere hast du gerettet, nun rette dich selbst.«

Manchmal haben mich Leute gefragt, warum Christus am Kreuz so schnell starb, in sechs Stunden, während andere am Kreuz zwei oder drei Tage mit dem Tode gekämpft haben. Als Christus starb, geschah es freiwillig. Er wählte den genauen Augenblick, in dem er verschied. Dort hing er nackt zwischen Himmel und Erde. Sie hatten ihn geschlagen, bis sein Gesicht blutete, sie hatten ihn angespien. Er äußerte weder Klage noch Bitte, sondern nur eine einfache Aussage, durch die er uns in zwei Worten etwas erfahren ließ von der furchtbaren körperlichen Qual, die er erduldete, als er sagte: »Mich dürstet.« Gottes Gerechtigkeit verlangte den Tod, entweder von dem Sünder oder von einem Stellvertreter. Christus war der Stellvertreter. Gabriel und zehn Legionen Engel schwebten am Rande des Weltalls, ihre Schwerter waren aus der Scheide gezogen. Ein Blick seines heiligen Antlitzes hätte genügt und sie würden die wütende, schreiende Menge in die Hölle gejagt haben. Es waren nicht die Nägel, die ihn zurückhielten, es waren die Bande der Liebe, die fester hielten als alle Nägel, die Menschen schmieden konnten. »Gott dagegen beweist uns seine große Liebe dadurch, dass er Christus sandte, damit dieser für uns sterben sollte, als wir noch Sünder waren« (Röm 5,8).

Für dich, für mich! Er trug unsere Sünden an seinem Körper an das Kreuz. Wir stehen überwältigt angesichts dieses unsagbaren Leidens. Wir fühlen unsere eigene Unfähigkeit, es zu verstehen oder zu erklären, und mit einem deutlichen Gefühl für die Macht und Majestät, das uns überwältigt, hören wir die nächsten Worte von seinen Lippen kommen: »Es ist vollbracht.«

Aber das körperliche Leiden Jesu Christi war nicht sein eigentliches Leiden. Schon viele Menschen waren vor ihm gestorben.

Viele sind Märtyrer gewesen. Das furchtbare Leiden Jesu Christi war sein geistiger Tod. Er musste die letzte Folge der Sünde auf sich nehmen, der tiefste Schmerz traf ihn, als Gott sich von ihm abwandte und sein Gesicht verbarg, sodass er rief: »Mein Gott, warum hast du mich verlassen?« Allein gelassen in der höchsten Stunde der Menschheitsgeschichte, rief Christus diese Worte aus! Das Licht leuchtete auf und gab uns eine Vorstellung von dem, was er ertrug, aber das Licht war so blendend, wie Campbell Morgan sagte, »dass kein Auge es ertragen konnte hineinzublicken«. Die Worte wurden ausgerufen, wie Morgan treffend ausgedrückt hatte, »damit der Mensch erfahre, wie viel es gibt, das er niemals verstehen kann«.

Er, der keine Sünde kannte, wurde um unsertwillen zur Sünde gemacht, damit wir durch ihn die Gerechtigkeit empfangen könnten, die Gott von uns verlangt.

Wie dies in der Tiefe der Dunkelheit vollbracht wurde, wird der Mensch niemals erfahren. Ich weiß nur eins – dort am Kreuz trug er meine Sünden. Er stand da, wo ich eigentlich hätte stehen müssen. Die Qualen der Hölle, die für mich bestimmt waren, wurden auf ihn gehäuft, und ich bin nun imstande, in den Himmel zu kommen, und erlange das, was eigentlich nicht mir gehört, sondern ihm. »Alle Zeichen, Opfer und Sinnbilder des Alten Testaments waren jetzt erfüllt. Nun brauchten die Priester nicht mehr einmal jährlich in das Allerheiligste einzutreten. Das Opfer war eine wirkungsvolle Strafe, Stellvertretung, Erlösung, Tilgung, Sühne und Versöhnung, und wie es den Menschen bestimmt ist, einmal zu sterben, aber danach das Gericht, so wurde Christus einmal geopfert, um die Sünden für viele zu tragen.

Jetzt, da der Grund der Erlösung gelegt worden ist, muss der schuldige Sünder vor allem eines tun – an den Sohn glauben, und dadurch kann er den Frieden mit Gott erlangen. »Denn Gott hat die Welt so sehr geliebt, dass er seinen einzigen Sohn hingab, damit jeder, der an ihn glaubt, nicht verloren geht, sondern das ewige Leben hat« (Joh 3,16).

6 Samstag Januar

SA 08:23 · SU 16:31
MA 02:55 · MU 12:25

Ich bin über die Maßen gebeugt; HERR, belebe mich nach deinem Wort!

Psalm 119,107

Gottes Wort ist lebendig

Zehn Tage vor seiner Entlassung aus dem Gefängnis ist sich Ben sehr wohl der Gefahren bewusst, die draußen auf ihn warten. Während seiner Haft hat er zu Gott gefunden und Jesus als seinen Retter angenommen. Er weiß, dass er nun besonders Gottes Schutz und Hilfe brauchen wird.

Bei seinem letzten Bibeltreffen mit anderen Häftlingen, die ebenfalls zu Jesus gefunden haben, bittet Ben um passende Bibelstellen für seine Situation. Und tatsächlich kann jeder einige Verse beisteuern, die ihm in letzter Zeit wichtig geworden sind. Leon erinnert sich an Psalm 136,1: „Preist den HERRN, denn er ist gut, denn seine Güte währt ewig!"

Einem anderen fällt Nahum 1,7 ein: „Der HERR ist gütig, er ist eine Festung am Tag der Drangsal; und er kennt die, die zu ihm Zuflucht nehmen." Bens Augen strahlen. Das gibt ihm Mut! Dann schlägt Mark vor, Psalm 139 zu lesen. Einige Verse daraus liest er zweimal: „*Du* kennst mein Sitzen und mein Aufstehen, du verstehst meine Gedanken von fern. … Erforsche mich, Gott, und erkenne mein Herz; prüfe mich … und leite mich auf ewigem Weg!" (Verse 2, 23 und 24). Das sind genau die Bibelworte, die Ben braucht. Er nimmt einen Stift und unterstreicht sie sich in seiner Bibel.

Zuletzt liest Bob noch einen Vers aus dem Römerbrief vor: „Christus ist es, der gestorben, ja noch mehr, der auch auferweckt worden, der auch zur Rechten Gottes ist, der sich auch für uns verwendet" (Römer 8,34). Ben freut sich, als er das hört: Christus ist im Himmel und setzt sich für ihn ein! Das ist der beste Schutz für ihn in seinem „neuen" Leben.

Die vorgelesenen Verse stärken Ben und ermutigen ihn. Ja, Gottes Wort ist lebendig und spricht direkt in unsere Lebensumstände hinein!

Tägliche Bibellese · 4. Mose 3,27-51 · Matthäus 3,13-17

In dem Kreuz Christi sehe ich drei Dinge: erstens eine Beschreibung der Tiefe menschlicher Sünde. Tadle nicht die Menschen jener Zeit darum, dass sie Christus ans Kreuz brachten. Du und ich, wir sind genauso schuldig. Nicht das Volk oder die römischen Soldaten brachten ihn ans Kreuz – deine Sünden und meine Sünden machten es notwendig, dass er diesen Tod freiwillig auf sich nahm.

Zweitens sehe ich in dem Kreuz die überschwängliche Liebe Gottes. Wenn du jemals an der Liebe Gottes gezweifelt hast, dann tue einen langen und festen Blick auf das Kreuz, dort findest du den tiefsten Ausdruck der Liebe Gottes.

Drittens liegt in dem Kreuz der einzige Weg der Erlösung. Jesus sagte: »Ich bin der Weg, die Wahrheit und das Leben. Niemand kommt zum Vater außer durch mich« (Joh 14,6). Es gibt keine Möglichkeit, von Sünde und Hölle gerettet zu werden, wenn man sich nicht mit Christus am Kreuz identifiziert. Wenn es irgendeinen anderen Weg für deine Rettung gegeben hätte, würdest du ihn gefunden haben. Hätten eine Lebensverbesserung oder eine gute, moralische und ethische Lebensführung dich retten können, so wäre Jesus niemals gestorben. Eine Stellvertretung musste stattfinden. Die Menschen sprechen nicht gern darüber, sie hören es nicht gern, weil es ihren Stolz verletzt und ihnen ihr eigenes Selbst vernichtet.

Viele Leute sagen: »Kann ich nicht dadurch gerettet werden, dass ich nach der Goldenen Regel lebe oder die Anweisungen Jesu befolge, indem ich das sittenreine Leben führe, das Jesus gelehrt hat?« Selbst wenn man dadurch gerettet werden könnte, so würdest du doch ein Sünder bleiben. Du würdest weiterhin Fehlschläge erleiden, weil es noch niemand fertiggebracht hat, vom Tage der Geburt bis zum Tage des Todes das Leben zu führen, das Jesus lehrte. Du hast gefehlt, du hast übertreten, du hast nicht gehorcht, du hast gesündigt. Was willst du also dann mit jener Sünde machen? Es gibt nur einen Weg: Du musst deine Sünde ans Kreuz tragen und dort Vergebung finden.

Die Bibel sagt: »Ohne Blutvergießen gibt es keine Vergebung der Sünden« (Hebr 9,22). Viele Leute haben mir gesagt: »Wie abstoßend! Sie wollen uns doch nicht sagen, dass Sie an eine Schlachthaus-Religion glauben!« Andere haben sich darüber gewundert und gesagt: »Ich verstehe nicht, warum Gott Blut verlangt.« – »Ich kann nicht verstehen, warum Christus für mich sterben musste.« Heute ist die Vorstellung von dem Blutvergießen Christi altmodisch und kommt in vielen Predigten nicht mehr vor, aber wir kommen auch heute nicht ohne sie aus. Sie steht in der Bibel. Sie ist der Kern des Christentums. Das deutliche Kennzeichen des Christentums ist das Blutopfer Christi. Ohne dieses können wir nicht gerettet werden. Das Blut ist das Symbol des Todes Christi.

Die Bibel lehrt, dass Christus uns gerade durch sein Blut erlöst hat:

»Denn ihr wisst, dass Gott euch nicht mit vergänglichen Werten wie Silber oder Gold losgekauft hat von eurem früheren Leben, das ihr so gelebt habt wie schon Generationen vor euch. Er bezahlte für euch mit dem kostbaren Blut von Jesus Christus, der rein und ohne Sünde zum Opferlamm Gottes wurde« (1. Petr 1,18-19).

Nicht nur sind wir aus den Händen des Teufels erlöst, sondern auch aus den Händen des Gesetzes. Christi Tod macht mich auch frei von dem Gesetz. Das Gesetz verurteilt mich, aber Christus erfüllte jede Forderung. Alles Gold und Silber und alle Edelsteine der Welt hätten mich niemals freikaufen können. Was sie nicht konnten, das bewirkte der Tod Christi. Die Erlösung bedeutet einen »Rückkauf«. Wir sind für nichts an den Teufel verkauft worden, aber Christus erlöste uns und brachte uns zurück.

Zweitens bringt uns das Blut nahe. »Aber nun gehört ihr Christus Jesus. Ihr wart fern von Gott, doch nun seid ihr ihm nahe durch das Blut seines Sohnes« (Eph 2,13). Als wir ausgeschlossen waren vom Bürgerrecht und von den Verheißungen Israels, damals, als wir keine Hoffnung hatten und ohne Gott in der Welt lebten, brachte uns Jesus Christus nahe zu Gott. Daher gibt es jetzt kein Gericht mehr für die, die in Jesus Christus sind. Der erlöste Sünder wird niemals dem Gericht des allmächtigen Gottes gegenüberstehen. Christus hat bereits sein Urteil auf sich genommen.

Drittens bringt das Blut Frieden. »Durch ihn hat er alles mit sich selbst versöhnt. Durch sein Blut am Kreuz schloss er Frieden mit allem, was im Himmel und auf der Erde ist« (Kol 1,20). Die Welt wird niemals den Frieden kennenlernen, bis sie ihn am Kreuze Christi findet. Du wirst niemals den Frieden mit Gott erfahren, den Frieden des Gewissens, den Frieden des Geistes und den Frieden der Seele, bis du zu Füßen des Kreuzes stehst und dich im Glauben an Christus wendest. Dort liegt das Geheimnis des Friedens, das ist der Friede mit Gott.

Viertens macht das Blut gerecht. »Wie viel mehr dürfen wir nun, nachdem wir durch sein Blut gerechtfertigt sind, dessen gewiss sein, dass wir durch ihn auch vor dem zukünftigen Zorngericht Gottes errettet werden« (Röm 5,9). Das Blut Christi verändert die Stellung des Menschen vor Gott. Es ist ein Wechsel von Schuld und Verdammnis zu Verzeihung und Vergebung. Der begnadete Sünder ist nicht wie der entlassene Gefangene, der seine Strafzeit abgebüßt hat und entlassen wird, ohne das weitere Bürgerrecht. Der reuige Sünder, dem durch das Blut Christi Vergebung zuteil wurde, gewinnt sein volles Bürgerrecht zurück. »Wer wagt es, gegen die Anklage zu erheben, die von Gott auserwählt wurden? Gott selbst ist ja der, der sie gerecht spricht. Wer sollte uns verurteilen? Christus Jesus selbst ist ja für uns gestorben. Mehr noch, er ist der Auferstandene. Er sitzt auf dem Ehrenplatz zur rechten Seite Gottes und tritt für uns ein« (Röm 8,33-34).

Fünftens macht das Blut Christi rein. »Doch wenn wir wie Christus im Licht Gottes leben, dann haben wir Gemeinschaft miteinander, und das Blut von Jesus, seinem Sohn, reinigt uns von jeder Schuld« (1. Joh 1,7). Das Schlüsselwort in diesem Vers heißt *von jeder*. Nicht ein Teil unserer Sünden, sondern alle Sünden. Jede Lüge, die du jemals ausgesprochen hast, jede gemeine, niedrige, schmutzige Tat, die du getan hast, all deine Heuchelei, deine bösen Gedanken – sie alle werden durch den Tod Christi gereinigt.

Vor Jahren fand in London einmal eine große Versammlung bekannter Persönlichkeiten statt, und unter den geladenen Gästen befand sich Caesar Malan, ein berühmter Prediger jener Zeit. Eine junge Dame spielte und sang wunderbar, und jeder war hocherfreut. Als die musikalische Darbietung beendet war, ging der Prediger in gütiger, taktvoller und doch kühner Weise auf sie zu und sagte: »Als ich Ihnen heute Abend zuhörte, dachte ich, wie außerordentlich die Sache Christi gefördert werden würde, wenn Sie Ihre Talente in seinen Dienst stellen würden. Sie wissen, meine Dame, dass Sie im Angesichte Gottes ebenso sehr ein Sünder sind wie ein Betrunkener im Straßengraben oder eine Prostituierte in der Hafengasse. Aber ich bin froh, Ihnen sagen zu können, dass das Blut Jesu Christi von allen Sünden rein machen kann.« Die junge Dame verwahrte sich gegen diese Anmaßung, worauf er erwiderte: »Meine Dame, ich habe Sie nicht beleidigen wollen, ich bete zu Gott, dass sein Heiliger Geist Sie überzeugen möchte.«

Sie kehrten alle nach Hause zurück. Die junge Dame konnte nicht einschlafen. Das Gesicht des Predigers tauchte vor ihr auf, und seine Worte gingen ihr durch den Sinn. Um zwei Uhr morgens sprang sie aus dem Bett, und während Tränen von ihrem Gesicht rannen, schrieb Charlotte Elliot das berühmte Gedicht:

So, wie ich bin, so muss es sein,
nicht meine Kraft, nur du allein,
dein Blut wäscht mich von Flecken rein,
o Gotteslamm, ich komm, ich komm!
So, wie ich bin, vom Sturm gejagt,
mit bangen Zweifeln oft geplagt,
vom Feind bedroht und ganz verzagt,
o Gotteslamm, ich komm, ich komm!
Grad wie ich bin, nimmst du mich an,
die Sündenschuld ist abgetan,
weil auf dein Wort ich trauen kann,
o Gotteslamm, ich komm, ich komm!

Aber das ist nicht das Ende. Wir verlassen Christus nicht als einen, der am Kreuz hängt, während das Blut von seinen Händen, von seiner Seite und seinen Füßen herabströmt. Er wird heruntergenommen und behutsam in ein Grab gelegt. Ein großer Stein wird vor den Eingang des Grabes gewälzt. Soldaten werden als Wache davorgestellt. Den ganzen Samstag über sitzen seine Jünger verdrießlich und traurig in ihrem Zimmer. Zwei sind schon nach Emmaus aufgebrochen. Furcht hat sie alle erfüllt. Früh am ersten Ostermorgen machen sich Maria, Maria Magdalena und Salome auf den Weg zu der Gruft, um den Leichnam zu salben. Als sie ankommen, sind sie erschrocken, die Gruft leer zu finden. Ein Engel steht am Eingang der Gruft und fragt: »Wen sucht ihr?« und sie antworten: »Wir suchen Jesus von Nazareth.« Und dann verkündet der Engel die größte und herrlichste Botschaft, die Menschenohren jemals gehört haben: »Er ist nicht hier, er ist auferstanden.«

Von dieser großen Tatsache hängt der ganze Heilsplan Gottes ab. Ohne die Auferstehung gäbe es keine Erlösung. Viele Male hat Jesus seine Auferstehung vorhergesagt. Bei einer Gelegenheit sagte er: »Wie Jona drei Tage und drei Nächte im Bauche des Fisches war, wird auch des Menschen Sohn drei Tage und drei Nächte im Schoße der Erde sein!« Genau so, wie er es voraussagte, ist er auferstanden!

Es gibt gewisse Gesetze der Beweisführung, welche die Tatsache eines historischen Ereignisses bestätigen müssen. Durch zuverlässige zeitgenössische Zeugen muss das infrage stehende Ereignis nachgewiesen werden. Es gibt mehr Beweise dafür, dass Jesus von den Toten auferstanden ist, als für die Tatsache, dass Julius Cäsar jemals lebte oder dass Alexander der Große im Alter von dreiunddreißig Jahren gestorben ist. Es ist seltsam, dass Historiker Tausende von Tatsachen ohne Weiteres annehmen, für die nur ganz spärliche Beweise vorliegen. Aber für die überwältigende Tatsache der Auferstehung Jesu Christi haben sie nur ein skeptisches Auge und rationalistische Zweifel. Es liegt vor allem daran, dass diese Leute nicht glauben wollen. Ihre geistige Sicht ist so geblendet, und sie sind so sehr von Vorurteilen erfüllt, dass sie die herrliche

Tatsache der Auferstehung Christi allein aufgrund des Zeugnisses der Bibel nicht annehmen können.

Die Auferstehung bedeutet zunächst, dass Christus wahrhaftiger Gott war. Er war wirklich das, was er zu sein beanspruchte. Christus war Gott im Fleisch.

Zweitens bedeutete sie, dass Gott sein Sühnopfer am Kreuz, das für unsere Erlösung notwendig war, angenommen hatte. »Wegen unserer Sünden musste Jesus sterben, und er wurde auferweckt, um uns vor Gott gerecht zu sprechen« (Röm 4,25).

Drittens sichert sie der Menschheit ein gerechtes Urteil zu.

Viertens garantiert sie, dass unser Körper schließlich auch auferstehen wird. »Nun aber ist Christus aus den Toten auferweckt, der Erstling der Entschlafenen« (1. Kor 15,20; ELB). Die Schrift lehrt, dass unser Körper ins Grab gelegt wird, aber dass er am großen Auferstehungsmorgen auferstehen wird. Dann wird der Tod verschlungen in den Sieg. Als ein Ergebnis der Auferstehung Christi ist der Stachel des Todes überwunden, und Christus besitzt die Schlüssel des Todes. Er sagt: »Ich bin der … Lebendige. Ich war tot und bin lebendig für immer und ewig! Ich habe die Schlüssel des Todes und des Totenreichs« (Offb 1,17-18). Und Christus verspricht: »Weil ich lebe, werdet ihr auch leben.«

Und fünftens bedeutet sein Blut für uns, dass der Tod überwunden ist. Die Macht des Todes ist gebrochen, und die Todesmacht ist beseitigt. Nun können wir mit dem Psalmdichter sprechen: »Auch wenn ich durch das dunkle Tal des Todes gehe, fürchte ich mich nicht, denn du bist an meiner Seite. Dein Stecken und Stab schützen und trösten mich« (Psalm 23,4). Weil Christus auferstanden war, blickte Paulus mit großer Vorfreude auch seinem Tode entgegen. Er sagte: »Denn Christus ist mein Leben, aber noch besser wäre es, zu sterben und bei ihm zu sein« (Phil 1,21). Ohne die Auferstehung Christi kann es keine Zukunftshoffnung geben. Die Bibel verspricht, dass wir eines Tages dem auferstandenen Christus gegenüberstehen werden, und wir werden dann wie er einen verklärten Leib haben.

8 | Wie und wo müssen wir beginnen?

*Wenn ihr nicht umkehrt und werdet wie die Kinder,
werdet ihr nie ins Himmelreich kommen.*
Mt 18,3

Wir erkennen, dass es ein natürliches Gesetz gibt, welches uns auf die Stufe eines Tieres herabzieht, unseren Verstand verblendet, das Gewissen verhärtet und unseren Willen lähmt. Wir werden durch unsere eigenen Taten verurteilt.

Gott ist ein heiliger und gerechter Gott. Er kann die Sünde nicht dulden. Die Sünde trennt uns von Gott. Sie ruft den Zorn Gottes über die menschliche Seele hervor. Der Mensch hat seinen sittlichen, geistigen und geistlichen Sinn für Gott verloren, weil er Gott verloren hat. Er wird Gott nicht finden, solange er nicht den Weg zurück zu Gott findet. Der Weg, der zu Gott zurückführt, ist nicht ein Weg des Verstandes oder der Moral. Man kann sich den Rückweg zu Gott nicht vorstellen, weil die menschliche Gedankenvorstellung mit der göttlichen nicht übereinstimmt, denn der weltliche Sinn steht im Gegensatz zu Gott. Man kann auch nicht durch anbetende Verehrung oder sittliche Veredelung den Rückweg zu Gott finden, denn der Mensch ist vor Gottes Angesicht ein geistiger Rebell, und sein Charakter ist durch die Sünde verdorben.

Da bricht die Frage auf: Was muss ich denn tun? Wo und wie soll ich es anfangen? Welches ist mein Weg zu Gott? – Es gibt nur *einen Weg*, der zu Gott zurückführt. Jesus sagte: »Wenn ihr nicht umkehrt und werdet wie die Kinder, so könnt ihr nicht in das Himmelreich eingehen.« Jesus verlangte eine Umkehr, eine Bekehrung. So müssen wir anfangen! Du musst dich bekehren!

Es gibt viele Leute, welche Bekehrung mit Gesetzeserfüllung verwechseln. Das Gesetz des Mose ist in der Bibel in bestimmten

Formen niedergeschrieben, und der Zweck des Gesetzes ist deutlich klargemacht. Zu keiner Zeit ist es als ein Wundermittel für die Krankheiten der Welt angeboten worden; es wurde vielmehr als ein Erkennungsmittel für sie gegeben; es kennzeichnet den Grund für unsere Unruhe, bringt aber nicht die Heilung. Die Bibel sagt: »Wir wissen, dass das, was im Gesetz steht, für die gilt, denen es gegeben wurde. Deshalb können sich die Menschen nicht mehr herausreden, und die ganze Welt ist dem Gericht Gottes unterstellt« (Röm 3,19).

Das Gesetz hat uns die Ungerechtigkeit der Menschen deutlich gemacht, und die Bibel sagt: »Denn niemand wird in Gottes Augen gerecht gesprochen, indem er versucht, das Gesetz zu halten« (Röm 3,20). Die Bibel sagt: »Das Gesetz bringt *Erkenntnis* der Sünde.« Das Gesetz ist ein sittlicher Spiegel. Es verurteilt, aber wandelt nicht um. Es stellt Forderungen, aber verändert nicht. Es zeigt mit dem Finger, aber bietet keine Gnade an. Es ist kein Leben in dem Gesetz. Es liegt nur Tod darin, denn der Spruch des Gesetzes lautete: »Du wirst sterben.«

Es gibt viele Menschen, die sagen, ihre Religion sei die Bergpredigt, aber der Mann und die Frau wurden noch nicht geboren, die jemals genau entsprechend der Bergpredigt gelebt hätten. Die Bibel sagt, dass alle gesündigt haben und keine Ehre beanspruchen können.

Prüfe die Beweggründe deines Handelns, bevor du behauptest, dass du keinen Vorwurf verdienst und ein Leben führst, das dich freispricht von jeder Notwendigkeit einer Bekehrung. Blicke tief und ehrlich in dein eigenes Herz, bevor du sagt, dass die Bekehrung wohl für andere gut sein möge, dass du selbst sie aber nicht nötig hättest.

Als ich in Hollywood predigte, bat mich eine Gruppe von Filmleuten, zu ihnen über religiöse Erfahrungen zu sprechen. Nach meiner Ansprache hatten wir eine Diskussion, und die erste Frage, die gestellt wurde, lautete: »Was ist Bekehrung?«

Einige Zeit später hatte ich die Gelegenheit, zu einer Gruppe von politischen Führern in Washington zu sprechen. Als die Diskussion begann, war wieder die erste Frage: »Was ist Bekehrung?«

In fast jeder Universität oder jedem College, wo ich Diskussionen leitete, wurde immer wieder dieselbe Frage gestellt: »Was verstehen Sie unter Bekehrung?«

Der Gedanke der Bekehrung ist in unserer Gesellschaft sicherlich nicht unbekannt. Jeder gute Kaufmann weiß, dass er die Leute zu seiner besonderen Ware oder Denkweise »bekehren« muss. Das Hauptgeschäft der Werbung liegt darin, das kaufende Publikum von einer Warensorte zu der anderen zu »bekehren«. Wir sprechen von politischen Führern, die von ihrer ursprünglichen politischen Meinung sich »abgekehrt« und eine ganz andere angenommen haben. Während des letzten Krieges hörten wir, dass ein großer Teil unserer Industrien sich von der Friedensproduktion auf die Kriegsproduktion »umgestellt« hatte und dass sehr viele Privathäuser von der Ölfeuerung zur Kohlefeuerung »übergegangen« waren. All dies sind Ausdrucksformen der »Bekehrung«.

Das Wort Bekehrung bedeutet »sich umwenden«, »seinen Sinn ändern«, sich »zurückwenden« oder »zurückkehren«. Auf dem Gebiet der Religion wird es auf unterschiedliche Weise erklärt als »Reue zeigen«, »Buße tun«, »sich erneuern«, »Gnade empfangen«, »Liebe erfahren« oder »Gewissheit gewinnen«.

Ich erinnere mich, wie in einer meiner Versammlungen ein Gewohnheitstrinker zu mir kam und sagte: »Herr Graham, ich bin sicher, dass in dem, was Sie sagen, eine gewisse Wahrheit liegt; ich bin bereit, Ihrem Christus eine Gelegenheit zu bieten, und wenn er mir auch nur ein wenig entgegenkommen wird, wie Sie sagen, will ich zu Ihnen zurückkommen und mich mein ganzes Leben für ihn verpflichten!« Einige Wochen später sagte er mir, es sei ihm völlig unbegreiflich: Jedes Mal, wenn er wieder trinken wollte, schien es so, als ob ihn etwas daran hinderte. Christus hatte ihm den Sieg über seine böse Gewohnheit gegeben. Er kehrte zu seiner Familie zurück und führt jetzt ein Leben für Christus. Mit anderen Worten, er drehte sich völlig um, er änderte seine Richtung, er änderte seine Denkweise – er war bekehrt worden!

Die Bekehrung kann viele verschiedene Formen annehmen. Die Art und Weise, in der sie sich vollzieht, hängt größtenteils von dem einzelnen Menschen ab – von seinem Temperament, von seiner Gefühlseinstellung, von seiner Umgebung, von seiner früheren Lage und Lebensweise. Die Bekehrung kann in einem Menschenleben eine große Krise herbeiführen; sie kann auch eintreten, nachdem alle früheren Werte verloren gegangen sind, wenn man eine große Enttäuschung erfahren hat, wenn man materiellen Besitz oder den Gegenstand seiner Liebe verloren hat. Jemand, der seinen ganzen Sinn auf finanziellen Gewinn, auf sein Geschäft oder gesellschaftliches Ansehen eingestellt hat oder der seine ganze Liebe auf eine Person gerichtet hat, empfindet es als einen niederschmetternden Verlust, wenn ihm das plötzlich entzogen wird, was seinem Leben bisher seinen Sinn gegeben hat.

In besonders tragischen Augenblicken, wenn der einzelne Mensch losgelöst ist von all seinem weltlichen Ansehen, wenn der geliebte Mensch dahingegangen ist und nicht wieder zurückgerufen werden kann, erkennt er, wie furchtbar und völlig einsam und verlassen er wirklich dasteht. In jenem Augenblick kann der Heilige Geist bewirken, dass die weltlichen Binden von seinen Augen abfallen und er zum ersten Mal völlig klar sieht. Er erkennt, dass Gott die einzige Quelle wirklicher Kraft ist und der einzige ewige Urquell der Liebe und Gemeinschaft.

Es kann auch geschehen, dass die Bekehrung in dem Höhepunkt persönlichen Ansehens oder Glückes eintritt – wenn alles gut geht und die reichliche Barmherzigkeit Gottes jemandem in gütiger Weise geschenkt worden ist. Gerade die Güte Gottes kann den Menschen zu der Erkenntnis bringen, dass er alles Gott verdankt: So führt gerade auch Gottes Güte zur Buße und Erneuerung. Die Bekehrung kann in einem solchen Augenblick so plötzlich und dramatisch sein wie die Bekehrung der Heiden, die ihre Liebe und überqueren. Für die Jünger sah die Situation zunächst hoffnungslos aus, weil das Schiff zu kentern drohte. Doch „im letzten Moment" entfaltete der Sohn Gottes seine Macht: Er befahl den Naturgewalten, worauf der See sich sofort beruhigte und alle gerettet wurden.

Was erwartet Jesus und seine Jünger nun auf der anderen Seite des Sees – Entspannung und Ruhe? Nein, sie begegnen gleich der nächsten Herausforderung: der Macht des Teufels. Sie treffen einen Menschen an, in dessen Leben es nicht chaotischer aussehen könnte. Dieser Mann leidet nicht etwa an einer psychischen Krankheit, sondern wird von Dämonen geplagt. Die Auswirkungen sind beängstigend, ja verheerend. Unter dämonischem Einfluss entfaltet der Mann unbändige Kräfte, dabei fehlt ihm jegliche Selbstkontrolle. So zerstört er seinen eigenen Körper, und niemand kann ihm helfen – außer dem Sohn Gottes.

Eine zwanghafte satanische Besessenheit kann dann zustande kommen, wenn man sich bewusst okkulten Praktiken öffnet. Davor kann man nur warnen. In einem anderen Sinn stehen jedoch alle Menschen unter dem Einfluss des Teufels – jeder braucht Rettung!

Tägliche Bibellese 4. Mose 4,1-20 · Matthäus 4,1-11

Sonntag 2

Januar

SA 08:23 · SU 16:32
MA 04:13 · MU 12:44

Und sie kamen an das jenseitige Ufer des Sees in das Land der Gadarener. Und als er aus dem Schiff gestiegen war, kam ihm sogleich aus den Grüften ein Mensch mit einem unreinen Geist entgegen, der seine Wohnung in den Grabstätten hatte; und selbst mit Ketten konnte ihn niemand mehr binden, da er oft mit Fußfesseln und mit Ketten gebunden gewesen war und die Ketten von ihm in Stücke zerrissen und die Fußfesseln zerrieben worden waren; und niemand vermochte ihn zu bändigen. Und allezeit, Nacht und Tag, war er in den Grabstätten und auf den Bergen und schrie und zerschlug sich mit Steinen.

Markus 5,1–5

Gedanken zum Markus-Evangelium

Der Evangelist Markus berichtet am Ende des vierten Kapitels, dass Jesus und seine Jünger in einen heftigen Sturm gerieten, als sie den See Genezareth ihren Glauben von den steinernen und hölzernen Götzenbildern auf die Person Jesu Christi übertragen. Aber nicht alle Bekehrungen geschehen wie ein plötzlicher strahlender Blitz, der unsere Seele erleuchtet; nicht jeder erfährt eine plötzliche Bekehrung. Es gibt viele, die erst durch einen langen und schweren Konflikt mit ihren inneren Beweggründen hindurchmüssen. Bei anderen kommt die Bekehrung als der Höhepunkt einer langsamen Entwicklung und allmählichen Offenbarung und Überzeugung von dem Heilsplan Gottes. Ein solcher längerer Prozess endet dann mit der bewussten Annahme Christi als des persönlichen Heilands und in der Übergabe des Lebens an ihn.

Aber es geschieht nicht immer genau in dieser Weise. Meine Frau zum Beispiel kann sich nicht mehr an den genauen Tag oder die Stunde erinnern, da sie Christ wurde, aber sie ist ganz gewiss, dass es einen solchen Augenblick in ihrem Leben gab, in dem sie tatsächlich die Grenzlinie überschritt. Viele junge Menschen, die in christlichen Familien aufgewachsen sind und den Segen einer christlichen Erziehung genossen haben, sind sich nicht des genauen Zeitpunkts bewusst, als sie ihr Leben Christus übergeben haben. Andere erinnern sich sehr deutlich an den Augenblick, da sie öffentlich ihren Glauben bekannten. Die Berichte der Bekehrungen im Neuen Testament zeigen, dass die meisten von ihnen zu der dramatischen, plötzlichen Art gehörten.

Lange Zeit hat die Psychologie sich um die Bekehrung und religiöse Erfahrungen wenig gekümmert, aber in den letzten fünfundzwanzig Jahren machten die Psychologen sehr viele Studien über das Problem der Bekehrung. Sie haben herausgefunden, dass die Bekehrung nicht nur ein christliches Erlebnis ist, sondern dass sie auch in anderen Religionen gefunden wird und dass sie nicht nur eine religiöse Erscheinung ist, sondern auch in nicht religiösen Bereichen vorkommt. Psychologen haben festgestellt, dass es drei Stufen bei der Bekehrung gibt. Erstens: eine Vorstellung von Verwirrung und Unruhe; zweitens: einen Höhe- und Wendepunkt; und drittens: eine Entspannung, gekennzeichnet durch innere Ruhe und Freude.

Starbuck unterscheidet zwei Arten von Bekehrung: Die eine sei von einem heftigen Sündenbewusstsein begleitet und die andere von einem Gefühl der Unvollkommenheit, von einem Streben nach einem besseren Leben und dem Wunsch nach geistlicher Erleuchtung.

Der Wert psychologischer Studien über die Bekehrung ist unterschätzt worden. Wir können sie nicht übergehen und ignorieren. Sie geben uns viel Licht, aber nur wenige Psychologen sind bereit, die biblische Bekehrung als übernatürlich anzunehmen.

Tatsächlich schließt auch die biblische Bekehrung drei Stufen ein, zwei davon sind aktiv und eine passiv. Zu der aktiven Bekehrung gehören Reue, Buße und Glauben. Vom Anfangspunkt gesehen, der Abwendung von dem früheren Leben, bedeutet Bekehrung Buße. Der Glaube bezeichnet den objektiven Punkt der Bekehrung, die Hinwendung zu Gott. Die dritte, passive Stufe können wir Wiedergeburt oder Erneuerung nennen.

Um also in den Himmel zu kommen – sagte Jesus –, musst du bekehrt werden. Das habe nicht ich gesagt – das sagt Jesus! Das ist nicht die Meinung eines Menschen, es ist die Meinung Gottes! Jesus sagte: »Wenn ihr nicht umkehrt und werdet wie die Kinder, so könnt ihr nicht in das Himmelreich hineinkommen.«

Die wahre Bekehrung schließt Verstand, Gefühl und Willen völlig mit ein. Es hat Tausende von Menschen gegeben, die nur verstandesmäßig Christen geworden sind. Sie glauben an die ganze Bibel, sie glauben auch ganz an Jesus, aber dennoch sind sie niemals wirklich zu ihm bekehrt worden.

Im zweiten Kapitel des Johannesevangeliums wird beschrieben, wie Hunderte von Leuten Jesus früh in seinem Dienste folgten. Es heißt da, dass viele von ihnen an ihn glaubten. Aber Jesus hat sich ihnen nie anvertraut, weil er die Herzen der Menschen kannte. Warum vertraute Jesus sich ihnen nicht an? Er wusste, dass sie nur mit ihren Köpfen und nicht mit ihren Herzen glaubten.

Es ist ein großer Unterschied zwischen der nur verstandesmäßigen Bekehrung und der völligen Umkehr, welche die Seele rettet. Selbstverständlich muss durch die Annahme Christi eine Veränderung in deinem Denken und Geiste eintreten, aber zusammen mit einer Veränderung aller Gebiete deiner Persönlichkeit.

Es gibt tausend Leute, die irgendeine Form rein gefühlsmäßiger Erfahrung gemacht haben, die sie als Bekehrung deuten, aber in Wirklichkeit sind sie niemals zu Christus bekehrt worden. Christus verlangt eine Veränderung in deiner Lebensweise – und wenn dein Leben nicht mit deiner Erfahrung übereinstimmt, dann hast du allen Grund, an ihr zu zweifeln. Sicherlich wird es auch eine Änderung in deinem ganzen Gefühlsleben geben, wenn du zu Christus kommst – Hass und Liebe sind darin eingeschlossen, denn du wirst anfangen, die Sünde zu hassen und die Gerechtigkeit zu lieben. Deine Gefühle werden eine revolutionäre Änderung erfahren. Deine Hingabe an ihn wird keine Grenzen kennen. Deine Liebe zu ihm kann nicht beschrieben werden.

Aber selbst das genügt noch nicht! Wenn du Christus mit deinem Verstand angenommen und dich ihm mit deinem ganzen *Gefühlsleben* übergeben hast, so muss auch die Umkehr deines *Willens* erfolgen. Dein Wille muss auf den Willen Gottes ausgerichtet werden. Dein einziger Wunsch muss der sein, ihm zu gefallen.

Bei der Bekehrung stehst du am Fuße des Kreuzes und erkennst, dass du ein Sünder bist. Du blickst im Glauben auf Christus hin, der dort an deiner Stelle stirbt. Du öffnest ihm dein Herz und lässt ihn einziehen. Im Glauben übergibst du ihm dein Leben, indem du zugleich aller Sünde abschwörst. In diesem Augenblick vollzieht der Heilige Geist das Wunder deiner Neugeburt. Du wirst tatsächlich ein neues, sittliches Wesen. Es erfolgt die Einpflanzung der göttlichen Natur. Du wirst ein Teilhaber an Gottes eigenem Leben. Durch den Geist Gottes nimmt Jesus Christus Wohnung in deinem Herzen.

Die Bekehrung ist kein schwieriger oder komplizierter Prozess. Sie ist einfach. Sie ist so einfach, dass ein Kind bekehrt werden kann, und doch ist sie zugleich so tief, dass Theologen immer wieder im Laufe der Geschichte über ihren tiefen Sinn nachgedacht haben. Gott hat den Weg der Erlösung so klargemacht, Gott hat den Weg der Erlösung so klargemacht, dass »auch die Toren nicht zu irren brauchen« (Jes 35,8). Niemand wird je aus dem Reiche Gottes ausgeschlossen werden, weil er nicht die Fähigkeit hat, es zu verstehen. Die Reichen und die Armen, die Komplizierten und die Einfältigen – alle können sie die Bekehrung erfahren.

Um es zusammenzufassen: Bekehrung bedeutet einfach »Änderung«. Wenn jemand bekehrt ist, mag er weiter die Gegenstände lieben, die er vorher geliebt hat, aber die *Gründe*, warum er sie liebt, werden sich ändern. Ein bekehrter Mensch mag die früheren Gegenstände seiner Zuneigung aufgeben. Er mag sich sogar von seinen weltlichen Gefährten zurückziehen, nicht weil er sie verachtet, denn viele von ihnen werden anständig und liebenswürdig sein, sondern einfach, weil er sich in der Gesellschaft anderer Christen mit der gleichen Gesinnung wohler fühlt.

Ich erinnere mich lebhaft an ein junges Mädchen in New York, das nach Los Angeles kam, um dort zu heiraten. Sie und der junge Mann hatten sich kennengelernt, als sie beide in einem hoch angesehenen New Yorker Anzeigenbüro arbeiteten, und ihre Verlobung hatte sich bei Cocktailpartys und in Nachtklubs vollzogen. Von Ehrgeiz erfüllt und dem Gedanken, schnell vorwärtszukommen, hatte er sich an ein Büro in Kalifornien versetzen lassen und traf mit seinem Mädchen die Verabredung, dass sie ihm in sechs Monaten folgen solle und dass sie dann heiraten wollten. Ich traf sie etwa eine Woche, nachdem sie in Los Angeles angekommen war in der Erwartung, hier ein neues fröhliches Leben aufzunehmen. Stattdessen entdeckte sie, dass der Mann sich dort in einen Filmstar verliebt und nicht den Mut gehabt hatte, ihr dies zu schreiben, bevor sie New York verließ.

Hier war sie nun ganz allein in einer Stadt, wo sie niemand kannte – all ihre Pläne waren zerstört, ihr Stolz vernichtet, und die Zukunft lag öde und leer vor ihr. Ihre Familie war nicht fromm gewesen, und in dieser Stunde äußerster Not wusste sie nicht, wohin sie sich wenden sollte, um Trost, Rat und rechte Führung zu finden.

CLOWNWORKSHOP mit Clown fidelidad, Sa.16.11. & So.17.11.2024 in Münster. Anmeldung: Veranstalter erwachsenenbildung@ev-kirchenkreis-muenster.de in Kooperation mit clownfidelidad@t-online.de, www.clown-fidelidad.de

Tolle kreative Kurse und Workshops im neuen Atelier „träum weiter" Geiststr. 51, 48151 Münster. Jetzt buchen und genießen!
https://kreativatelier.simplybook.me/v2/
Ulrike Marouf-Krolzig: 01787903214
Kreativtherapeutin und psychologische Beraterin [F]

Humanistische-Kunsttherapie.de | Ausbildungen | Fortbildungen I Einzel- und Gruppen-Maltermine I Mal-Ferien auf Kreta u. in MS I Katina Kalpakidou, info@mihk.de, 0251-34341 [F]

Latein/Latinumsprüfung, Mathe, Englisch. Nachprüfung? Seriöser Unterricht bei Ihnen zu Hause. Tel.0176/4054259

Anleitung zu Mutausbrüchen: Akkordeon-Unterricht, Ensemble-Gruppen und Workshops für Frauen. info@Anne-Marie-Grage.de 0163.972.08.69 [F]

Herbstferienkurse in der Malküche für Kinder ab 6 J. Tel.0251/3795091; info@malkueche.de – www.malkueche.de

NeuroGraphik - Kurse, Workshops und Einzelbegleitung. Nimm den Stift in die Hand und gestalte Dein Leben! Mehr Infos auf

MindfulnessMe - Wochenende zur Selbststärkung mit Achtsamkeit & Mitgefühl. 5. & 6.10. / 9:30-16.30 Uhr. Infos & Anmeldung: www.sobi-muenster.de [F]

Jetzt kostenfreie Gitarrenstunde buchen! Prof. Gitarrenunterricht in der Geiststraße für alle! kontakt@musikschule-helle-saiten.de / 017695296949! [F]

Let's Groove - Einstieg in die Rhythmuswelt. Du lässt Dich leicht von fetziger Musik mitreißen? Du gestaltest Entspannung gerne aktiv? Dann komm am 23. und 24.11. 11-16 Uhr ins TPZ Münster (Achtermannstr. 24). In der Gruppe grooven wir mit Body-Percussion, Instrumenten und haben jede Menge Spaß! Du brauchst keine Vorkenntnisse. Infos und Anmeldung: www.tpz-muenster.de [F] [K]

Gerlinde Heiming
Körper und Bewusstsein

Etwas für sich selbst

Training fü-
in Münst
Einzel

WIR SEHEN DEIN Talent

BILDEN AUS!

Deutsche Rentenversicherung
Westfalen

Während sie durch die unbekannten Straßen wanderte und versuchte, ihren Ärger und ihre Demütigung zu überwinden, kam sie zu der »Zeltkirche«, in der wir unsere Abendversammlungen abhielten. Sie erzählte mir später, sie habe selbst nicht gewusst, was sie schließlich veranlasste, hineinzugehen, aber sie tat es und saß mürrisch während des ganzen Vortrages da. Am nächsten Abend kam sie wieder und dann jeden Abend die ganze Woche hindurch, bis Gott sie durch die Wolke der Bitterkeit und Not, die sie umgab, seine Stimme hören ließ und sie vortrat, um ihr Verlangen nach Erlösung zu bekennen.

Als die Last der Schuld und der Zurückweisung durch den Glauben an den Herrn Jesus Christus von ihr weggenommen war, kam sie zu der Überzeugung, dass die Liebe, die sie verloren hatte, nur zu einem Sprungbrett für eine viel größere und reichere Liebe geworden war. Das Gefühl der Demütigung, das sie bisher gehindert hatte, zu ihrer früheren New Yorker Arbeit zurückzukehren, schwand dahin und während sie vorher geglaubt hatte, ihr Leben sei sinnlos geworden, fand sie nun bei ihrer Rückkehr, dass es viel reicher und erfüllter war als vorher. Nur anstatt ihren Verstand und ihr Organisationstalent in einer endlosen Folge von Cocktailpartys zu vergeuden, wurde sie sehr aktiv in ihrer Kirche.

Die Fantasie, die sie früher dazu verwendet hatte, die Belegschaft ihres Büros zu unterhalten, benutzte sie nun, um jungen Menschen die biblischen Geschichten lebendig zu machen. Ihr Geschick in finanziellen Organisationsfragen trug jetzt reichen Nutzen im Dienste des Herrn, und ihr Pfarrer sagt, dass ihre Vorschläge und Gedanken von hohem Wert sind und den regelmäßigen Kirchenbesuch sehr vermehrt haben. Weit davon entfernt, zurückgewiesen und nicht begehrt zu sein, wurde sie von ihren kirchlichen Freunden dauernd aufgesucht und zu Rate gezogen. Aber das Allerwichtigste war, dass die Vereinsamung von ihr gewichen war, denn sie weiß jetzt, dass Jesus Christus immer an ihrer Seite ist, bereit, sie zu trösten, zu führen und zu schützen.

Dies alles ist das Ergebnis ihrer Bekehrung gewesen – ihre Abwendung von dem öden, leeren, weltlichen Wege, auf dem sie so unglücklich geworden war – hin zu ihrem Herrn und Heiland Jesus Christus! Sie hatte den Frieden mit Gott gefunden.

9 | Buße

*So wird Freude im Himmel sein über einen Sünder,
der Buße tut, mehr als über neunundneunzig Gerechte,
die die Buße nicht nötig haben.*
Lk 15,7 (ELB)

Wir haben gesehen, dass Jesus die Bekehrung verlangt. Wir haben auch erkannt, dass die drei Stufen der Bekehrung Buße, Glauben und Erneuerung sind. Man mag darüber streiten, in welcher Ordnung diese drei erfolgen sollen, aber man nimmt im Allgemeinen an, dass sie wahrscheinlich gleichzeitig geschehen. Wenn Buße mit einem Wort beschrieben werden könnte, würde ich den Ausdruck Verzicht gebrauchen. Du fragst: »Worauf verzichten?« Die Antwort kann wieder mit einem Wort gegeben werden – Verzicht auf die »Sünde«. Die Bibel lehrt, dass die Sünde, wie wir bereits gesehen haben, eine Übertretung des Geistes ist. Die Sünde ist das Nichtvorhandensein jeder Autorität und die Verleugnung jeder Verpflichtung Gott gegenüber. Die Sünde ist jenes böse Prinzip, das in den Garten Eden kam, als Adam und Eva versucht wurden und der Versuchung unterlagen. Seit dem Unglück in Eden hat dieses böse Gift alle Menschen angesteckt, sodass »alle gesündigt haben« und »es keinen Gerechten, auch nicht einen Einzigen, gibt«. Die Sünde hat unsere Beziehung zu Gott zerstört, und als Folge davon hat sie auch unser Verhältnis zu den Mitmenschen, ja sogar zu uns selbst gestört.

Wir können unmöglich Frieden mit Gott oder mit den anderen Menschen oder sogar mit uns selbst haben, ehe nicht etwas getan wird gegen jenes »abscheuliche Ding, welches Gott hasst«. Wir müssen nicht nur auf die Sünde im Prinzip verzichten, sondern auch auf die Sünden – in der Mehrzahl. Es gibt dabei kein Feilschen, Handeln, Paktieren oder Zögern. Christus verlangt absoluten Verzicht. Aber hiermit ist wiederum der Grundsatz der Liebe verbunden, denn wenn du wirklich und völlig Jesus Christus liebst, dann wirst du nicht Dinge tun wollen, die er hasst und verabscheut. Automatisch wirst du auf alle Sünden in deinem Leben verzichten, wenn du dich ihm im Glauben ergibst. Daher gehen Buße und Glaube Hand in Hand. Man kann nicht echte Reue ohne den rettenden Glauben und nicht den rettenden Glauben ohne echte Reue haben.

Leider wird das Wort Buße heute auf vielen Kanzeln vergessen. Es ist ein sehr unbeliebtes Wort. Die erste Predigt, die Jesus hielt, war: »Tut Buße, denn das Himmelreich ist nahe herbeigekommen« (Mt 4,17; LUT). Diese Worte sprach Gott durch seinen Sohn. Jesus war auf die Erde gekommen mit einem Herzen voller Liebe und Mitleid, aber er begann sofort ganz klar und unmissverständlich von des Menschen Schuld und Sünde zu sprechen. Er rief die Menschen auf, ihre Schuld zu erkennen und von ihrer Gottlosigkeit abzulassen. Er sagte, dass die Buße zuvor erfolgen müsse, bevor er den Menschen seine Liebe, Gnade und Barmherzigkeit schenken kann. Jesus weigerte sich, die Ungerechtigkeit zu beschönigen. Er bestand auf unserer Selbstverurteilung, auf einer vollständigen echten Umkehr. Er verlangte eine neue Lebenshaltung, bevor er uns die Liebe Gottes offenbaren würde.

Eines Tages kamen Leute zu Jesus und erzählten ihm von gewissen Galiläern, deren Blut Pilatus mit dem der Opfer vermischt hatte, als seine römischen Legionen den jüdischen Aufstand unterdrückten. Sie berichteten auch, wie der Einsturz eines Turmes in Siloa viele Menschen getötet hatte. Als Antwort erklärte Jesus: »Meint ihr etwa, diese Galiläer seien deshalb größere Sünder gewesen als alle anderen Galiläer, weil es ihnen so erging? Ich sage: Nein; sondern wenn ihr nicht Buße tut, so werdet ihr alle ebenso umkommen« (Lk 13,2-3). Mit anderen Worten, Jesus sagte, ob die Menschen durch Gewalt, durch einen Unfall oder durch den natürlichen Tod hinweggerafft werden, ihr Schicksal wird immer das gleiche sein, wenn sie sich nicht in Buße Gott zugewandt haben. Bis dieses geschieht, ist der Glaube völlig unmöglich. Das beschränkt nicht die Gnade Gottes, aber die Buße macht die Bahn für die Gnade Gottes erst frei.

Jona predigte in Ninive Buße, bis Ninive Buße tat.

Hesekiel predigte Buße, als er sagte: »›Deshalb werde ich jeden Einzelnen von euch nach seinem Verhalten richten, Volk der Israeliten‹, spricht Gott, der Herr. ›Kehrt um und hört auf zu sündigen! Lasst nicht zu, dass ihr Schuld auf euch ladet!‹« (Hes 18,30).

Die große Botschaft Johannes' des Täufers war Buße, als er sagte: »Tut Buße, denn das Himmelreich ist nahe herbeigekommen« (Mt 3,2; LUT). Die Buße wird siebzigmal im Neuen Testament erwähnt. Jesus sagte:

»Wenn ihr nicht Buße tut, werdet ihr alle umkommen.« Die Predigt, die Petrus am Pfingsttage hielt, lautete: »Tut Buße, und jeder von euch lasse sich taufen auf den Namen Jesu Christi zur Vergebung eurer Sünden« (Apg 2,38; ELB). Paulus predigte sie, als er sagte, dass er »da ich sowohl Juden und Griechen die Buße zu Gott und den Glauben an unseren Herrn Jesus Christus bezeugte« (Apg 20,21; ELB). Die Bibel sagt, dass Gott die Buße verlangt: »Nachdem nun Gott die Zeiten der Unwissenheit übersehen hat, gebietet er jetzt den Menschen, dass sie alle überall Buße tun sollen (Apg 17,30; ELB). Es ist ein Gebot. Es ist ein Befehl. Gott sagt es: »Tue Buße! Oder du kommst um!« Hast du schon Buße getan? Bist du dessen ganz gewiss?

Was verstand Jesus unter dem Wort Buße? Warum erscheint es immer wieder durch die ganze Bibel? Wenn du in einem modernen Wörterbuch nachschaust, wirst du finden, dass Buße bedeutet »leidtun« oder »bedauern«. Aber die ursprünglichen griechischen und hebräischen Wörter, die Jesus gebrauchte, bedeuteten sehr viel mehr als das. Sie bedeuteten sehr viel mehr, als dass es uns leidtat und wir bedauerten, gesündigt zu haben. Das biblische Wort Buße bedeutet »sich ändern«, »umwenden«. Es ist ein Wort der Kraft und der Tat. Es ist ein Wort, das eine vollständige Revolution im Menschen bedeutet. Wenn die Bibel uns auffordert, unsere Sünde zu bereuen, so bedeutet das, dass wir uns von der Sünde abwenden, dass wir eine Kehrtwendung machen sollen und unseren Weg in umgekehrter Richtung von der Sünde und allem, was dazugehört, weitergehen.

Jesus erzählt das Gleichnis vom verlorenen Sohn, um uns vor Augen zu führen, was er mit dem Wort Buße meint. Als der verlorene Sohn Buße tat, saß er nicht still, weil ihm seine Sünden leidtaten. Er war nicht passiv und schlaff. Er blieb nicht, wo er war, umgeben von den Schweinen. Er stand auf und ging fort! Er wanderte in der umgekehrten Richtung. Er suchte seinen Vater auf und demütigte sich vor ihm, und dann bekam er seinen Lohn.

Zu viele moderne Christen haben vergessen, was die Bibel meint, wenn sie von Buße redet. Sie glauben, dass Buße kaum mehr ist als den Kopf schütteln über die Sünden und sagen: »Es tut mir leid, dass ich es getan habe!« und dann genauso weiterleben wie vorher.

Wahre Buße bedeutet »sich ändern«, »sich abwenden«, »in einer neuen Richtung gehen«. Dass es uns leidtut, genügt nicht bei der Buße. Auch Judas tat sein Verrat leid, und er hatte Gewissensbisse, aber er tat niemals Buße. Selbst eine innere Erneuerung ist nicht genug. Es gibt keine Folter, die du deinem Körper geben könntest, keine Prüfungen, vor die du deinen Geist stellen könntest, die dem allmächtigen Gott gefallen würden. Unsere Sünden wurden durch Christus am Kreuz gesühnt und getilgt. Dort erduldete er die Strafe der Sünde. Kein Leid, das wir auf uns nehmen konnten, kann uns zur Buße führen. Wenn ich von Buße spreche, rede ich nicht von der altmodischen Trauerbank. Viele Leute haben gelehrt, dass man, um zur Buße zu gelangen, für eine bestimmte Zeit trauern müsse, um für die Erlösung bereit zu werden. Jemand sagte mir, dass er damals an dem Abend, da er sich Christus zuwandte, in eine altmodische Versammlung ging. Während er am Altar niederkniete und versuchte, Gott zu finden, kam eine liebe Schwester heran, klopfte ihm auf die Schulter und sagte: »Halt an, Bruder! Halt an! Wenn du Gott suchst, musst du so weiterringen!« Einige Minuten später kam ein Kirchendiener heran und klopfte ihm auch auf die Schultern und sagte: »Bruder, lass los!« Kurz darauf trat wieder eine andere Schwester zu ihm und sagte: »In der Nacht, da ich bekehrt wurde, traf mich ein großes Licht mitten ins Gesicht und warf mich nieder.« Dann sagte er mir: »Ich versuchte gleichzeitig, weiter anzuhalten und loszulassen und nach dem Licht auszuschauen. Aber in der Verwirrung habe ich wahrscheinlich nichts von allem getan!« Ein sehr intelligenter christlicher Führer erzählte mir einmal von seiner Bekehrung: Die Forderung des Priesters, er müsse erst in einen Zustand großer innerer Gefühlserregung kommen, habe ihn beinahe davon abgehalten, überhaupt zu Gott zu kommen. Für viele aufrichtig suchende Menschen ist die Überbetonung der Gefühlsverfassung in gewissen Versammlungen ein Stein des Anstoßes geworden. Aber die Art der Buße, von der ich spreche, ist eine wahre biblische Buße, die alle drei Seiten in sich einschließt: den *Verstand*, das *Gefühl* und den *Willen*.

Erstens muss eine Sünden*erkenntnis* vorhanden sein. Die Bibel sagt: »Denn alle Menschen haben gesündigt und das Leben in der Herrlichkeit Gottes verloren« (Röm 3,23). Als Jesaja von seinen Sünden überführt wurde, rief er aus: »Mir wird es furchtbar ergehen, denn ich bin ein Mann mit unreinen Lippen« (Jes 6,5). Als Hiob einen flüchtigen Blick von Gottes Heiligkeit erhaschte, sagte er: »Darum spreche ich mich schuldig« (Hiob 42,6; LUT). Petrus rief aus: »Ich bin ein sündiger Mensch« (Lk 5,8; ELB). Als Paulus seine Sünden erkannte, nannte er sich »den Schlimmsten von allen« (1. Tim 1,15).

Der Heilige Geist bringt eine solche Überführung hervor. In der Tat kann eine Reue erst stattfinden, wenn der Heilige Geist auf das Herz und den Sinn gewirkt hat. Der Heilige Geist mag die Gebete einer Mutter, die Predigt eines Pfarrers, ein christliches Radioprogramm, den Anblick eines Kirchturms oder den Tod eines geliebten Menschen dazu gebrauchen, diese notwendige Überzeugung herbeizuführen. Jedoch habe ich auf einigen unserer Versammlungen Menschen unter einer solchen Überzeugung zittern sehen, und dennoch bereuen sie ihre Sünden nicht. Es ist möglich, dass man seine Sünden sieht, dass man weiß, dass man ein Sünder ist und sogar Tränen über seine Sünden vergießt und dennoch keine Buße tut.

Zweitens ist das *Gefühl* mit der Buße ebenso verbunden, wie es bei allen echten Erfahrungen mitspielt. Paulus redet von einer göttlichen Betrübnis, die auf die Buße hinwirke. Viele Leute verabscheuen jede Gefühlsregung, und manche Kritiker beargwöhnen jede Bekehrung, die nicht in einem Eisschrank stattgefunden hat. In einer falschen Gefühlsbetonung, die nur zu ihrem eigenen Zwecke betrieben wird, liegen große Gefahren, aber das schließt die wahre Gemütserregung und Gefühlstiefe nicht aus.

Drittens schließt die Buße den *Willen* ein. Ja, mit dem Willen erreichen wir den eigentlichen Kern der Buße. Man muss den Entschluss fassen, die Sünde aufzugeben – die Haltung gegen sich selbst, gegen die Sünde und gegen Gott zu ändern, sein Gefühl zu ändern, seinen Willen zu ändern, seine Sinnesart und seinen ganzen Lebenszweck.

Es gibt in Amerika Hunderte von Leuten, deren Namen in den Kirchenbüchern stehen. Sie gehen zur Kirche, wenn es ihnen passt. Sie geben der Kirche ihr Geld und unterstützen ihre Arbeiten. Nach jedem Gottesdienst reichen sie dem Pfarrer die Hand und loben ihn, dass er eine sehr schöne Predigt gehalten habe. Sie mögen die Sprache eines Christen reden, und viele von ihnen mögen eine Menge Stellen der Bibel anführen können, aber sie haben dennoch keine wahre Buße erfahren. Sie nehmen dem christlichen Glauben gegenüber eine sehr unsichere Haltung ein. Sie wenden sich an Gott und beten, wenn sie sich in einer kritischen Lage befinden. Aber in der übrigen Zeit denken sie sehr wenig an Gott. Die Bibel lehrt, dass, wenn jemand zu Christus kommt, eine Veränderung mit ihm vorgeht, die sich in allem, was er tut, widerspiegelt. Es gibt keinen Vers der Heiligen Schrift, der sagt, dass du ein Christ sein und dabei ein Leben führen kannst, wie es dir gerade passt. Wenn Christus in das Menschenherz einzieht, dann verlangt er, dass er der Herr und Meister ist. Er fordert vollständige Übergabe. Er verlangt auch die Herrschaft über deine Verstandeskräfte. Er fordert, dass dein Körper ihm, und ihm allein, untertan sei. Er verlangt deine Talente und Fähigkeiten. All deine Arbeit soll allein in seinem Namen getan werden. Wir zeigen mit Fingern auf die Heiden und die Götzenverehrer der alten Zeit; aber der einzige Unterschied zwischen ihnen und uns liegt darin, dass unsere Götzenbilder aus leuchtendem, verchromtem Stahl gemacht sind und automatische Wärmeregler und Frostschutzmittel anstatt mit Edelsteinen geschmückte Augen haben! Statt aus Gold bestehen unsere Götzen vielleicht aus feinem Porzellan, aber wir verehren sie genauso und fühlen, dass unser Leben ohne sie unmöglich wäre. Jesus verlangt Herrschaft über alle solche Dinge. Er verlangt, dass du ihm alles übergibst, was dein gesellschaftliches Leben, dein Familienleben und dein Geschäftsleben betrifft. Er muss in allem, was du tust oder denkst oder sagst, an erster Stelle stehen; denn wenn du wirklich Buße tust, musst du dich in allen Dingen zu Gott wenden. Jesus verlangt eine hundertprozentige Übergabe, und wenn das geschieht, belohnt er tausendfältig. Aber erwarte nicht, dass Jesus fünfhundert Prozent Belohnung zuerkennt für nur fünfzig Prozent Übergabe! Gott arbeitet nicht in dieser Weise, um seine Wunder zu erfüllen. Er verlangt eine völlige Änderung, eine gänzliche Übergabe. Wenn du dich entschlossen hast, auf die Sünde zu verzichten, die Sünde aufzugeben und dich ganz Christus zu ergeben, dann hast du einen weiteren Schritt zum Ziel getan, dem Frieden mit Gott.

10 | Glaube

Weil Gott so gnädig ist, hat er euch durch den Glauben gerettet. Und das ist nicht euer eigenes Verdienst; es ist ein Geschenk Gottes. Ihr werdet also nicht aufgrund eurer guten Taten gerettet, damit sich niemand etwas darauf einbilden kann.
Eph 2,8-9

Nun wollen wir den nächsten Schritt tun, um den Frieden mit Gott zu finden. Du bist jetzt bereit, dein früheres Leben und deine Sünden aufzugeben. Du bist entschlossen, dass dieser Wechsel in deinem Leben eintreten soll. Du bewegst dich nicht mehr von Gott weg, sondern du schreitest seiner Liebe und Barmherzigkeit und seinem Schutz entgegen. Du hast deinen Entschluss gefasst. Du hast deinen Weg gewählt. Du hast Buße getan; du hast den rechten Weg gewählt, obwohl es ein schwerer Weg sein mag. Du hast den Weg gewählt, den Mose vor beinahe dreitausendfünfhundert Jahren einschlug, als er auf sein Thronrecht in Ägypten verzichtete und sich für Gott entschied. Mose war vierzig Jahre alt, als er seinen großen Entschluss fasste, als er erkannte, dass Glaube und Wahrheit in Verbindung mit Not und Mühsal dennoch besser waren als Reichtum und Ruhm, verbunden mit dem Fernsein von Gottes Liebe. Wenige Männer in der Geschichte wurden zu einer schwierigeren Entscheidung aufgerufen als er. Mose war ein Mann von Bildung und Kultur, ein Mann von Reichtum und hoher Stellung. Als Sohn der Tochter Pharaos war er an jede Ehre, jeden Luxus und jedes Vorrecht gewöhnt.

Doch berichtet uns die Bibel: »Im Glauben verschmähte Mose, als er groß geworden war, noch weiter ein Sohn der Tochter Pharaos zu heißen. Lieber wollte er mit dem Volke Gottes Ungemach erleiden, als sich des flüchtigen Genusses der Sünde erfreuen.

War ihm doch die Schmach Christi ein größerer Reichtum als die Schätze Ägyptens. Denn sein Blick war auf die kommende Vergeltung gerichtet. Im Glauben verließ Mose Ägypten. Er fürchtete Pharaos Zorn nicht und stand unerschrocken da, als ob er den Unsichtbaren sähe« (Hebr 11,24-27). Beachte, er »verschmähte« und »verließ« – das ist die wahre Buße. Und dann heißt es weiter, dass er es »im Glauben« tat! Dies ist der nächste Schritt – der Glaube. Mose fasste seinen Entschluss nicht in einem Augenblick offenbarer Gemütserregung, die nach Meinung einiger Psychologen notwendig ist für die religiöse Erfahrung. Er war nicht durch Enttäuschung dazu bewogen. Er war kein hoffnungsloser oder unerfüllter Mensch. Mose wählte nicht den Weg Gottes als einen Ausgleich für Erfolge, die ihm das Leben versagt hatte, auch wandte er sich nicht aus Langeweile oder Gleichgültigkeit dem religiösen Leben zu. Ihm mangelte es weder an Interessen noch an Unterhaltung oder Freude.

Keiner dieser Gründe, die so oft angeführt werden, wenn jemand das Leben mit Gott sucht, traf bei Mose zu. Er wählte aus freiem Entschluss. Mose hatte weder einen schwachen Geist noch einen schwachen Willen. Er war kein Kind, das sich an die Sicherheit einer festen Ordnung hängte. Er war keine eitle Person, welche Anerkennung und Ansehen suchte. Er gehörte nicht zu denen, die über die Religion spotten und dann einsehen, dass sie die Erlösung notwendig haben. Mose besaß mehr als das, wovon die meisten Menschen nur träumen; und dennoch kehrte er in der Blüte seiner Jahre aus freier Überlegung heraus sich von Reichtum und hoher Stellung ab und wählte stattdessen den Glauben an Gott.

Es ist mein besonderes Vorrecht, zu Hunderttausenden von Männern und Frauen über ihre religiösen Fragen zu sprechen. Ich habe erfahren, dass Männer und Frauen Christus als ihren Herrn und Meister ablehnen, nicht weil sie die Lehren Christi verstandesmäßig für verfehlt halten, sondern weil sie versuchen, sich vor der Verantwortung und Verpflichtung zu drücken, die das christliche Leben auferlegt. Nicht ihr kluger Geist, sondern ihr schwaches Herz steht zwischen ihnen und Christus. Sie sind nicht bereit, sich zu unterwerfen und alles Christus zu übergeben.

Mose überlegte sehr sorgfältig die Ansprüche und Verpflichtungen des Glaubensweges. Er erkannte, dass, wenn er Gott lieben sollte, er es auf Kosten der Dinge tun müsste, welche die Menschen am meisten schätzen. Er hat keine hastige Wahl getroffen. Als Mose im Alter von vierzig Jahren den großen Wendepunkt seines Lebens erlebte, übergab er sich ohne Vorbehalt und für alle Zeit und für alle Bedingungen Gott und seinen Geboten.

Wie verschieden war Moses Entscheidung von der des berühmten Biografen Gamaliel Bradford. Der sagte, als er sich dem Ende seines Lebens näherte: »Ich wage es nicht, das Neue Testament zu lesen, aus Furcht davor, einen Sturm der Angst, des Zweifels und der Furcht zu erregen, weil ich den falschen Weg gewählt habe und dem schlichten und einfachen Gott gegenüber ein Verräter geworden bin.«

Mose hatte keine solche Furcht. Und auch du brauchst dich nicht zu fürchten, wenn du dich jetzt aufrichtig und für immer durch den Glauben Christus zuwendest. Wende dich nicht an ihn, indem du sagst: »Ich will es eine Weile mit dem Christentum versuchen. Wenn es sich bewährt, will ich weiter dabei bleiben, wenn nicht, habe ich immer noch Zeit, einen anderen Weg zu wählen.« Wenn du zu Christus kommst, muss jede Brücke hinter dir verbrannt werden, du darfst mit keinem Gedanken daran denken, jemals wieder zurückzukehren. Mose traf seine herzbewegende Entscheidung, als er an der Weggabel seines Lebens stand. Sein urteilsfähiger Geist erwog sorgfältig das Für und Wider seiner Entscheidung. Er blickte lange und genau auf das Ende jedes Weges. Dann erst entschied er sich dafür, sein Vertrauen und seinen Glauben Gott zuzuwenden.

Zuerst blickte er hinunter auf die breite Straße, die mit Macht und Luxus, mit Freude und Wein erfüllt war, die so reich an den Dingen war, die die Welt zu ihren Freuden rechnet. Es war eine bekannte Straße, und auch er kannte sie gut. Vierzig Jahre lang war er darauf gewandert, und er wusste, dass sie in der Vernichtung endete, dass sie nur zur Hölle führen konnte.

Dann schaute er den anderen Weg hinauf, den schmalen und schwierigen Weg. Er sah das Leid, die Anfechtung, die Demütigung und Enttäuschung. Er sah Mühsal und Versuchung, Sorgen und Nöte, aber durch den Glauben sah er auch die Siege und den Lohn des ewigen Lebens.

Ein Mann von geringerer Urteilskraft und geringerer Lebenserfahrung als Mose konnte in die Versuchung gekommen sein, den ersten Weg zu wählen. Ägypten war damals die größte Weltmacht. Es beherrschte das fruchtbare Nildelta, die Kornkammer der Welt. Seine Heere waren unbesiegbar, seine Schulen und Universitäten gaben das Vorbild, dem die anderen für Jahrhunderte folgen würden.

Heute können viele Menschen große Vermögen anhäufen. Im Jahre 1923 versammelte sich eine Gruppe der erfolgreichsten Finanzmänner der Welt in dem *Edgewater Beach Hotel* in Chicago. Selbst für die fabelhaften Zwanzigerjahre war diese Zusammenkunft ein eindrucksvolles Aufgebot von Reichtum und Macht. An einem Tische saßen der Präsident der größten Stahlgesellschaft der Welt, der Präsident der größten gemeinnützigen Gesellschaft, ein großer Weizenspekulant, der Präsident der New Yorker Fondsbörse, ein Mitglied des Regierungskabinetts der Vereinigten Staaten, der Präsident der Bank für internationale Zahlungsabkommen, der Mann, der als der größte Kaufmann der Wall Street bekannt war, und ein anderer, der das gewaltigste Monopol der Welt leitete. Diese acht Männer zusammen verfügten über einen größeren Reichtum als das Schatzamt der Vereinigten Staaten. Ihr erfolgreicher Aufstieg war jedem Schuljungen bekannt. Sie waren die Vorbilder, denen viele andere Leute nachzueifern versuchten. Sie waren die Finanz- und Industriemagnaten von Amerika.

Im Jahre 1923 erschienen die weitverbreiteten Lebensgeschichten dieser Männer als wunderbar und aufregend. Sie feuerten die Fantasie an, sie erregten Neid. Sie begeisterten andere, es ihnen gleichzutun. Aber im Jahre 1923 war ihre Geschichte erst halb erzählt – die Schlusskapitel sollten erst noch geschrieben werden.

Zu der Zeit, als diese acht Männer in dem Hotel in Chicago zusammensaßen, war jeder von ihnen an der Stelle seines Lebens, an der sich Mose befand, als er an der Wegkreuzung stand. Auch diese Männer standen an ihrer Weggabel, zwei Wege lagen vor jedem von ihnen. Vielleicht waren es Wege, die sie nicht sehen konnten, um die sie sich nicht kümmerten. Sicherlich waren es Wege, denen sie nicht folgen wollten, und heute sind ihre Geschichten zu Ende. Heute kennen wir jenes Schlusskapitel. Wir können ihr Leben überblicken – genauso wie wir das Leben des Mose überblicken können, und wir sehen, welches der klügste und beste Weg war.

Charles Schwab, der Präsident der Stahlgesellschaft, lebte die letzten Jahre seines Lebens von geliehenem Geld und starb ohne einen Pfennig. Arthur Cutten, der größte Weizenspekulant, starb zahlungsunfähig im Ausland. Richard Whitney, der Präsident der New Yorker Börse, verbüßte eine Strafe im Staatsgefängnis Sing-Sing. Albert Paul, das Regierungsmitglied, wurde von einer Gefängnisstrafe begnadigt, sodass er in seiner Wohnung sterben konnte. Jessie Livermore, der »Löwe« der Wall Street, Leon Frazer, der Präsident der Bank für internationale Zahlungsabkommen, und Ivon Kreuger, der Leiter des größten Monopolgeschäftes der Welt, sie alle begingen Selbstmord.

Alle diese Männer besaßen Geld, Macht, Ruhm, Ansehen, Intelligenz und Bildung – aber jedem von ihnen fehlte die eine Eigenschaft, welche dem Leben erst den rechten Sinn und Zweck gibt. Ihnen fehlte das eine – die Eigenschaft, welche die Bekehrung möglich und die Wiedergeburt zur Wirklichkeit macht. Sie konnten nicht glauben! Diese Männer hatten keinen Glauben, oder wenn sie ihn hatten, weigerten sie sich, danach zu handeln. Wie anders würden die Schlusskapitel ihrer Lebensgeschichte gewesen sein, wären sie imstande gewesen, den Glauben an Christus bei ihren Finanzgeschäften richtig einzuschätzen.

Die Bibel lehrt, dass der *Glaube* der einzige Zugang zu Gott ist. »Wer zu ihm kommen möchte, muss glauben, dass Gott existiert und dass er die, die ihn aufrichtig suchen, belohnt« (Hebr 11,6b). Die Bibel lehrt auch, dass der Glaube Gott lieber ist als alles andere: »Ihr seht also, dass es unmöglich ist, ohne Glauben Gott zu gefallen« (Hebr 11,6a).

Viele Leute in der ganzen Welt mühen sich ab, kleiden sich in seltsame Gewänder, verunstalten ihre Körper, versagen sich die notwendigsten Dinge, verbringen viel Zeit im Gebet und strengen sich an, um sich vor Gott angenehm zu machen. Das alles mag schön und gut sein, aber das Größte, was wir tun können, um Gott zu gefallen, bleibt doch der *Glaube* an ihn.

Ich könnte zu einem Freund gehen und ihm viele schmeichelhafte Worte sagen; wenn ich ihm aber erklärte, dass ich ihm nicht glaubte, so wäre jede Schmeichelei vergebens. Das Beste, was wir tun können, um Gott zu gefallen, ist, dass wir an sein Wort *glauben*. Es scheint, dass Christus fast immer um das Vertrauen seitens seiner Hörer geworben hat, wenn er sagte: »Glaubt doch, dass ich im Vater bin und der Vater in mir ist. Oder glaubt wenigstens aufgrund von dem, was ich getan habe« (Joh 14,11).

Die Bibel betont, dass der Glaube das Wichtigste ist. Du fragst: »Was ist denn Glaube? Was verstehst du unter Glauben? Wie kann ich erkennen, ob ich den rechten Glauben habe? Wie viel Glauben muss ich haben?«

Die Bibel lehrt immer wieder, dass wir nur durch den Glauben Erlösung erlangen können: »Glaube an Jesus, den Herrn, dann wirst du gerettet, zusammen mit allen in deinem Haus« (Apg 16,31). »All denen aber, die ihn aufnahmen und an seinen Namen glaubten, gab er das Recht, Gottes Kinder zu werden« (Joh 1,12).

»Gerecht gesprochen aber wird ein Mensch aufgrund seines Glaubens, nicht aufgrund seiner Taten« (Röm 4,5).

»Da wir nun durch den Glauben von Gott für gerecht erklärt worden sind, haben wir Frieden mit Gott durch das, was Jesus, unser Herr, für uns tat« (Röm 5,1).

»Aber wir sind nicht wie die Menschen, die sich von Gott abwenden und so in ihr Verderben rennen. Weil wir an unserem Glauben festhalten, werden wir das Leben bekommen« (Hebr 10,39).

»Weil Gott so gnädig ist, hat er euch durch den Glauben gerettet. Und das ist nicht euer eigenes Verdienst; es ist ein Geschenk Gottes« (Eph 2,8).

Ist es tatsächlich der Glaube, der uns rettet? – Nein! Die Gnade Gottes rettet uns durch den Glauben! Der Glaube ist einfach der Kanal, durch den wir Gottes Gnade empfangen. Er ist gleichsam die Hand, die sich ausstreckt, um Gottes Liebe in Empfang zu nehmen. In Hebräer 11,1 lesen wir: »Was ist nun also der Glaube? Er ist das Vertrauen darauf, dass das, was wir hoffen, sich erfüllen wird, und die Überzeugung, dass das, was man nicht sieht, existiert.« Glaube bedeutet wörtlich »aufgeben« oder »übergeben«. Glaube ist äußerstes Vertrauen.

Ich bin nie am Nordpol gewesen, und doch glaube ich, dass es einen Nordpol gibt. Woher weiß ich das? Ich weiß es deshalb, weil es mir jemand gesagt hat. Ich las davon in einem Geschichtsbuch, ich sah eine Landkarte in einem Geografiebuch, und ich glaube den Männern, die diese Bücher schrieben. Ich nehme es im Glauben an.

Die Bibel sagt: »So kommt der Glaube aus der Predigt (durch das Hören), das Predigen aber durch das Wort Christi« (Röm 10,17; LUT).

Wir glauben, was Gott uns über die Erlösung zu sagen hat, wir nehmen es ohne zu zweifeln an.

Martin Luther hat Hebr 11,27 (LUT) folgendermaßen übersetzt: »Denn er hielt sich an den, den er nicht sah, als sähe er ihn.«

Es ist keine sonderbare, geheimnisvolle Eigenschaft, um die wir uns bemühen müssen. Jesus sagt, wir müssen werden wie die kleinen Kinder, und genauso wie sie ihren Eltern vertrauen, so müssen wir Gott vertrauen.

Genau wie bei der Buße gibt es auch drei Dinge, die zum Glauben gehören. Erstens eine *Kenntnis* von dem, was Gott gesagt hat. Deshalb ist es so wichtig für dich, dass du die Bibel liest. Deshalb ist es für dich wichtig, etwas über die Lehre zu erfahren, welche die Bibel von der Erlösung deiner Seele verkündet. Du musst wissen, dass du ein Sünder bist und dass Christus für dich starb; das genügt schon. Die Erkenntnis dessen, was in Johannes 3,16 steht, ist schon ein ausreichendes Wissen. Viele sind durch noch weniger bekehrt worden. Aber natürlich kannst du über eine so wichtige Sache gar nicht genug unterrichtet werden, und das geschieht allein durch die Bibel.

Viele Leute sagen: »Aber ich kann vieles von der Bibel nicht verstehen, deshalb bemühe ich mich gar nicht erst, sie zu lesen.« Das ist keine kluge Einstellung. Es gibt viele Dinge in der Bibel, die auch ich nicht verstehe. Mein begrenzter Verstand wird niemals alles über die Unendlichkeit begreifen. Ich verstehe auch nicht alles über das Fernsehen, und doch weigere ich mich nicht, meinen Fernsehapparat anzustellen. Ich nehme es im Glauben an.

Zweitens gehören auch zum Glauben Gemütsbewegungen. Die Bibel sagt: »Die Ehrfurcht vor dem Herrn ist der Anfang der Erkenntnis« (Spr 1,7). Paulus sagt: »Was immer wir tun, tun wir, weil die Liebe Christi uns bewegt« (2. Kor 5,14).

Wunsch, Liebe, Furcht – das alles sind Gemütsbewegungen. Das Gefühl kann von unserem Leben nicht ausgeschlossen werden. Kein vernünftiger Mensch würde etwa sagen: »Lass alle Gefühle schweigen.« Es ist unmöglich, dem Menschen das Gefühlsleben zu nehmen. Wir können uns kein echtes Leben ohne warme Gefühlsempfindungen vorstellen. Was wäre das für ein Familienleben, wo jeder nur nach einem kalten Pflichtbewusstsein handelte! Ich hätte meine Frau nicht heiraten können, wenn ich ihr als Erstes erklärt haben würde, dass ich nicht das Geringste für sie empfände.

Als Churchill während des Krieges seine meisterhaften Reden an das britische Volk hielt, appellierte er sowohl an den Verstand als auch an das Gefühl seiner Hörer. Ich erinnere mich daran, wie ich ihn einmal im *Ibrox Park* in Glasgow hörte. Er regte mein Nachdenken an, aber er brachte mich auch in Begeisterung, sodass ich nicht anders konnte als aufzustehen, zu rufen und ein Fähnchen zu schwingen. Wenn du Jesus Christus lieb gewinnst, wird auch dein Gefühl mit angesprochen. Das Dritte und Wichtigste von allen aber ist der *Wille.* Die drei sind gewissermaßen wie drei Männer – der eine heißt »Verstand«, der zweite heißt »Gefühl«, und der dritte heißt »Wille«. Der Verstand sagt, dass das Evangelium logisch richtig ist. Das Gefühl beeinflusst den Willen und sagt: »Ich empfinde Liebe zu Christus« oder »Ich fühle eine Furcht vor dem Gericht«, und dann erscheint der Mittelsmann, der Wille, als Schiedsrichter. Tatsächlich ist es der *Wille,* der die endgültige und dauernde Entscheidung trifft. Es ist möglich, sowohl die verstandesmäßige Überzeugung als auch die Gefühlsbewegung zu haben und dennoch nicht wirklich zu Christus bekehrt zu sein. »Ein Glaube, der nicht zu guten Taten führt, ist kein Glaube – er ist tot und wertlos« (Jak 2,17). Vor einigen Jahren hörte ich von einem Mann, der auf einem Drahtseil eine Schubkarre vorwärts und rückwärts über den Niagarafluss schob. Tausende von Leuten jubelten ihm zu. Er legte einen zweihundert Pfund schweren Sack mit Sand in die Schubkarre und rollte ihn hinüber und dann wieder zurück. Dann wandte er sich an die Menge und sagte: »Wie viele von euch glauben, dass ich auch einen Menschen hinüberbringen kann?«

Jeder rief begeistert und alle hielten es für möglich. Ein Mann in der vordersten Reihe beteuerte es ganz besonders laut und rief, dass er wirklich davon überzeugt sei. Aber als der Mann ihn dann aufforderte in die Karre zu steigen, war er nicht dazu bereit.

Genauso ist es mit Christus. Es gibt viele Leute, die sagen, dass sie an ihn glauben und dass sie ihm folgen. Aber sie würden nie in die Karre steigen. Sie würden sich ihm niemals wirklich und völlig, hundertprozentig, übergeben.

Es gibt viele Leute, die fragen: »Wie viel Glaube ist denn nötig?« Jesus sagt, es genügt schon der Glaube, der wie »ein Senfkorn« ist.

Andere fragen: »Welche Art Glauben muss ich haben?« Es gibt keine besondere Art von Glauben. Es gibt in Wirklichkeit nur einen Glauben. Es kommt auf den Gegenstand des Glaubens an. »Was ist der Gegenstand unseres Glaubens?« Der Gegenstand unseres Glaubens muss Christus sein. Nicht Glaube an einen feierlichen Gottesdienst, nicht Glaube, der sich in Opfern oder einer besonderen Sittenlehre äußert – kein Glaube an etwas anderes als allein an Christus.

Nun lehrt die Bibel, dass der Glaube sich in dreifacher Weise offenbart. Er zeigt sich in der Lehre – in dem, woran wir glauben. Er zeigt sich im Gottesdienst – in unserer Verbindung mit Gott und in der Gemeinschaft, der Kirche. Er wird sich in unserer sittlichen Haltung zeigen – in der Art und Weise, wie wir leben und wie wir uns benehmen. Von all diesem wird in den folgenden Kapiteln die Rede sein. Die Bibel lehrt auch, dass der Glaube nicht damit endet, dass wir Christus Vertrauen schenken und überzeugt sind, dadurch unsere Erlösung zu erlangen. Der Glaube wird fortgesetzt. Der Glaube wächst. Er mag am Anfang schwach sein, aber er wird immer stärker werden, wenn du anfängst, die Bibel zu lesen, zu beten, zum Gottesdienst zu gehen und Gottes Treue in deinem christlichen Leben zu erfahren. Nachdem du deine Sünden bereut und den Herrn im Glauben aufgenommen hast, musst du ihm vertrauen, dass er dich führt und leitet und dir täglich neue Kraft schenkt. Du wirst es mehr und mehr erfahren, wie du dich in jeder Not, in jeder Lebenslage und jeder Versuchung fest auf Christus verlassen kannst. Du wirst mit Paulus zu der Erfahrung kommen, dass du sagen kannst: »Ich lebe, aber nicht mehr ich selbst, sondern Christus lebt in mir. Ich lebe also mein Leben in diesem irdischen Körper im Glauben an den Sohn Gottes, der mich geliebt und sich selbst für mich geopfert hat« (Gal 2,20). Wenn du diesen rettenden und beglückenden Glauben an Jesus Christus gefunden hast, bist du einen Schritt weitergekommen auf deinem Weg zum Frieden mit Gott.

11 | Die Wiedergeburt

*Wenn jemand nicht von Neuem geboren wird,
kann er das Reich Gottes nicht sehen.*
Joh 3,3

Wenn ich die Gelegenheit hätte, dich zu besuchen und in deinem Wohnzimmer ein offenes Gespräch mit dir zu führen, so würdest du mir wahrscheinlich bekennen: »Ich habe Gottes Gesetze übertreten. Ich habe gegen die Gebote Gottes gehandelt. Ich dachte, ich könnte ohne Gottes Hilfe auskommen. Ich habe versucht, nach meinem eigenen Sinn zu leben, und habe dabei Schiffbruch erlitten. Die bitteren Lehren, die ich erfahren habe, erfolgten durch Leiden und traurige Erlebnisse. Was würde ich darum geben, wenn ich noch einmal anfangen könnte – was für einen ganz anderen Weg würde ich dann gehen, wenn ich das könnte!« Wenn jene Worte eine bekannte Saite in deinem Herzen anklingen lassen, wenn sie Gedanken zum Widerhall bringen, die du schon lange in deinem Geiste erwogen hast, dann möchte ich dir jetzt eine herrliche Botschaft verkünden. Jesus sagt, *du kannst von Neuem geboren werden.* Du kannst den neuen und besseren Anfang machen, um den du gebetet hast. Du kannst dein verachtetes und sündhaftes Ich loswerden und ein neuer Mensch werden, ein reiner und friedvoller Mensch, von dem die Sünde abgewaschen ist.

Wie sehr auch deine Vergangenheit befleckt war, wie sehr deine Gegenwart verworren ist, wie hoffnungslos deine Zukunft auch erscheinen mag – es gibt einen Ausweg. Es gibt einen klaren, sicheren, ewigen Ausweg – aber es gibt nur einen einzigen! Du kannst nur eine Wahl treffen. Du musst einem Wege folgen, der ganz anders ist als der gewundene und falsche Weg, den du bisher gegangen bist.

Du kannst auch auf deinem alten Weg weitergehen und dabei unzufrieden, elend, angstvoll, unglücklich und deines Lebens und deiner selbst überdrüssig bleiben; aber ebenso gut kannst du in diesem Augenblick entscheiden, dass du wiedergeboren werden möchtest. Du kannst dich jetzt entscheiden, deine sündhafte Vergangenheit auszulöschen, und kannst einen neuen Anfang, einen rechten Start zu einem neuen Leben machen. Du kannst dich jetzt entscheiden, ein solcher Mensch zu werden, wie Jesus es verspricht.

Die nächste logische Frage, die du stellen wirst, heißt: »Wie kann ich diese Wiedergeburt erlangen? Wie kann ich noch einmal geboren werden? Wie kann ich einen neuen Anfang machen?«

Das ist die Frage, die Nikodemus an Jesus richtete in jener Nacht vor zweitausend Jahren unter einem orientalischen Himmel. Diese Wiedergeburt bedeutet sehr viel mehr als nur einen neuen Anfang oder eine Lebensverbesserung.

Die Bibel lehrt, dass nichts in deiner toten und sündhaften Natur vorhanden ist, was Leben hervorbringen könnte. Da du tot in der Sünde bist, kannst du kein Leben der Gerechtigkeit erzeugen. Viele Leute versuchen, ein gutes, heiliges und gerechtes Leben zu führen, ohne wiedergeboren zu werden, aber es wird ihnen nicht gelingen. Ein Leichnam kann kein Leben erwecken.

Deine alte Natur kann Gott nicht dienen. Die Bibel sagt: »Menschen, die Gott nicht kennen, können den Geist Gottes jedoch nicht verstehen« (1. Kor 2,14). In unserem natürlichen Zustand leben wir tatsächlich in Feindschaft mit Gott. Nach Römer 8,7 hat sich unsere alte Natur »nicht dem Gesetz Gottes unterstellt und wird es auch nicht können«.

Die Bibel lehrt uns auch, dass unsere alte Natur völlig verdorben ist: »Vom Scheitel bis zur Sohle gibt es nichts Gesundes« an ihr, sondern »Beulen und Striemen und blutende Wunden« (Jes 1,6). Sein Herz ist falsch und betrügerisch und böse in seiner Verzweiflung. Die Bibel lehrt auch, dass unsere alte Natur eine selbstsüchtige Natur ist. Sie kann sich nicht selbst erneuern. Die Bibel lehrt, dass wir den alten Menschen ganz ablegen müssen, wenn wir wiedergeboren werden – wir können ihn nicht zurechtflicken.

Die Erlösung bedeutet nicht eine Verbesserung des ursprünglichen Selbst. Ein *neues* Selbst wird von Gott geschaffen in Gerechtigkeit und wahrer Heiligkeit. Die Erneuerung ist nicht eine Veränderung der Natur oder eine Veränderung des Herzens. Die Neugeburt ist keine Änderung – sie ist eine Wiedergeburt, eine völlige Neuschaffung. Sie ist eine zweite Geburt. »Du musst von Neuem geboren werden.«

Der alte Mensch wird in Römer 3,13-18 beschrieben: »›Ihre Rede ist faul wie der Gestank aus einem offenen Grab. Sie ist durch und durch verlogen.‹ – ›Ihr Reden ist tödlich wie Otterngift.‹ – ›Ihr Mund ist voller Flüche und bitterer Worte.‹ – ›Sie sind schnell bereit, einen Mord zu begehen. Wohin sie auch gehen, folgen ihnen Verwüstung und Elend. Den Weg des Friedens kennen sie nicht.‹ – ›Sie haben keine Ehrfurcht vor Gott.‹«

Wie wolltest du solche Kehlen und Zungen und Lippen und Füße und Augen wie diese erneuern oder ändern? Es ist unmöglich. Weil Jesus wusste, dass solch ein Ändern nur Flickwerk und darum unmöglich wäre, sagte er: »Du musst von Neuem geboren werden.« Jesus sagte: »Was vom Fleisch geboren ist, ist Fleisch.« Bei anderer Gelegenheit sagt die Bibel: »Kann ein Farbiger seine Hautfarbe wechseln oder ein Leopard sein geflecktes Fell?« (Jer 13,23). Im Römerbrief sagt die Bibel: »Die aber, die im Fleisch sind, können Gott nicht gefallen« (Röm 8,8; ELB). »Denn ich weiß, dass in mir, das ist in meinem Fleisch, nichts Gutes wohnt« (Röm 7,18; ELB). Oder an anderer Stelle: »Jagt ... der Heiligung nach, ohne die niemand den Herrn schauen wird« (Hebr 12,14; ELB).

Das Leben, das aus der Neugeburt kommt, kann nicht durch natürliche Entwicklung oder eigene Anstrengung erlangt werden. Der Mensch besitzt von Natur nicht jene Heiligkeit, die Gott für den Himmel verlangt. In der Wiedergeburt allein kann der Anfang eines solchen Lebens gefunden werden. Um ein göttliches Leben zu führen, müssen wir die Natur Gottes haben.

Die ganze Angelegenheit des Erwerbs dieses neuen Lebens können wir mit einer Münze vergleichen. Eine Münze hat eine

Vorderseite und eine Rückseite. So hat auch der Empfang des neuen Lebens eine göttliche und eine menschliche Seite. In unserem Kapitel von der Bekehrung haben wir die menschliche Seite gesehen, wir haben erkannt, was wir tun müssen. Nun wollen wir sehen, was Gott tut.

Die Wiedergeburt ist ganz und gar ein Werk des Heiligen Geistes. Es gibt nichts, was du selbst tun kannst, um diese Neugeburt zu erlangen. Die Bibel sagt: »Wie viele ihn aber aufnahmen, denen gab er Macht, Gottes Kinder zu werden, denen, die an seinen Namen glauben, die nicht aus dem Blut noch aus dem Willen des Fleisches noch aus dem Willen eines Mannes, sondern von Gott geboren sind« (Joh 1,12-13; LUT). Du kannst nicht aus Blut geboren werden; das bedeutet, du kannst die Neugeburt nicht *erben*.

Du kannst das Christentum nicht erben, du kannst einen christlichen Vater und eine christliche Mutter haben, aber das bringt noch nicht ein christliches Kind hervor. Du magst in einer Garage geboren werden, aber dadurch wirst du noch längst nicht ein Auto!

Die Schrift sagt: Du kannst nicht »aus dem Willen des Fleisches« geboren werden. Mit anderen Worten, du kannst nichts selbst dazu tun. Du bist tot. Ein toter Mensch hat kein Leben und kann daher nichts tun.

Du kannst auch nicht durch den Willen eines anderen Menschen geboren werden. Diese Neugeburt kann nicht durch einen menschlichen Kunstgriff oder Plan erfolgen. Viele Leute glauben, sie werden automatisch wiedergeboren, wenn sie sich einer Kirche anschließen oder einen christlichen Gottesdienst mitmachen oder am Neujahrstage einen festen Entschluss fassen oder einer hervorragenden wohltätigen Einrichtung ein großes Geschenk machen. Alle diese Dinge sind ganz schön und gut, aber sie schaffen nicht die Neugeburt.

Jesus sagte uns, wir müssen neugeboren *werden*. Der Infinitiv *werden* ist passiv. Er zeigt, dass es etwas ist, das für uns getan werden muss. Kein Mensch kann von selbst entstehen. Er muss geboren werden. Die Neugeburt steht völlig außerhalb unseres Willens. Mit anderen Worten, die Neugeburt ist ein göttliches Werk – wir werden von Gott geboren.

Nikodemus konnte nicht verstehen, wie er ein zweites Mal geboren werden könnte. In seiner Verlegenheit stellte er zweimal die Frage nach dem »Wie«. Wenn auch die Neugeburt geheimnisvoll erscheint, so ist sie dennoch wahr. Wir können auch das Wie der Elektrizität nicht verstehen, aber wir wissen, dass sie unsere Wohnungen beleuchtet und unsere Fernseh- und Radioapparate betreibt. Wir verstehen auch nicht, wie das Schaf Wolle bekommt, die Kuh Haare oder die Hühner Federn – aber wir wissen, dass es geschieht. Wir verstehen viele Geheimnisse nicht, aber wir nehmen im Glauben die Tatsache an, dass wir in dem Augenblick, da wir unsere Sünde bereuen und uns im Glauben an Jesus Christus wenden, wiedergeboren werden.

Die Wiedergeburt ist das Einströmen göttlichen Lebens in die menschliche Seele. Es ist die Einpflanzung oder Verleihung der göttlichen Natur in die Menschenseele, wodurch wir Kinder Gottes werden. Wir empfangen den Odem Gottes. Durch den Heiligen Geist nimmt Christus Wohnung in unseren Herzen. Wir werden für die Ewigkeit mit Gott verbunden. Das bedeutet, dass, wenn wir von Neuem geboren worden sind, wir so lange leben werden, wie Gott lebt, weil wir jetzt an seinem Leben Anteil haben!

Wenn du neugeboren wirst, so folgen darauf mehrere Ergebnisse:

Erstens wird es deine *Einsicht* und dein Verständnis erhöhen. Die Bibel sagt: »Denn Gott, der sprach: ›Es werde Licht in der Finsternis‹, hat uns in unseren Herzen erkennen lassen, dass dieses Licht der Glanz der Herrlichkeit Gottes ist, die uns im Angesicht von Jesus Christus sichtbar wird« (2. Kor 4,6). Und an anderer Stelle sagt die Bibel: »... dass eure Herzen hell erleuchtet werden, damit ihr ... begreift und erkennt« (Eph 1,18). Dinge, die du als töricht zu verlachen pflegtest, nimmst du jetzt im Glauben an. Dein ganzes geistiges Verhalten hat sich geändert. Gott wird jetzt der

Angelpunkt deines geistigen Denkens. Er wird der Mittelpunkt, dein eigenes Ich ist entthront.

Zweitens erfährt dein *Herz* eine völlige Veränderung. Die Bibel sagt: »Und ich werde euch ein neues Herz geben und euch einen neuen Geist schenken. Ich werde das Herz aus Stein aus eurem Körper nehmen und euch ein Herz aus Fleisch geben« (Hes 36,26).

Deine Neigungen erfahren eine völlige Veränderung. Deine neue Natur liebt Gott und die Dinge, die zu ihm gehören. Du liebst die schönsten und höchsten Dinge im Leben. Du verwirfst die niedrigen und gemeinen. Du findest auch sogleich eine neue Würdigung und Einstellung zu den sozialen Fragen deiner Umgebung. Dein Herz schlägt voller Mitleid für die, denen es nicht so gut geht wie dir.

Drittens wird auch dein *Wille* eine ungeheure Veränderung erfahren. Deine Entscheidung triffst du jetzt ganz anders. Deine Beweggründe haben sich verändert. Die Bibel sagt: »Ich wünsche euch, dass der Gott des Friedens ... euch mit allem versorgt, was ihr braucht, um seinen Willen zu tun. Ich wünsche mir, dass er durch die Kraft von Jesus Christus all das in uns wachsen lässt, was ihm Freude macht« (Hebr 13,20-21). Diese neue Natur, die du von Gott bekommen hast, ist ganz an Gottes Willen gebunden. Dein Wunsch ist jetzt, nur noch seinen Willen zu erfüllen. Du bist ihm vollständig ergeben. Du hast jetzt eine völlig neue Sinnesart und Neigung, eine neue Lebensweise, eine neue Blickrichtung. Du versuchst, Gott zu verherrlichen. Du suchst Gemeinschaft mit anderen Christen. Du liebst die Bibel. Du verbringst gern die Zeit im Gebet mit Gott. Deine ganze Einstellung ist verändert. Während dein Leben früher vom Unglauben erfüllt war, der Wurzel und dem Ursprung aller Sünde, während du einst an Gott zweifeltest, glaubst du jetzt fest an ihn und schenkst Gott und seinem Wort dein größtes Vertrauen.

Es mag eine Zeit gegeben haben, da der Stolz im Mittelpunkt deines Lebens stand. Du warst sehr eingenommen von dir selbst, von deinen Kräften, Wünschen und Zielen; aber jetzt beginnt sich all das zu ändern. Es mag eine Zeit gegeben haben, da auch der Hass in deinem Leben eine Rolle spielte. Neid, Missgunst und Bosheit erfüllten deine Gedanken über andere. Auch das wird sich nun ändern.

Es gab eine Zeit, da du mit Leichtigkeit eine Lüge aussprechen konntest. Falschheit und Heuchelei lagen in vielen deiner Gedanken, Worte und Taten. Alles das ist jetzt verändert. Es gab eine Zeit, da du der sinnlichen Lust nachgabst. Das ist jetzt anders. Du bist wiedergeboren. Du kannst vielleicht noch in diese oder jene Falle hineingeraten, die dir der Teufel stellt, aber es wird dir sofort leidtun, du wirst deine Sünden bekennen und um Vergebung bitten, weil du wieder geboren bist. Deine ganze Natur hat sich verändert.

Du kannst einen Mann nehmen – ihn gut anziehen und in die erste Reihe einer Kirche setzen, sodass er beinahe wie ein Heiliger aussieht. Er mag sogar für eine Weile seine besten Freunde tauschen, aber stelle ihn dann am nächsten Tage wieder in sein Büro oder in seine eigene Wohnung oder am Samstagabend in seinen Klub, und du wirst sehen, dass seine wahre Natur wieder zum Vorschein kommt.

Warum handelt er so? Weil seine Natur sich nicht verändert hat. Er wurde nicht wiedergeboren.

In dem Augenblick, da du die Neugeburt empfängst, die göttliche Mitteilung einer neuen Natur, bist du vor dem Angesicht Gottes gerechtfertigt. Wenn ich gerechtfertigt bin, bedeutet das so viel, als ob ich niemals gesündigt hätte. Die Rechtfertigung ist jene Handlungsweise Gottes, durch die er einen gottlosen Menschen für vollkommen erklärt, während er noch gottlos ist. Gott stellt dich vor sich, als ob du nie eine Sünde begangen hättest. Wie Paulus sagt: »Wer wagt es, gegen die Anklage zu erheben, die von Gott auserwählt wurden? Gott selbst ist ja der, der sie gerecht spricht« (Röm 8,33). Deine Sünden sind dir vergeben. Gott hat sie in die Tiefe des Meeres versenkt und sie hinter seinen Rücken geworfen. Jede Sünde ist vollkommen ausgelöscht. Du stehst vor Gott als ein Schuldner und hast die Freisprechung empfangen und bist mit Gott versöhnt worden. Vorher warst du praktisch ein Feind Gottes. Die Bibel sagt: »Dieses neue Leben kommt allein von Gott, der uns durch das, was Christus getan hat, zu sich zurückgeholt hat. Und Gott hat uns zur Aufgabe gemacht, Menschen mit ihm zu versöhnen« (2. Kor 5,18). Aber mehr als all das: Du bist jetzt aufgenommen in die Familie Gottes, du bist jetzt ein Gotteskind. »Von Anfang an war es sein unveränderlicher Plan, uns durch Jesus Christus als seine Kinder aufzunehmen, und an diesem Beschluss hatte er viel Freude« (Eph 1,5). Du bist jetzt ein Mitglied der königlichen Familie des Himmels. Du hast königliches Blut in deinen Adern. Du bist ein Kind des Königs. Du bist jetzt von Neuem geboren. Gewisse Veränderungen werden sogleich eintreten, wenn du neugeboren bist. Zunächst bekommst du eine andere Haltung der Sünde gegenüber. Du wirst es lernen, die Sünde zu hassen, wie Gott sie hasst. Du wirst sie ablehnen und sie verabscheuen.

Unten in Houston, Texas, wurde in einer unserer Versammlungen ein Mann wiedergeboren. Ihm gehörte eine Wein- und Likörhandlung. Am nächsten Morgen war an seiner Eingangstür ein Schild zu lesen mit der Aufschrift: »Das Geschäft ist geschlossen.«

Vor einiger Zeit hörte ich von einem Mann, der in einer Evangelisation von Neuem geboren wurde. Er war in der ganzen Stadt als Trinker bekannt, man nannte ihn *Old John*, also »alter Johann«. Am nächsten Tag sprach ihn jemand auf der Straße an und sagte: »Guten Morgen, alter Johann.« Er sagte: »Mit wem reden Sie? Ich heiße nicht ›alter Johann‹, ich bin ein ›*neuer* Johann‹.« Eine vollständige Veränderung hatte in seinem Leben stattgefunden.

Zweitens wirst du erkennen, dass du neugeboren worden bist, weil du nun den Wunsch hast, Gott zu gehorchen. »Aber wie können wir sicher sein, dass wir ihm gehören? – Wenn wir seine Gebote befolgen« (1. Joh 2,3).

Drittens wirst du von der Welt getrennt sein. Die Bibel sagt: »Hört auf, diese Welt und das, was sie euch anbietet, zu lieben! Denn wer die Welt liebt, zeigt, dass die Liebe des Vaters nicht in ihm ist« (1. Joh 2,15).

Viertens wird in deinem Herzen eine neue Liebe zu den Mitmenschen sein. Die Bibel sagt: »Wenn wir die anderen Gläubigen lieben, beweist dies, dass wir vom Tod zum ewigen Leben durchgebrochen sind« (1. Joh 3,14).

Fünftens: Wir werden nicht in der Sünde leben. Die Bibel sagt: »Wir wissen, dass jeder, der ein Kind Gottes geworden ist, nicht sündigt« (1. Joh 5,18). Wir werden uns nicht auf sündhafte Dinge einlassen.

In Texas erzählt man eine Geschichte von einem Mann, der jeden Morgen sein Pferd vor einer Kneipe anzubinden pflegte. Eines Morgens kam der Besitzer der Gaststätte heraus und stellte fest, dass das Pferd vor der Kirche angebunden war. Er sah den Mann die Straße hinunterkommen und rief aus: »Sagen Sie, warum haben Sie Ihr Pferd heute morgen vor der Kirche angebunden?«

Der Mann drehte sich um und sagte: »Nun, gestern Abend wurde ich in der Evangelisationsversammlung bekehrt, und so habe ich jetzt die Pfähle zum Anbinden gewechselt.«

Ja, genau das heißt Wiedergeburt und Bekehrung. Es bedeutet, dass man die Pfähle gewechselt hat, an die man angebunden ist.

12 | Glaubensgewissheit

Das schreibe ich euch, damit ihr wisst,
dass ihr das ewige Leben habt,
weil ihr an den Namen des Sohnes Gottes glaubt.
1. Joh 5,13

Jede Woche bekomme ich Dutzende von Briefen von Menschen, die Zweifel und Unklarheiten haben hinsichtlich des christlichen Lebens. Viele kommen von wirklich echten Christen, die doch nicht die Freude des Christenglaubens zu haben scheinen oder die Gewissheit, weil sie eine grundlegende Wahrheit über das Christuserlebnis nicht verstanden haben.

Wir wollen dieses Kapitel dazu benutzen, all das noch einmal aufzuzählen, was mit uns geschehen ist. Wir haben erkannt, was Buße, Glaube und Wiedergeburt bedeuten. Wie kann ich nun dessen sicher sein, dass all dies wirklich mit mir geschehen ist? Viele Leute, mit denen ich spreche, haben Buße getan und geglaubt und die Wiedergeburt erlebt, und doch fehlt ihnen die Gewissheit ihrer Bekehrung. Nun, wir wollen also einige von den Dingen, die wir erfahren haben, noch einmal überlegen. Zuallererst erkannten wir, dass der Zeitpunkt, da du ein Christ wurdest, in einer besonderen Krise gelegen haben mag, dass es aber ebenso gut der Höhepunkt einer langsamen Entwicklung sein konnte, dessen du dir vielleicht nicht einmal klar bewusst geworden bist. Du darfst mich hier nicht missverstehen, du wirst nicht ein Christ durch das Ergebnis einer langen Erziehung.

Bei der Jahrhundertwende bemerkte Professor Starbuck, ein führender Psychologe, dass die aktiven Christen im Allgemeinen aus den Reihen derjenigen kämen, die eine wirkliche klare Bekehrung durchgemacht hatten. Er beobachtete auch, dass diejenigen, die eine klare Vorstellung von der Bedeutung der Bekehrung hatten, hauptsächlich solche waren, die aus Gebieten kamen, wo sie in ihrer Kindheit entweder überhaupt keine oder eine sehr mangelhafte religiöse Unterweisung bekommen hatten.

Das soll keine Kritik an der christlichen Erziehung sein, wohl aber ist es Kritik an einer falschen und ungeeigneten religiösen Unterweisung, die als ein Ersatz für das persönliche Erlebnis der Wiedergeburt genommen wird.

Zu einem der bedeutendsten religiösen Führer seiner Zeit sagte Jesus:

»Wenn jemand nicht von Neuem geboren wird, kann er das Reich Gottes nicht sehen« (Joh 3,3). Nikodemus konnte seine tiefe Kenntnis der Religion nicht als einen Ersatz für die geistliche Wiedergeburt betrachten, und wir sind auch in unserer Generation über diesen Punkt noch nicht hinausgekommen.

Die hässliche Larve verbringt in ihrer Puppe lange Zeit, in der man ihr Wachstum und ihre Veränderung fast nicht bemerken kann. Aber wie langsam jenes Wachsen auch sein mag, der Augenblick kommt, da sie die Krisis durchmacht, um schließlich als ein schöner Schmetterling herauszutreten. Die Wochen stillen Wachstums sind wichtig, aber sie können das nicht ersetzen, was man erlebt, wenn das Alte und Hässliche zurücktritt und das Neue und Schöne ans Licht kommt. Es ist wahr, dass Tausende von Christen nicht den genauen Tag oder die Stunde wissen, da sie Christus in ihr Herz aufnahmen, aber ihr Glaube und ihr Leben bezeugen, dass sie, sei es bewusst oder unbewusst, sich zu Christus bekehrt haben. Ob sie sich dessen erinnern können oder nicht, es gab einen Augenblick, da sie die Linie vom Tod zum Leben überschritten haben. Wahrscheinlich hat jeder Mensch schon einmal Zweifel und Unsicherheit im Blick auf seine religiösen Erfahrungen empfunden. Als Mose auf den Berg Sinai stieg, um aus Gottes Händen die Gesetzestafeln zu empfangen, hatten die Hebräer, die ängstlich dastanden und auf seine Rückkehr warteten, ihn für einige Zeit aus den Augen verloren. Schließlich bekamen sie Zweifel und sagten untereinander:

»Wir wissen nicht, was aus Mose geworden ist, dem Mann, der uns aus dem Lande Ägypten hierher geführt hat.« Ihr Abfall war das Ergebnis ihres Zweifels und ihrer Unsicherheit.

Mehr als dreihundertmal erscheint das Wort Glaube im Neuen Testament in Verbindung mit der Erlösung des Menschen. Der Schreiber des Buches an die Hebräer sagte: »Wer zu ihm kommen möchte, muss glauben, dass Gott existiert und dass er die, die ihn aufrichtig suchen, belohnt.«

Und im gleichen Vers sagt er: »Ihr seht also, dass es unmöglich ist, ohne Glauben Gott zu gefallen« (Hebr 11,6).

Weil sie *Glaube* mit *Gefühl* verwechselt haben, erleben viele die Schwierigkeit und Unsicherheit, die heute unter den bekennenden Christen so häufig anzutreffen sind.

Der Glaube schließt immer einen Gegenstand in sich – d.h., wenn wir glauben, müssen wir etwas glauben. Dieses Etwas nenne ich die *Tatsache*. Lass mich dir drei Worte nennen, die immer in derselben Ordnung und Reihenfolge beibehalten werden müssen und niemals anders angeordnet werden dürfen. Merke dir diese drei Worte, die dir den Weg aus der Unsicherheit zu einem zuversichtlichen, christlichen Leben zeigen werden. Sie heißen Tatsache, Glaube und Gefühl. Sie erscheinen in dieser Reihenfolge, das ist sehr wichtig. Wenn du sie durcheinanderbringst, eins auslässt oder eins hinzufügst, wirst du im Sumpf der Verzweiflung enden und weiter im Zustand des Halbdunkels tappen ohne die Freude und Zuversicht eines Menschen, der sagen kann: »Ich weiß, an wen ich glaube« (2. Tim 1,12; LUT).

Wenn du überhaupt von der Sünde befreit wirst, so geschieht das durch einen persönlichen Glauben an das Evangelium von Christus, wie es in der Heiligen Schrift verkündet wird. Wenn dir dies auch zunächst dogmatisch und eng erscheinen mag, so bleibt doch die Tatsache bestehen, dass es keinen anderen Weg gibt. Die Bibel sagt: »Ich habe euch das weitergegeben, was am wichtigsten ist und was auch mir selbst überliefert wurde – dass Christus für unsere Sünden starb, genau wie es in der Schrift steht. Er wurde begraben und ist am dritten Tag von den Toten auferstanden, wie es in der Schrift steht« (1. Kor 15,3-4). Die Bibel sagt, dass wir gerettet werden, wenn unser Glaube diese objektive Tatsache annimmt. Das Werk Christi ist eine Tatsache, sein Kreuz ist eine Tatsache, sein Grab ist eine Tatsache und seine Auferstehung ist eine Tatsache.

Es ist unmöglich, dass der Glaube irgendetwas ins Dasein ruft. Das Evangelium wurde nicht ins Dasein gerufen, weil Menschen daran glaubten. Das Grab wurde an jenem ersten Ostertage nicht deshalb leer, weil einige treue Menschen es glaubten. Die Tatsache geht immer dem Glauben voran. Wir sind nicht imstande zu glauben, wenn wir nicht einen Gegenstand haben, an den wir glauben.

Die Bibel ruft dich nicht auf, etwas zu glauben, was nicht glaubhaft ist, sondern sie erwartet, dass du an eine geschichtliche Tatsache glaubst, die in Wirklichkeit alle Geschichte übersteigt. Die Bibel fordert dich auf zu glauben, dass dieses Werk Christi, das für die Sünde und für die Sünder vollbracht wurde, in all denen wirksam wird, die die Hoffnung ihrer Seele auf ihn richten. Wer zu seinem ewigen Heil auf ihn vertraut, der vertraut auf eine Tatsache.

Der *Glaube* steht an zweiter Stelle in dieser Reihenfolge der drei Worte. Der Glaube ist natürlich unmöglich, wo es nichts gibt, woran man glauben kann. Der Glaube muss einen Gegenstand und ein Ziel haben. Der Gegenstand christlichen Glaubens ist Christus. Der Glaube bedeutet mehr als eine verstandesmäßige Zustimmung zu den Forderungen Christi. Der Glaube schließt den Willen ein, er ist ein Willensakt. Der Glaube verlangt ein Handeln. Wenn wir wirklich glauben, dann werden wir leben. Der Glaube ist ohne Werke tot. Der Glaube bedeutet praktisch Übergabe an die Ansprüche und Forderungen Christi. Er bedeutet Anerkennung der Sünde und Hinwendung zu Christus. Wir lernen Christus nicht kennen durch die fünf Sinne, sondern durch den sechsten Sinn, den Gott jedem Menschen gegeben hat – die Fähigkeit zu glauben.

Das *Gefühl* ist das letzte der drei Worte, und es muss in deinem Denken immer an letzter Stelle bleiben. Ich glaube, dass viel religiöse Unruhe und Unsicherheit bei ernsten und ehrlich suchenden

Menschen dadurch verursacht werden, dass sie die vorgefasste Meinung haben, sie müssten erst in einen gewissen Zustand der Erregung versetzt werden, bevor sie eine Bekehrung erfahren können.

Wenn man sorgfältig das Neue Testament durchliest, um zu sehen, was für eine Art von Erfahrung man erwarten kann, so finde ich, dass das Neue Testament nur von einer einzigen spricht. Es gibt nur eine Erfahrung, es gibt nur ein Gefühl, das du erwarten kannst – und das ist das Erlebnis des Glaubens. Der Glaube ist ein Erlebnis, so wirklich wie jedes andere, doch erwarten viele noch mehr – irgendein dramatisches Geschehen, das ein erregendes Hochgefühl mit sich bringt, oder gar irgendeine sensationelle Offenbarung. Viele trachten nach solchen Erscheinungen und Erlebnissen, aber die Bibel sagt, dass ein Mensch durch den Glauben gerechtfertigt wird und nicht durch das Gefühl. Der Mensch wird gerettet durch den Glauben an das am Kreuz vollendete Werk Christi und nicht durch irgendeine gefühlsmäßige Erregung oder religiöse Überschwänglichkeit.

Wenn ich etwas von der Liebe Christi zu mir, dem Sünder, verstehe, so antworte ich mit meiner Liebe zu Christus – und zur Liebe gehört immer auch Gefühl. Aber die Liebe zu Christus ist eine Liebe, die jenseits der sinnlichen Begleiterscheinungen der menschlichen Liebe steht. Es ist eine Liebe, die völlig frei ist von dem persönlichen Ich. Die Bibel sagt: »Die vollkommene Liebe treibt die Furcht aus« (1. Joh 4,18; ELB). Wenn ich erkenne, dass Christus durch seinen Tod einen entscheidenden Sieg über den Tod und die Sünde errungen hat, dann verliere ich die Furcht vor dem Tode. Die Bibel sagt: »Da Gottes Kinder Menschen aus Fleisch und Blut sind, wurde auch Jesus als Mensch geboren. Denn nur so konnte er durch seinen Tod die Macht des Teufels brechen, der Macht über den Tod hatte. Nur so konnte er die befreien, die ihr Leben lang Sklaven ihrer Angst vor dem Tod waren« (Hebr 2,14-15). Gewiss ist auch dies ein Gefühl. Die Furcht ist ein gewisses Gefühl, und die Überwindung der Furcht durch Kühnheit und Vertrauen im Angesicht des Todes ist auch Gefühlssache und Erfahrung. Aber ich sage nochmals, es ist nicht das Gefühl der Kühnheit und des Vertrauens, das uns rettet, sondern unser Glaube rettet uns, und Kühnheit und Vertrauen sind erst die Frucht unseres Glaubens an Christus.

Die Bibel lehrt, dass Christus das Gewissen reinigt und befreit. Es heißt: »Früher konnte die Besprengung mit dem Blut von Böcken und Stieren oder mit der Asche einer jungen Kuh den Körper des Menschen von ritueller Unreinheit reinigen. Wie viel mehr kann dann das Blut des Christus bewirken, denn durch die Kraft von Gottes ewigem Geist brachte Christus sich selbst Gott als vollkommenes Opfer für unsere Sünden dar. Er befreit unser Gewissen, indem er uns freispricht von unseren Taten, für die wir den Tod verdienen. Nun können wir dem lebendigen Gott dienen« (Hebr 9,13-14).

Wenn das schuldige Gewissen gereinigt ist und frei wird von der ständigen Anklage, so ist auch dies eine Erfahrung, aber nicht die Reinigung des Gewissens rettet dich; der Glaube an Christus rettet, und das gereinigte Gewissen entsteht als Frucht davon, dass man in das rechte Verhältnis zu Gott gekommen ist.

Die Freude ist ein Gefühl. Der innere Friede ist ein Gefühl. Die Liebe zu anderen ist ein Gefühl. Die Liebe zu den Verlorenen ist ein Gefühl. Schließlich kann jemand sagen: »Ich glaube an die historischen Tatsachen des Evangeliums, aber ich bin doch nicht gerettet.« Vielleicht deshalb, weil der Glaube, der retten kann, eine ganz besondere Eigenschaft hat – der rettende Glaube bringt den Gehorsam hervor, er schafft eine neue Lebenshaltung. Einige haben diese Lebenshaltung eine Zeit lang mit Erfolg nachgeahmt, aber für diejenigen, die Christus vertrauen und an ihre Erlösung durch ihn glauben, erweckt dieser Glaube das brennende Verlangen, die innere Glaubenserfahrung möge auch ihr ganzes äußeres Leben erfüllen. Es ist eine Kraft, die sich in einem Gott wohlgefälligen Leben und einer echten Hingabe an Christus auswirkt.

Lass diesen Vernunftglauben, diesen Tatsachenglauben, den du jetzt hast, sich voll und ganz Christus ergeben, übergib dich ihm ganz im ernsten Verlangen nach seiner Erlösung, und im Vertrauen auf die Autorität des Wortes Gottes wirst du ein Gotteskind werden. »All denen aber, die ihn aufnahmen und an seinen Namen glaubten, gab er das Recht, Gottes Kinder zu werden« (Joh 1,12).

Teil III
Die Ergebnisse

13 | Die Feinde des Christen

Denn wir kämpfen nicht gegen Menschen aus Fleisch und Blut, sondern gegen die bösen Mächte und Gewalten der unsichtbaren Welt, gegen jene Mächte der Finsternis, die diese Welt beherrschen, und gegen die bösen Geister in der Himmelswelt.
Eph 6,12

Nun, da du deine Entscheidung getroffen hast – da du wiedergeboren bist – bekehrt und gerechtfertigt – nun du ein Kind Gottes geworden bist –, was geschieht jetzt? Ist das nun alles? War es nur ein Augenblick der Entscheidung und ist damit alles getan? »Habe ich noch irgendwelche weiteren Verpflichtungen?«, fragst du.

O ja, denn dein Christenleben hat gerade erst den Anfang genommen. Du bist jetzt in eine neue Welt – in die geistliche Welt – hineingeboren. Alles ist nun funkelnagelneu. Du bist tatsächlich in geistlichem Sinne wie ein kleines Kind. Du brauchst eine zarte Behandlung, Liebe, Sorgfalt und rechte Nahrung. Du brauchst Schutz. Das ist einer der Gründe, warum Christus die Kirche einrichtete. Es ist dir nicht möglich, das Christenleben allein zu führen. Du musst Hilfe und Gemeinschaft haben.

Möglicherweise hast du schon herausgefunden, dass du Feinde hast, gefährliche, bösartige Feinde, die jedes Mittel anwenden werden, um dir in deinem christlichen Leben Niederlagen beizubringen. Schon einige Minuten nachdem du deinen Entschluss gefasst hattest, fandest du diese Feinde bereits bei der Arbeit; entweder wurdest du versucht, irgendeine Sünde zu begehen, oder du hattest einen Augenblick der Niedergeschlagenheit und Entmutigung. Sicherlich ist alles sehr aufregend gewesen, nachdem du dich für Christus entschieden hattest. Aber es ist auch ganz natürlich, Zweifel, Probleme, Fragen, Versuchungen, Enttäuschungen und sogar Schwierigkeiten zu erleben.

Die Bibel lehrt, dass du drei Feinde hast, die gegen dich kämpfen werden, solange du lebst. Du musst darauf vorbereitet sein. Sie müssen abgewehrt und fern gehalten werden.

Wir wollen uns also diese Feinde einmal ansehen, denen wir begegnen müssen. Wir wollen sie entlarven und sehen, was sie sind, wer sie sind und wie sie wirken.

Erstens der *Teufel*. Wir haben schon gesehen, dass der Teufel eine machtvolle Person ist, die in Opposition zu Gott steht und Gottes Kinder in Versuchung führt. Wir haben erkannt, dass er, obwohl am Kreuz durch Christus geschlagen, immer noch Macht hat, die Menschen zum Bösen zu verleiten. Die Bibel nennt ihn »den Bösen« (Mt 13,19), »den Teufel« (Lk 4,33), »einen Mörder« (Joh 8,44), »einen Lügner und den Vater der Lüge« (Joh 8, 44), »den Verkläger unserer Brüder« (Offb 12,9-10) und »einen Widersacher« (1. Petr 5,8), der wie jene »alte Schlange« zu verschlingen sucht.

In dem Augenblick, da du deine Entscheidung für Christus trafst, erlitt er eine furchtbare Niederlage. Von jetzt an versucht er dich und bemüht sich, dich zur Sünde zu verleiten. Beunruhige dich aber nicht. Er kann dir dein Heil nicht nehmen, und du brauchst dir auch deine Gewissheit und deinen Sieg nicht rauben zu lassen. Er wird allerdings alles tun, was in seiner Macht steht, um den Samen des Zweifels in deine Seele zu streuen, sodass du anfängst zu fragen, ob deine Bekehrung wirklich echt war oder nicht. Du kannst dich mit ihm nicht einlassen, denn er ist der größte Diskussionsredner aller Zeiten.

Denk daran, dass du dich nicht auf deine Gefühle verlassen darfst; sie werden sich wie eine Wetterfahne im Winde drehen.

Sein nächster Versuch wird wahrscheinlich darauf hinzielen, dass du dich stolz und wichtig fühlen sollst, dass du Vertrauen gewinnen sollst auf deine eigenen Kräfte, deinen Ehrgeiz, deine Wünsche und Ziele. Bei einer anderen Gelegenheit wird er Hass in deinem Herzen erregen. Er wird dich dazu bringen, über andere unfreundliche und herabwürdigende Dinge zu reden. Er wird Neid, Unzufriedenheit und Bosheit in dein Herz hineinlegen. Bei einer anderen Gelegenheit wird er dich zum Lügen verleiten, und plötzlich stellst du fest, dass du ein Heuchler geworden bist. Die Lüge ist eine der schlimmsten Sünden. Sie kann durch einen Gedanken, ein Wort oder eine Tat begangen werden. Alles, was dazu dient, einen anderen zu täuschen, ist eine Lüge. Der Teufel wird sein Bestes tun, um dich zu einem Lügner zu machen. Er wird auch versuchen, es dahin zu bringen, dass du ihm noch mithilfst, andere zur Sünde zu verleiten, andere christliche Freunde irrezuführen. Wenn du nicht vorsichtig bist, wirst du eines Tages merken, dass du tatsächlich in den Dienst des Teufels geraten bist. Er ist mächtig, gewandt, schlau, verschlagen und hinterlistig. Er wird der »Gott dieser Welt« (2. Kor 4,4), »der Fürst dieser Welt« (Joh 12,31) und »der Fürst, der in der Luft herrscht« genannt (Eph 2,2).

Nun bedenke dies: Die Versuchung durch den Teufel ist kein Zeichen dafür, dass dein Leben mit Gott nicht in Ordnung ist. Ja, es ist sogar ein Zeichen dafür, dass du mit Gott in Ordnung bist. Die Versuchung ist noch nicht Sünde. Denke auch daran, dass Gott niemals seine eigenen Kinder versucht. Er führt seine Kinder nicht in Zweifel. Alle Zweifel und Versuchungen kommen vom Teufel. Merke dir, dass allein der Satan in Versuchung führen kann. Aber er kann dich niemals zwingen, der Versuchung nachzugeben. Erinnere dich stets daran, dass Satan bereits von Christus besiegt worden ist. Seine Macht ist unwirksam geworden in dem Leben eines Christen, der voll und ganz auf Gott vertraut, der sich ihm ergibt und in völliger Abhängigkeit von seinem Herrn lebt.

Nun sagt die Bibel, dass wir dem Teufel *widerstehen* sollen, »dann wird er von uns fliehen« (Jak 4,7). Aber vorher sagt Gott:

»Unterwerft euch dem Willen Gottes.« Wenn du dich völlig unterworfen, dich Christus hundertprozentig ergeben hast, dann kannst du dem Teufel widerstehen, und die Bibel verspricht, dass er von dir fliehen wird. Der Teufel wird zittern, wenn du betest. Er wird besiegt werden, wenn du ihm nur eine Stelle aus der Heiligen Schrift zurufst, und er wird weglaufen wie ein gebrannter Hund, wenn du ihm widerstehst. Durch die Kraft Christi kannst du dir den Teufel vierundzwanzig Stunden am Tag vom Leibe halten.

Dein zweiter Feind ist die *Welt*. Die Welt bedeutet den ganzen Kosmos, unser ganzes Weltsystem. Die Welt hat die Neigung, uns zur Sünde zu verleiten – schlechter Umgang, Vergnügungen, Mode, die »allgemeine« Meinung und die Ziele dieser Welt.

Du wirst in deinem Leben als wiedergeborener Mensch feststellen, dass deine Vergnügungen in einen ganz neuen und herrlichen Bereich emporgehoben worden sind. Viele Nichtchristen meinen, das Christenleben bestehe aus lauter Gesetzen, Verboten, Einsprüchen und Verordnungen. Dies ist eine weitere Lüge des Teufels. Im Christenleben geht es nicht um Dinge, die wir *nicht* tun sollen, sondern um Dinge, die wir tun sollen. Du wirst so eifrig im Dienst für Christus beschäftigt sein, und die Dinge Christi werden dich so ausfüllen, dass du für die Dinge der Welt einfach keine Zeit mehr findest.

Angenommen, jemand würde mir einen Teller voll Brotkrumen anbieten, nachdem ich gerade zuvor einen Braten gegessen habe. Ich würde sagen: Nein danke, ich bin vollkommen befriedigt.«

Junger Christ, das ist das Geheimnis. Du bist so erfüllt von den Dingen Christi, so begeistert von den Dingen Gottes, dass du keine Zeit für die sündigen Freuden dieser Welt hast.

Der Begriff Weltlichkeit ist jedoch von Tausenden von Christen weithin missverstanden worden. Da muss es eine Klärung geben. Hier liegt wahrscheinlich eine der größten Schwierigkeiten für den jungen, unerfahrenen Christen.

Dr. Griffith Thomas hat gesagt: »Es gibt gewisse Elemente im täglichen Leben, die an sich nicht sündhaft sind, die aber eine Tendenz haben, zur Sünde zu verleiten, wenn sie missbraucht werden. Missbrauchen bedeutet eigentlich so viel wie zu viel gebrauchen, und in vielen Fällen wird ein zu *starker* Gebrauch von erlaubten Dingen zur Sünde. Vergnügen ist im normalen Gebrauch erlaubt, aber im *Übermaß* unerlaubt. Eine gewisse Portion Ehrgeiz gehört zu einem wahren Charakter, aber er muss auf die rechten Ziele ausgerichtet sein und im rechten Maß vorhanden sein. Unsere tägliche Beschäftigung, das Lesen, die Kleidung, die Freundschaften und andere ähnliche Lebensumstände sind alle erlaubt und notwendig, aber können leicht überspannt, unnötig und schädlich werden. Das Nachdenken über die Bedürfnisse des täglichen Lebens ist unbedingt notwendig, aber es kann leicht zur Angst ausarten, und dann ersticken die Sorgen dieses Lebens, wie Jesus in einem Gleichnis sagt, den geistlichen Samen im Herzen. Das Geldverdienen ist für das tägliche Leben notwendig, aber wie leicht führt der Gelderwerb dazu, zur Geldliebe auszuarten, und dann dringt die Verführung des Reichtums ein und verdirbt unser geistliches Leben. Der Weltsinn ist nicht auf ein besonderes Gebiet unseres Lebens beschränkt, auch nicht auf eine besondere Klasse von Menschen, sodass man sagen könnte, die einen seien weltlich und die anderen nicht; die einen seien geistlich und die anderen nicht. Der Weltsinn ist ein Geist, eine Atmosphäre, der das ganze Leben und die menschliche Gesellschaft durchdringt, und es ist notwendig, sich ständig und mit allen Mitteln dagegen zu schützen.«

Die Bibel sagt: »Hört auf, diese Welt und das, was sie euch anbietet, zu lieben! Denn wer die Welt liebt, zeigt, dass die Liebe des Vaters nicht in ihm ist« (1. Joh 2,15). Die Bibel warnt davor, dass die Welt mit ihrer Lust vergehen wird. »Doch diese Welt vergeht mit all ihren Verlockungen. Aber wer den Willen Gottes tut, wird in Ewigkeit leben« (1. Joh 2,17).

Unter Umständen können diese Fragen in unserem heutigen Leben zu verwirrenden Problemen werden. Viele junge Leute kommen und fragen mich: »Ist dieses oder jenes falsch? Ist dieses oder jenes sündhaft?« Eine einfache Frage, ernst und aufrichtig gestellt, wird neunzig Prozent deiner Fragen in dieser Hinsicht beantworten. Stell dir jedes Mal diese Frage: »Was würde Christus wünschen, dass ich tun soll?« Eine andere Frage, die du dir stellen kannst, wäre: »Kann ich seinen Segen für diese Sache erbitten?« oder »Wie würde Christus über meine Vergnügungen, über meine Freizeit, meine Bücher, meine Freunde oder mein Fernsehprogramm denken?« Hier können wir nicht feilschen und keine Kompromisse eingehen. Wir müssen uns ganz und gar auf die Seite Christi stellen.

Das heißt nun nicht, dass wir uns der Gesellschaft weit überlegen und über die anderen erhaben fühlen. Dadurch würden wir ja in geistlichen Hochmut fallen. Aber heute gibt es so viele bekennende Christen, die mit der Welt Hand in Hand gehen, dass man den Unterschied zwischen Christen und Sündern oft nicht mehr klar erkennen kann. Das sollte niemals der Fall sein. Der Christ sollte gesünder sein als irgendein anderer. Er sollte bedächtig, höflich, freundlich und gütig sein, aber feststehen in den Dingen, die er tut oder nicht tut. Er sollte lachen und fröhlich sein, aber er sollte der Welt niemals gestatten, ihn auf ihre Ebene herabzuziehen.

Die Bibel sagt: »Was nicht im Glauben geschieht, ist Sünde« (Röm 14,23) und weiter, dass der, welcher eine Sache zweifelnd tut, sich versündigt. Mit anderen Worten, wir sollen niemals etwas tun, worüber wir uns nicht vollkommen klar und gewiss sind. Wenn du einen Zweifel an irgendeiner Sache hast, wenn sie dich in Not bringt und du nicht weißt, ob sie richtig ist oder nicht, dann ist es das Beste, sie nicht zu tun.

Der dritte Feind, dem du sofort begegnen wirst, ist die *Fleischeslust*. Das »Fleisch« ist die böse Neigung in deinem eigenen Innern. Selbst nachdem du bekehrt bist, wird sich zuweilen dein altes sündhaftes Verlangen wieder einstellen. Du wirst überrascht sein und dich wundern, woher das kommt. Die Bibel lehrt, dass die alte Natur mit all ihrer Verdorbenheit noch immer in dir ist und dass diese bösen Versuchungen von keiner anderen Seite kommen. Mit anderen Worten, »ein Verräter lebt in deinem Innern«. Jener böse Hang zur Sünde ist immer da und bestrebt, dich nach unten zu ziehen. Der Krieg ist erklärt worden! Du hast jetzt zwei Naturen, die miteinander im Streit liegen, und jede bemüht sich um den Sieg.

Die Bibel lehrt: »Denn das Fleisch begehrt gegen den Geist auf, der Geist aber gegen das Fleisch« (Gal 5,17; ELB). Es besteht ein Kampf zwischen deinem Ich-Leben und deinem Leben in Christus. Die alte Natur kann Gott nicht gefallen. Sie kann nicht verwandelt oder gar geflickt werden. Gott sei gedankt: Als Jesus starb, nahm er dich mit sich, und die alte Natur kann unwirksam gemacht werden, und du kannst auch zu denen gerechnet werden, die wirklich »für die Sünde tot« sind, aber »in Christus für Gott leben« (Röm 6,11). Das geschieht durch den Glauben.

Du musst jedoch auch hier wieder sehr sorgfältig unterscheiden zwischen Gebrauch und Missbrauch – zwischen dem, was rechtmäßig ist, und dem, was unrechtmäßig ist. Diese Dinge, die plötzlich auftauchen werden, mögen sündige Begierden sein, aber sie müssen es nicht sein. Dr. Thomas sagt: »Die ursprüngliche Bedeutung des Wortes Lust ist ›starkes Verlangen‹ und nicht notwendigerweise *sündhaftes* Verlangen, da es in unserer leiblichen Natur gewisse Verlangen gibt – z. B. Hunger und Durst –, die wir mit der Tierwelt gemeinsam haben und die an sich natürlich und nicht sündhaft sind. Nur der Missbrauch ist böse. Der Hunger ist ein natürliches Verlangen. Die Schlemmerei ist eine sündhafte Lust. Der Durst ist ebenfalls ein natürliches Verlangen. Die Unmäßigkeit ist dagegen eine sündhafte Lust. Auch die Faulheit ist eine sündhafte Lust. Die Ehe entspricht dem Willen Gottes und den Vorschriften der menschlichen Natur in körperlicher, geistiger und gesellschaftlicher Hinsicht. Der Ehebruch ist eine Sünde und steht im Widerspruch zum Willen Gottes und zu allem, was rein ist an Leib, Geist und Herz. Aber es gibt noch andere Begierden des Fleisches, die sinnlich und ihrer inneren Natur nach sündig sind: so z. B. das Verlangen, um jeden Preis Hass und Rachgier zu befriedigen. Wir müssen daher sorgfältig unterscheiden zwischen der Lust, die einfach ein starker Wunsch ist, und derselben Lust als einem sündhaften Verlangen. Die Sünden des Fleisches sind in gewisser Hinsicht die schrecklichsten von allen, weil sie das Verlangen der Natur zum Bösen vor Augen führen. Weder der Teufel noch die Welt, selbst nicht einmal unser eigenes böses Herz können uns zur Sünde zwingen. Es muss durch unsere Zustimmung und unseren Willen geschehen, und an diesem Punkt zeigt sich unsere böse Natur in ihrer furchtbaren Macht und Fähigkeit zum Bösen.«

Paulus sagte, dass er sein Vertrauen nicht auf das Fleisch setze. Bei anderer Gelegenheit sagte er: »Gebt euren Wünschen nicht so weit nach, dass ihr von euren Leidenschaften beherrscht werdet« (Röm 13,14). Und: »Mit der eisernen Disziplin eines Athleten bezwinge ich meinen Körper, damit er mir gehorcht« (1. Kor 9,27). Wir sollen uns vollständig Gott übergeben und im Glauben fest davon überzeugt sein, dass die alte Natur wirklich tot ist in Sünde und Übertretung.

Dies also sind unsere drei Feinde: der Teufel, die Welt und das Fleisch. Unsere Haltung als Christen ihnen gegenüber kann in einem Wort zusammengefasst werden – *absagen*. Da kann es kein Feilschen, kein Zögern und keine Kompromisse geben. Der absolute Verzicht auf diese Dinge ist der einzig mögliche Weg für den Christen, der einen vollständigen Sieg erkämpfen will. Dem Teufel gegenüber werden wir nur Widerstand leisten können, wenn wir uns ganz Gott ergeben. In Beziehung auf die Welt sagt die Bibel: »Denn die Kinder Gottes besiegen diese Welt; sie siegen durch den Glauben an Christus. Und wer würde den Kampf gegen die Welt gewinnen, wenn nicht der, der glaubt, dass Jesus der Sohn Gottes ist?« (1. Joh 5,4-5). Im Hinblick auf das Fleisch sagt die Bibel: »Wandelt im Geist, und ihr werdet die Begierde des Fleisches nicht erfüllen« (Gal 5,16; ELB). Der Heilige Geist ist heute das mächtigste Wesen in der Welt. Die Zeit des Alten Testamentes war das Zeitalter Gottes, des Vaters. Die Zeit, als Jesus auf der Erde war, war das Zeitalter Gottes, des Sohnes. Jetzt, seit Pfingsten, leben wir in dem Zeitalter Gottes, des Heiligen Geistes. Die Bibel sagt, dass in dem Augenblick, da du Christus als deinen Heiland annimmst, der Heilige Geist in deinem Herzen Wohnung nahm. Dein Körper ist jetzt »ein Tempel des Heiligen Geistes in euch, der in euch lebt« (1. Kor 6,19). Paulus erklärt, wenn ein Mensch nicht den Geist Christi habe, so gehöre er nicht zu ihm.

Du sagst vielleicht: »Aber ich fühle nichts in meinem Herzen, ich fühle den Geist Gottes nicht in mir.« Gib nicht allzu viel auf Gefühle! Du wurdest nicht durch das Gefühl gerettet, und du magst den Geist fühlen oder nicht. Nimm es lieber im Glauben als eine Tatsache an. Er lebt jetzt wirklich in dir und will dir helfen, das Christenleben zu führen. Er lebt in dir, um Christus in dir zu vergrößern, zu verherrlichen und zu erheben, damit du ein glückliches, sieghaftes, strahlendes Leben zu seiner Ehre führen kannst.

Die Bibel gebietet: »Werdet voll Heiligen Geistes« (Eph 5,18). Wenn ihr von dem Geist erfüllt werdet, dann bringt ihr die Frucht des Geistes hervor, nämlich »Liebe, Freude, Frieden, Geduld, Freundlichkeit, Güte, Treue, Sanftmut und Selbstbeherrschung« (Gal 5,22). Es ist euch nicht freigestellt, voll des Geistes zu werden oder nicht; es ist ein Befehl, dem ihr gehorchen, eine Pflicht, die ihr erfüllen müsst.

Wie weißt du, dass du mit dem Geist erfüllt bist? Und wie kannst du erfüllt werden? Ist es ein Gefühlserlebnis, durch das du hindurchmusst? Nein. Wenn du ganz und gar von Sünde gereinigt bist und dich vollständig Christus ergeben hast, dann kannst du im Glauben annehmen, dass du mit dem Geiste Gottes erfüllt bist. Das bedeutet, dass er deine ganze Person besitzt. In deinem Herzen gibt es dann nichts anderes mehr außer ihm. Die Heiligung ist wirklich eine Übergabe, eine völlige, absolute, unbedingte, unwiderrufliche Übergabe. »Weil Gott so barmherzig ist, fordere ich euch nun auf, liebe Brüder, euch mit eurem ganzen Leben für Gott einzusetzen. Es soll ein lebendiges und heiliges Opfer sein – ein Opfer, an dem Gott Freude hat. Das ist ein Gottesdienst, wie er sein soll« (Röm 12,1).

Nur der geheiligte, vom Geist erfüllte Christ kann den Sieg erringen über die Welt, das Fleisch und den Teufel. Der Heilige Geist wird diesen Kampf für dich führen. »Denn wir kämpfen nicht gegen Menschen aus Fleisch und Blut, sondern gegen die bösen Mächte und Gewalten der unsichtbaren Welt, gegen jene Mächte der Finsternis, die diese Welt beherrschen, und gegen die bösen Geister in der Himmelswelt« (Eph 6,12). Das ist ein geistlicher Kampf. Du kannst gegen diese drei Feinde nicht mit gewöhnlichen Waffen streiten. Nur wenn wir Kanäle werden und den Heiligen Geist den Kampf in uns führen lassen, werden wir imstande sein, einen vollständigen Sieg zu erringen. Haltet nichts vor Christus zurück. Lasst ihn vollständig Herr und Meister eures Leben werden. Er sagte: »Ihr nennt mich ›Meister‹ und ›Herr‹ und damit habt ihr recht, denn das bin ich« (Joh 13,13).

Nachdem du dich jetzt in der Heiligung vollständig Christus übergeben hast, denke daran, dass Gott angenommen hat, was du dargeboten hast. Hier üben wir wieder unseren Glauben. »Wer zu mir kommt, den werde ich nicht hinausstoßen.« Du bist zu ihm gekommen; jetzt hat er dich angenommen. Als Ergebnis eines völlig ihm ergebenen, geheiligten und geisterfüllten Lebens wirst du Mut und Kühnheit besitzen, die du nie zuvor gekannt hast.

Du wirst nicht nur Kühnheit erlangen, sondern du wirst auch die Frucht des Geistes hervorbringen. Denke daran, dass diese Frucht des Geistes vom Geist selbst herkommt. Du kannst sie nicht aus dir hervorbringen. Es sind übernatürliche Früchte, die dein Leben von Tag zu Tag charakterisieren werden, und sie müssen auf übernatürliche Weise hervorgerufen werden. Dazu gehört vor allem die Liebe. Das größte Gebot, das Jesus hinterlassen hat, lautet: »Ich gebiete euch, einander genauso zu lieben, wie ich euch liebe« (Joh 15,12). Du wirst deine Nächsten lieben mit einer übernatürlichen Liebe, ungeachtet der Rasse, des Glaubens oder der politischen Einstellung. Bitterkeit, Streit und Neid werden aufhören, und brüderliche Liebe wird vorherrschen.

Freude wird in deinem Leben sein. Einer der wesentlichen Charakterzüge des Christen ist die innere Freude. Wie auch die Umstände sein mögen, er wird ein fröhliches Herz und ein strahlendes Gesicht zeigen. So viele Christen gehen als Kopfhänger einher und geben dadurch Gott keine Ehre. Wenn man einen Christen trifft, kann man leicht sagen, ob er ein wirklich sieghafter, geistlicher, gottergebener Christ ist oder nicht. Ein wahrer Christ sollte freundlich und ruhig sein. Er sollte strahlen und imstande sein, seine Umgebung zu erheben, statt sie niederzudrücken. Die Bibel sagt: »Denn die Freude am Herrn ist eure Zuflucht!« (Neh 8,10).

Frieden wird dein Leben ausstrahlen. Paulus sagte: »Von allen Seiten werden wir von Schwierigkeiten bedrängt, aber nicht erdrückt. Wir sind ratlos, aber wir verzweifeln nicht. Wir werden verfolgt, aber Gott lässt uns nie im Stich. Wir werden zu Boden geworfen, aber wir stehen wieder auf und machen weiter« (2. Kor 4,8-9). Wir könnten die ganze Liste der Frucht des Geistes durchgehen – Geduld, Freundlichkeit, Güte, Treue, Sanftmut und Selbstbeherrschung – und sehen, wie all diese Dinge in dem Leben derjenigen gedeihen, die wahrhaftig Gott ergeben und vom Heiligen Geiste erfüllt sind.

Der Sieg gehört dir. Nimm ihn in Anspruch! Er ist dein Geburtsrecht. Du hast keinen Grund, jemals auch nur eine Niederlage zu erleiden. Du kannst ein siegreiches Leben führen. Das Beste gehört dir. Das Leben kann ein großartiges, herrliches, spannendes Abenteuer sein. Denn jeder Tag wird wunderbar und herrlich sein – erfüllt mit Gelegenheiten zum Dienst, ausgefüllt mit Augenblicken, die wir in direktem Umgang mit Gott verbringen können, erfüllt von dem Bewusstsein, dass wir allezeit bei Jesus geborgen sind.

14 | Christliche Lebensregeln

*Behandle andere so,
wie du von ihnen behandelt werden möchtest.*
Lk 6,31

Ob ihr euch an einem Spiel erfreut oder Auto fahrt oder einen Kuchen backt, es gibt gewisse Regeln, die ihr befolgen müsst, wenn ihr Erfolg haben wollt.

Die Bibel lehrt, dass das Christenleben ein ständiges Wachstum ist. Mit deiner Wiedergeburt wurdest du in die geistliche Welt hineingeboren. Du wurdest ein ganz kleines Kind in Gottes Familie. Es ist Gottes Absicht, dass du zu voller Größe heranwächst und in Christus reif wirst. Es würde gegen das Gesetz Gottes und der Natur sein, wenn du ein Kind bleiben und dadurch ein geistlicher Zwerg werden würdest. In 2. Petr 3,18 sagt die Bibel, dass wir wachsen sollen. Das bedeutet eine ständige Entwicklung, ein ständiges Größerwerden, ein Zunehmen an Weisheit.

Um richtig wachsen zu können, müssen gewisse Regeln für das gute geistliche Gedeihen beobachtet werden. Erstens lies *jeden Tag deine Bibel*. Dein geistliches Leben braucht Nahrung. Was für Nahrung? Geistliche Nahrung. Wo findest du diese geistliche Nahrung? In der Bibel, dem Worte Gottes. Die Bibel offenbart Christus, der das Brot des Lebens für deine hungrige Seele ist und das Wasser des Lebens für dein durstiges Herz. Wenn du diese tägliche geistliche Nahrung nicht zu dir nimmst, wirst du verhungern und deine geistliche Lebenskraft verlieren. Die Bibel sagt: »So wie ein Säugling nach Milch schreit, sollt ihr nach der reinen Milch – dem Wort Gottes – verlangen, die ihr benötigt, um im Glauben zu wachsen« (1. Petr 2,2). Lies es, studiere es, denke darüber nach, präge es dir ein. Fünfundneunzig Prozent der Schwierigkeiten, die du als Christ erleben wirst, können auf den Mangel an Bibelstudium und Bibellesen zurückgeführt werden.

Sei nicht damit zufrieden, oberflächlich ein Kapitel durchzulesen, nur um damit dein Gewissen zu beruhigen. Bewahre das Wort Gottes in deinem Herzen. Ein kleiner Abschnitt, gut durchdacht, ist von größerem geistlichen Wert für deine Seele als ein langes Kapitel, das du nur flüchtig durchgesehen hast. Sei nicht entmutigt, weil du nicht gleich alles verstehen kannst. Lies zuerst einfache Abschnitte der Bibel. Du wirst einem kleinen Baby auch nicht gleich am ersten Tag ein Beefsteak vorsetzen – du gibst ihm Milch.

Ich würde vorschlagen, mit dem Lesen des Johannesevangeliums zu beginnen. Während du liest, wird dir der Heilige Geist die Stellen klarmachen. Er wird dir die schwierigen Worte und den dunklen Sinn erklären. Selbst wenn du nicht alles, was du gelesen hast, durchdenken oder verstehen kannst, *lies weiter*. Schon die Übung des Lesens an sich wird eine läuternde Wirkung auf deinen Geist und dein Herz ausüben. Lass nichts die Stelle dieser täglichen Übung einnehmen.

Zweitens: *Lerne das Geheimnis des Gebetes erkennen.* Du hast jetzt einen himmlischen Vater. Er erhört und beantwortet dein Gebet. Jesus sagte: »Wenn ihr etwas bitten werdet in meinem Namen, so will ich es tun« (Joh 14,14). Wiederum sagte er: »Wenn ihr glaubt, werdet ihr alles bekommen, worum ihr im Gebet bittet« (Mt 21,22). Jeder Mann, dessen Leben für die Kirche oder für das Reich Gottes einen Wert gehabt hat, ist ein Mann des Gebets gewesen. Du kannst im Beten nicht eifrig genug sein. Ein Christ ohne Gebet ist ein Christ ohne Kraft. Christus verbrachte Stunden im Gebet. Manchmal verbrachte er die Nacht auf einem Berggipfel in einsamer Verbindung mit Gott, dem Vater. Wenn er so oft betete, wie viel mehr haben wir es dann nötig zu beten!

Deine Gebete mögen zuerst ein Stammeln sein. Du magst vielleicht ungeschickt sein und dich undeutlich ausdrücken. Aber der

Heilige Geist, der in dir lebt, wird dir helfen und dich lehren. Jedes Gebet, das du sprichst, wird beantwortet werden. Manchmal mag die Antwort ein »Nein« sein oder sie lautet »Warte«, aber niemals wirst du ohne Antwort bleiben.

Deine Bitten sollten immer eingeschränkt sein durch den Zusatz: »Dein Wille geschehe.« – »Freu dich am Herrn, und er wird dir geben, was dein Herz wünscht« (Ps 37,4). Aber die Freude am Herrn geht der Erfüllung unserer Wünsche voran. Gott wird immer das tun, was für seine Kinder am besten ist.

Erinnere dich daran, dass du zu jeder Zeit und überall beten kannst. Wenn du Geschirr abwäschst, Gräben ziehst, im Büro oder im Laden arbeitest, wenn du auf dem Sportplatz bist – überall kannst du beten, und Gott wird dir antworten!

Die Bibel sagt: »Betet unaufhörlich« (1. Thess 5,17). Wenn du besondere Gebetszeiten hast, die du regelmäßig bei deiner Tageseinteilung einhältst, wird dein Leben zwischen den Gebetszeiten unbewusst von dem Gebet durchdrungen und gestärkt werden. Es genügt nicht, dass du morgens aus dem Bett steigst und niederkniest und einige Sätze wiederholst. Es sollten bestimmte Zeiten am Tage sein, in denen du dich zurückziehst, um allein zu sein mit Gott.

Der Teufel wird dich bei jedem Schritt auf diesem Wege bekämpfen. Er wird veranlassen, dass gerade zu dieser stillen Zeit plötzlich ein kleines Kind schreit, dass das Telefon läutet, dass jemand an die Tür klopft – es wird Störungen geben, aber halte daran fest! Lass dich nicht entmutigen. Bald wirst du feststellen, dass diese Gebetszeiten die größte Freude deines Lebens sind. Du wirst ihnen mit größerer Vorfreude entgegensehen als irgendeiner anderen Sache. Ohne das ständige, tägliche, systematische Gebet wird dein Leben unfruchtbar, kraftlos und leer bleiben. Ohne das ständige Gebet kannst du niemals jenen inneren Frieden kennen lernen, den Gott dir geben möchte.

Drittens: *Verlass dich ständig auf den Heiligen Geist*. Denke daran, dass Christus durch den Heiligen Geist in dir wohnt. Dein Körper ist jetzt der Wohnsitz der dritten Person der Dreieinigkeit. Bitte ihn nicht darum, dir zu helfen, wie du einen Diener fragen würdest. Bitte ihn, dass er in dein Herz hineinkomme und alles für dich tun möge. Bitte ihn darum, dein ganzes Leben zu übernehmen. Sage ihm, wie schwach, hilflos, unsicher und unzuverlässig du bist. Stell dich zur Seite und lass ihn jede Wahl und alle Entscheidungen deines Lebens treffen. Dir ist es unmöglich, in deinem Christenleben zu bestehen – aber er kann dich darin erhalten. Doch ist es sehr schwer für ihn, dich darin zu erhalten und zu festigen, solange du noch selbst kämpfst und streitest und strebst. Suche Entspannung und Ruhe in dem Herrn. Lass alle jene inneren Spannungen und Verwicklungen fahren. Verlass dich vollständig auf ihn. Ärgere und quäle dich nicht mit wichtigen Entscheidungen – lass ihn sie für dich ausführen. Sorge dich nicht um das Morgen; er ist der Gott des morgigen Tages, er sieht das Ende bereits vom Anfang. Sorge dich nicht um die Bedürfnisse des Lebens – er ist da, der dir hilft und dich versorgt. Ein wirklich sieghafter Christ wird frei werden von den Sorgen, von den inneren Nöten und Spannungen. Wenn du dich völlig auf den Heiligen Geist verlässt, wirst du feststellen, dass viele deiner körperlichen und geistigen Gebrechen schwinden werden.

Viertens: *Besuche regelmäßig den Gottesdienst.* John Wesley sagte einmal: »Die Bibel weiß nichts von einer einsamen Religion.« Das Christentum ist eine Religion der Gemeinschaft. Die Nachfolge Christi bedeutet Liebe, Gerechtigkeit, Dienst; und diese können nur durch soziale Beziehungen erfüllt und ausgeführt werden. Diese sozialen Beziehungen finden wir in der Kirche.

Die Gemeinde ist eine Einrichtung Christi auf Erden. Sie ist der Ort, wo wir Gott verehren, sein Wort lernen und Gemeinschaft mit anderen Christen pflegen. Die Bibel nennt die Gemeinde »ein heiliges Volk«, »Gottes eigenes Volk«, »den Haushalt Gottes«, »einen heiligen Tempel des Herrn«, »eine Wohnstätte Gottes im Geist«, »den Leib Christi«. Dieses sind alles Ausdrucksformen der Rede, Symbole oder Bilder, die gebraucht werden, um die geistliche Wirklichkeit der Gemeinde zu zeigen.

Viele sagen, sie könnten zu Hause bleiben und sich eine Predigt im Radio anhören, statt einen richtigen Gemeindegottesdienst zu besuchen. Das ist jedoch nicht genug. Man geht nicht zum Gottesdienst, nur um eine Predigt zu hören. Man geht zum Gottesdienst, um Gott anzubeten und ihm zu dienen in der Gemeinschaft mit anderen Christen. Man kann kein erfolgreicher und glücklicher Christ sein, ohne der Gemeinde treu zu bleiben. In der Kirche wirst du den Ort deines Gottesdienstes finden. Wir sind gerettet worden, um zu dienen. Der glückliche Christ ist der eifrige Christ.

Fünftens: *Als Christen müssen wir Zeugen sein.* Wenn du gewissenhaft die vier vorangegangenen Regeln befolgst, wird diese für sich selbst sorgen – genauso wie es natürlich ist, dass eine Tasse, die man dauernd anfüllt, schließlich überfließt.

Du bist jetzt ein rechtmäßig ernannter und beauftragter Botschafter des Königs aller Könige. Du sollst deine Flagge hoch über deiner Botschaft wehen lassen. Angenommen, der amerikanische Botschafter in einem Land ordnete an, die Flagge der USA auf der Botschaft einzuziehen, weil sie dort nicht beliebt ist – man würde ihn bald zurückrufen. Er würde es nicht verdienen, die Vereinigten Staaten zu vertreten.

Wenn du nicht bereit bist, deine Flagge wehen zu lassen in deinem Haus, in dem Büro, in dem Geschäft, auf den Anlagen der Universität – dann bist du nicht wert, ein Botschafter für Christus zu sein! Du sollst deine Stellung beziehen und alle Menschen um dich herum wissen lassen, dass du ein Christ bist. Du sollst für Christus Zeugnis ablegen.

Wir können auf zweierlei Art Zeugen sein: durch das Leben und durch das Wort – eins von beiden allein genügt nicht. Gott erwartet von dir und von mir, dass wir, nachdem wir bekehrt worden sind, von seiner rettenden Gnade und Allmacht Zeugnis ablegen. Du sollst einen Auftrag für Christus ausführen. Du sollst ein Wegbereiter für ihn sein. Christus sagte: »Wer sich hier auf der Erde öffentlich zu mir bekennt, den werde ich auch vor meinem Vater im Himmel bekennen« (Mt 10,32). Apostelgeschichte 28,23 schildert eine packende Szene. Der in Rom gefangen gehaltene Apostel Paulus überredete die Menschen von morgens bis abends, Jesus nachzufolgen. Von jedem von uns sollte es auch täglich heißen: »Siehe, ein Sämann ging aus, zu säen seinen Samen.«

Einem Boten der *Western Union* wird wenig selbstständiges Handeln gestattet. Seine einzige Verpflichtung besteht darin, die Botschaft, die er von dem Amt bekommt, zu der Person hinzutragen, an welche sie gerichtet ist. Er mag jene Botschaft nicht gern überbringen. Sie mag eine schlechte oder traurige Nachricht für den enthalten, zu dem er sie trägt. Er darf nicht unterwegs anhalten, den Umschlag öffnen und den Wortlaut des Telegrammes verändern. Seine Pflicht ist es nur, die Botschaft zu überbringen.

Wir Christen besitzen das Wort Gottes. Unser Oberbefehlshaber hat gesagt: »Gehe und bringe diese Botschaft einer sterbenden Welt.« Einige vernachlässigen sie. Einige reißen die Botschaft auf und ersetzen sie durch eine eigene. Einige nehmen einen Teil davon heraus. Einige erzählen den Leuten, dass der Herr nicht meint, was er sagt. Andere behaupten, dass er selbst die Botschaft gar nicht wirklich geschrieben hat, sondern dass sie von gewöhnlichen Menschen geschrieben wurde, die ihren Sinn völlig missverstanden haben.

Lasst uns daran denken, dass vor Jahrhunderten Paulus die Christen ermahnte, allein das Wort zu lehren. Erinnern wir uns daran, dass wir den Samen austeilen sollen. Einiges mag in der Tat auf hart getretene Wege fallen und einiges unter die Dornen, aber unsere Aufgabe besteht darin, immer weiterzusäen. Wir können nicht deshalb aufhören zu säen, weil vielleicht ein Stück des Bodens nicht vielversprechend aussieht.

Wir halten ein Licht. Wir sollen es leuchten lassen! Obwohl es nur wie eine flackernde Kerze in einer Welt der Finsternis erscheinen mag, ist es unsere Aufgabe, es leuchten zu lassen.

Wir blasen eine Trompete. In dem Getöse und Lärm der Schlacht mag der Ton unserer kleinen Trompete verloren erscheinen, aber wir müssen dennoch den Warnruf erklingen lassen für diejenigen, die in Gefahr sind.

Wir entzünden ein Feuer. In dieser kalten Welt voller Hass und Eigensucht mag unsere kleine Flamme nutzlos erscheinen, aber wir müssen das Feuer weiterbrennen lassen.

Wir schlagen mit einem Hammer. Die Schläge mögen scheinbar nur unsere Hände bewegen, während wir schlagen; aber dennoch sollen wir weiterhämmern.

Wir gebrauchen ein Schwert. Der erste und zweite Stoß unseres Schwertes mag abgleiten und nicht treffen, und alle unsere Anstrengungen, tief in den Feind hineinzudringen, mögen hoffnungslos erscheinen, aber wir sollen unser Schwert weiterschwingen – es ist das »Schwert des Geistes«.

Wir haben Brot für eine hungrige Welt. Die Leute mögen eifrig damit beschäftigt sein, sich von anderen Dingen zu ernähren, sodass sie das Brot des Lebens nicht annehmen wollen, aber wir müssen es ihnen weitergeben, es den Seelen der Menschen anbieten.

Wir haben Wasser für verdurstende Menschen. Wir müssen dastehen und weiterrufen: »Heda, jeder, den dürstet, komme zum Wasser.« Wir müssen Ausdauer haben. Wir dürfen niemals aufgeben. Wir müssen das Wort immer weitergebrauchen!

Jesus sagte, dass viel von deinem Samen guten Boden finden, aufgehen und Frucht bringen wird. Das Feuer in deinem Herzen und auf deinen Lippen wird in einigen kalten Herzen eine heilige Flamme anzünden und sie für Christus gewinnen. Der Hammer wird einige harte Herzen zerbrechen und sie bußfertig und gottergeben machen. Das Schwert wird den Panzer der Sünde durchbohren und die Selbstzufriedenheit und den Stolz überwinden und die Herzen für den Geist Gottes öffnen. Einige hungrige Männer und Frauen werden das Brot des Lebens nehmen, und einige dürstende Seelen werden das Wasser des Lebens finden.

Werde ein Menschenfischer! Die herrlichste Erfahrung, die ein Mensch machen kann, besteht darin, dass er andere für Jesus Christus gewinnt. Es ist mein Vorrecht gewesen, Tausende zu gewinnen, die die Erlösungsbotschaft von Christus annahmen. Ich bin immer wieder von Neuem ergriffen, wenn ich sehe, dass ein

Mensch seine Hand erhebt und sagt: »Ich nehme Christus an.« Dieses ist mehr wert als alles Geld in der ganzen Welt. Es gibt kein Glück, kein Erlebnis, kein romantisches Abenteuer, das man mit der inneren Bewegung vergleichen könnte, die man hat, wenn man einen anderen Menschen für Christus gewinnt. Werde ein solcher Seelengewinner! Werde ein Zeuge des Herrn!

Sechstens: *Lass die Liebe das herrschende Prinzip deines Lebens sein.* Jesus sagte zu denen, die ihm nachfolgten: »Daran werden alle Menschen erkennen, dass ihr meine Jünger seid, dass ihr einander liebet.« An einer anderen Stelle der Bibel bestätigt Johannes dasselbe: »Liebe Freunde, lasst uns einander lieben, denn die Liebe kommt von Gott. Wer liebt, ist von Gott geboren und kennt Gott. Wer aber nicht liebt, kennt Gott nicht – denn Gott ist Liebe. Gottes Liebe zu uns zeigt sich darin, dass er seinen einzigen Sohn in die Welt sandte, damit wir durch ihn das ewige Leben haben« (1. Joh 4,7-10).

Von allen Gaben, die Gott seinen Kindern anbietet, ist die Liebe die größte. Von allen Früchten des Heiligen Geistes ist Liebe die erste.

Die Bibel sagt, dass wir als Christusnachfolger einander genauso lieben sollen, wie Gott uns geliebt hat, als er seinen Sohn sandte, um am Kreuz für uns zu sterben. Die Bibel sagt, dass Christus in dem Augenblick, da wir zu ihm kommen, uns eine übernatürliche Liebe gibt und dass jene Liebe durch den Heiligen Geist in unsere Herzen ausgegossen wird. Der größte Beweis für die Tatsache, dass wir Christen sind, liegt darin, dass wir einander lieben. Wenn du dieses Geheimnis Gottes früh lernst, wirst du schon ein gutes Stück vorwärtsgekommen sein auf dem Weg eines reifen, glücklichen Christenlebens.

Siebtens: *Werde ein gehorsamer Christ.* Gib Christus den ersten Platz in allen Entscheidungen deines Lebens. Mache ihn zum Herrn und Meister. Lass ihn dein Schiff steuern.

Achtens: *Lerne, wie man der Versuchung entgegentritt.* Wie wir schon erfahren haben, ist die Versuchung etwas ganz Natürliches.

Das *Nachgeben* ist Sünde. Ein Weg, der Versuchung zu begegnen, besteht darin, dass man dem Versucher einen Vers der Heiligen Schrift zuruft – er wird dann immer weichen, denn er kann dem Wort Gottes gegenüber nicht standhalten.

Als Jesus in der Wüste versucht wurde, war das einzige Hilfsmittel, welches er besaß, das Wort Gottes. Er sagte dreimal: »Es steht geschrieben ...«

Jeder hat seine Versuchungen, aber einige Leute ergötzen sich an ihnen. Sie scheinen sich darüber zu freuen, versucht zu werden. Jage eine Maus mit einem Besen, und du wirst erkennen, dass sie den Besen nicht ansieht. Sie schaut nach einem Loch aus. Wende deine Augen ab von der Versuchung und hin zu Christus!

Ich fragte einmal einen Armeeoffizier, was er auf dem Schlachtfeld vorziehen würde – Mut oder Gehorsam. Er antwortete, ohne eine Sekunde zu überlegen: »Gehorsam!«

Gott möchte lieber deinen Gehorsam haben als irgendetwas anderes. Wenn du gehorsam sein willst, musst du seine Befehle kennen. Das ist ein anderer Grund für die Notwendigkeit, die Bibel zu studieren und zu lesen. Die Bibel ist dein Kompass und deine Richtschnur. Gehorche dem, was Gott dir sagt.

Neuntens: *Werde ein gesunder, echter und vorbildlicher Christ.* Sicherlich lehrt die Bibel die Loslösung von der Sünde, aber die Bibel sagt nirgends, dass wir eigenartig und unnatürlich werden sollen. Du sollst ritterlich, höflich, sauber am Körper, rein in deinem Geiste, gelassen und gütig sein. Törichte Liebelei, unvernünftiges Geschwätz, dunkle Unterhaltungen, zweideutige Belustigungen sollten wie Klapperschlangen vermieden werden. Dein Aussehen sei gefällig, sauber und anziehend und, soweit möglich, von gutem Geschmack. Extreme sollten in jeder Richtung vermieden werden.

Zehntens: *Stehe über deinen Umständen.* Gott schuf dich, wie du bist! Er stellte dich dorthin, wo du bist! So kannst du ihm am besten dienen und ihn ehren, so wie und wo du jetzt gerade bist. Einige Leute blicken immer auf die andere Seite des Zauns, weil sie glauben, dort sei das Gras grüner. Sie verbringen so viel Zeit damit, zu wünschen, anderswo zu sein, dass sie keine der Vorteile und Gelegenheiten erkennen, die offen vor ihnen liegen, da, wo sie jetzt sind.

Werde wie der Apostel Paulus, der sagte: »Doch ich achte mein Leben nicht der Rede wert« (Apg 20,24; ELB). Paulus sagte, er habe gelernt, sowohl Überfluss zu haben als auch Mangel zu leiden. Selbst im Gefängnis hatte er gelernt, ein ganzer Christ zu sein. Lass dich nicht durch deine Lebensumstände unterkriegen. Lerne, in rechter Weise mit ihnen fertigzuwerden.

Diese Regeln und Vorschläge mögen einfach erscheinen – aber lebe nach ihnen – sie wirken. Ich habe gesehen, dass sie im Leben von Tausenden die Probe bestanden haben. Auch ich habe sie in meinem eigenen Leben ausprobiert. Richtig und gewissenhaft gehalten, werden sie dir Frieden für die Seele, Glück, innere Ruhe und Freude geben, und du wirst das Geheimnis lernen, ein befriedigtes Leben zu führen.«

15 | Der Christ und die Gemeinde

Durch Christus, den Eckstein, werdet auch ihr eingefügt und zu einer Wohnung, in der Gott durch seinen Geist lebt.
Eph 2,22

Der Mensch ist ein geselliges Wesen, er lebt von Natur aus in der Gemeinschaft und findet das größte Gefühl der Sicherheit und Zufriedenheit in der Gesellschaft mit anderen, die seine Interessen und seine Einstellung teilen. Von all den vielen Gruppen, in denen sich die Menschen gesammelt haben, von all den vielen Stämmen, Sippen, Organisationen und Gesellschaften ist im Laufe der Geschichte keine so mächtig, so weit reichend oder so allgemein gewesen wie die Gemeinde Christi.

In der frühesten Zeit schlossen sich die Menschen zusammen zu ihrem gegenseitigen Schutz, erst in einer viel späteren Zeit lernten sie, sich zusammenzuschließen zum gegenseitigen Nutzen und Vergnügen. Mit der fortschreitenden Zivilisation entstanden geheime Gesellschaften, die ihren Mitgliedern ein Gefühl der Besonderheit gaben und sie daher von den Nichtmitgliedern unterschieden. Besondere Eide, Bräuche und Gesetze wurden eingeführt, und ihnen wurde große Bedeutung verliehen.

Es entstanden Gruppen von Rassen und Nationen, und die Mitgliedschaft wurde auf diejenigen beschränkt, die einen ähnlichen Ursprung hatten oder einer gemeinsamen Fahne verschworen waren. Vereinigungen einzelner Länder, Studentenverbindungen, Wohngemeinschaften, literarische Gesellschaften, politische Parteien, militärische Organisationen – alle diese, von dem exklusivsten »Herrenklub« bis zum Verein der Hochschulen – zeigen das Bedürfnis des Menschen, Trost und Sicherheit in der Gesellschaft anderer zu finden, die seine Lebensweise gutheißen, weil ihre eigene Lebensweise ähnlich ist.

Nirgends jedoch hat ein Menschen diesen Trost, diese Sicherheit, diesen Frieden gefunden wie in der Gemeinde Christi; denn alle anderen Gruppen sind deutlich vom Menschen angeregt. Sie ziehen künstliche Grenzen und stellen dann nur die Täuschung eines Schutzes auf, während die Kirche einen lebendigen, kraftvollen Organismus schafft, der seine Kraft aus sich selbst schöpft, statt sich auf andere Quellen zu verlassen, damit diese ihm einen Sinn und eine Lebenskraft verleihen. Das Wort Gemeinde ist eine Übersetzung des griechischen Wortes *ecclesia*, das bedeutet »die Herausgerufenen« oder eine Versammlung von Leuten. Obgleich Gemeinde bald ein kennzeichnendes christliches Wort wurde, hat es eine vorchristliche Geschichte. In der griechischen Welt war das Wort *ecclesia* die Bezeichnung einer regelrechten Versammlung der ganzen Körperschaft der Bürger in einem freien Stadtstaat. Eine Gruppe von Bürgern wurde von einem Herold herausgerufen für die Erörterung und Entscheidung öffentlicher Angelegenheiten. Dieses selbe Wort Gemeinde wurde auch im Alten Testament gebraucht und übersetzt als »Gemeinde« Israels, in der die Mitglieder bestimmt wurden als die Auserwählten Gottes. In dem ersten Jahrhundert bedeutete daher das Wort Gemeinde für die Griechen eine sich selbst regierende demokratische Gesellschaft; für die Juden eine theokratische Gesellschaft, deren Mitglieder die Untertanen Gottes waren. Das Wort Gemeinde, auf die christliche Gesellschaft angewandt, wurde zuerst von Jesus selbst gebraucht, als er zu Petrus sagte: »Von nun an sollst du Petrus heißen. Auf diesen Felsen will ich meine Gemeinde bauen, und alle Mächte der Hölle können ihr nichts anhaben« (Mt 16,18). So gründete Jesus Christus selbst seine Gemeinde. Er ist der große Eckstein, auf den die Gemeinde gebaut ist. Er ist der Grundstein alles christlichen Seins, und die Gemeinde ist auf ihn gegründet. »Denn niemand kann ein anderes Fundament legen als das, das schon gelegt ist – Jesus Christus« (1. Kor 3,11). Jesus erklärte, dass er selbst der Gründer und Erbauer der Gemeinde ist, und die Gemeinde gehört ihm und ihm allein. Er hat versprochen, mit und in allen denen zu leben, die Glieder seiner

Gemeinde sind. Hier besteht nicht nur eine Organisation, sondern ein Organismus, der vollständig anders ist als alles andere, das die Welt jemals gekannt hat: Gott selbst lebt mit und in gewöhnlichen Männern und Frauen, die Glieder seiner Gemeinde sind.

Das Neue Testament lehrt, dass, während es tatsächlich nur eine einzige Gemeinde gibt, es dann eine Anzahl von örtlichen Gemeinden geben kann, welche in verschiedenen Bezeichnungen und Gesellschaften oder Versammlungen ausgeprägt sein mögen. Diese örtlichen Gemeinden und verschiedenen Denominationen können nach nationalen oder theologischen Gesichtspunkten oder nach der besonderen Art ihrer Mitglieder getrennt sein. Jedoch lehrt das Neue Testament: Wenn es auch viele Spaltungen und Teilungen innerhalb des großen Gebäudes der Kirche geben mag, so haben wir doch nur »einen Herrn«. Wie das Kirchenlied es ausdrückt: »Ein einig Volk von Brüdern, das ist das Volk des Herrn, verzweigt in seinen Gliedern, doch eins in seinem Kern.«

Jesus Christus ist das Haupt dieser großen allgemeinen Kirche, von ihm muss alle Tätigkeit und Lehre ausgehen, denn er ist der Urquell alles christlichen Lebens.

Die Kirche ist weithin kritisiert worden wegen ihrer vielen inneren Streitigkeiten, wegen der großen Zerrissenheit und des deutlichen Mangels an Einheit und Geschlossenheit. Dies sind jedoch überflüssige Dinge; dies sind Streitigkeiten, welche herrühren von den leicht voneinander abweichenden Auslegungen der Befehle des Generals, und in keiner Weise spiegeln sie die Weisheit des Feldherrn oder seine vollständige Autorität bei der Ausgabe seiner Befehle wider.

Wenn man die vorliegenden Glaubensformen der verschiedenen Bekenntnisse untersucht, so wird man finden, dass sie im Grunde historisch beinahe identisch sind. Sie mögen sich in den äußeren Gebräuchen unterscheiden, sie mögen eine Fülle von theologischen Eigentümlichkeiten in sich schließen, aber im Grunde genommen erkennen sie alle Jesus Christus als den Mensch gewordenen Gott an, welcher am Kreuz gestorben und wieder auferstanden ist zur

Erlösung der Menschen – und das ist die allerwichtigste Tatsache für die ganze Menschheit.

Wenn du nun Christus als deinen Heiland angenommen und deine Zuversicht und dein Vertrauen auf ihn gesetzt hast, so bist du schon ein Glied der großen allgemeinen Kirche geworden. Du bist ein Glied in dem Haushalt des Glaubens. Du bist ein Teil des Leibes Christi. Nun bist du aufgerufen, Christus zu gehorchen; und wenn du Christus gehorchst, dann wirst du seinem Beispiel folgen und dich mit anderen in der Anbetung Gottes vereinen. »Und lasst uns unsere Zusammenkünfte nicht versäumen, wie einige es tun, sondern ermutigt und ermahnt einander, besonders jetzt, da der Tag seiner Wiederkehr näher rückt!« (Hebr 10,25).

Es ist gesagt worden: »Praktisch genommen muss diese Gliedschaft am Leibe Christi tatsächlich Mitgliedschaft in einer gewissen örtlichen Ausprägung seines Leibes in der Gemeinde bedeuten.«

Wir sprechen jetzt nicht von der großen allgemeinen Kirche, sondern von der örtlichen Gemeinde, von deiner eigenen Gemeinde, deren viele Unvollkommenheiten und Mängel du genau beobachten kannst. Aber wir müssen daran denken, dass es überhaupt keine Vollkommenheit unter Menschen gibt, und die Einrichtungen, die sie zur Ehre Gottes schaffen, sind mit ebendenselben Fehlern versehen. Jesus ist der einzige vollkommene Mensch, der jemals gelebt hat. Wir anderen sind bestenfalls bußfertige Sünder und versuchen, so weit wir es können, seinem großartigen Beispiel zu folgen; und die Kirche verschließt nur die Augen vor sich selbst, wenn sie Unfehlbarkeit oder Vollkommenheit für sich oder eines ihrer Glieder beansprucht.

Als Jesus die Gemeinde gründete, wünschte er, dass seine Anhänger sich dort zusammenschlossen und ihr treu blieben. Wenn du heute zu den einundvierzig Prozent der Bevölkerung dieses Landes gehörst, die keine ordentliche Gemeindezugehörigkeit aufweisen können, magst du vielleicht verwirrt vor der großen Zahl von kirchlichen Gemeinschaften stehen, deren Mitgliedschaft dir offensteht. Wenn du eine davon auswählst, magst du eine natürliche

Neigung haben, zu der Kirche deiner Kindheit zurückzukehren, oder du magst eine Wahl treffen, die durch dein in geistlichen Dingen reiferes Urteil begründet ist. Die Zugehörigkeit zu einer Gemeinde ist nicht etwas, was man leichthin entscheidet; denn wenn die Gemeinde für dich von größtem Dienst und Segen sein soll und, was noch wichtiger ist, wenn sie dir die größtmögliche Gelegenheit geben soll, anderen zum Segen zu werden, dann musst du sorgfältig diejenige auswählen, von der du glaubst, dass du in ihr Gott den größten Dienst erweisen kannst. Einige Leute finden es leichter, Gott in prächtigen Gebäuden und in irgendeiner Form feierlicher Gebräuche zu nahen. Andere meinen, Gott nur in völliger Einfachheit suchen zu müssen. Manche fühlen sich in der einen Art des Gottesdienstes wohl, andere in einer anderen. Wichtig ist dabei nicht, wie wir es tun, sondern die Aufrichtigkeit und Tiefe der inneren Haltung, mit der wir es tun, und wir sollten jeder die Gemeinde finden und auswählen, in der wir als Einzelmenschen dieses Ziel am besten erreichen können.

Sicherlich wirst du nicht auf Lebenszeit in ein Haus einziehen, ohne dass du es dir zuerst genau ansiehst. Dennoch schließen sich allzu viele Christen einer Kirche an, ohne genau zu wissen, warum, und wenn sie dann finden, dass sie ihren Bedürfnissen nicht entspricht, ziehen sie weiter und probieren jeweils für eine kurze Zeit eine nach der anderen aus, aber sie gehen in keiner wirklich vor Anker. Solch ein Treibenlassen nützt weder dem Herrn noch ihnen selbst.

Die Kirchen und Gemeinden haben verschiedene Entstehungsursachen, verschiedene Traditionen, verschiedene Sitten und Gebräuche, einen verschiedenen Akzent; und jeder Christ sollte seine Gemeinde wählen, weil er überzeugt ist, dass er in ihrem besonderen Gefüge die besten Gelegenheiten für sein geistliches Wachstum, für die größte Befriedigung seiner menschlichen Bedürfnisse finden wird und die größte Aussicht, seinen Mitmenschen einen hilfreichen Dienst erweisen zu können.

Mach nicht den Fehler, dich eher einem bestimmten Pfarrer oder Prediger statt einer Kirchengemeinde selbst anzuschließen. Das kirchliche Amt kann wechseln – es ist heilsam und reizvoll, dass es so ist –, aber die Ordnung der Gemeinde bleibt dieselbe, und der Kirche und ihrem Christus schuldest du Ergebenheit und Treue. Eine dauerhafte und beständige Kirche wird aufgebaut, wenn die Mitglieder der Gemeinde erkennen, dass ihre gemeinsame Liebe zu Jesus Christus und der aufrichtige Wunsch, seinen Schritten zu folgen, sie zusammenhält.

Der wahre Christ geht nicht nur zur Kirche, weil er etwas dabei gewinnt, sondern auch, weil er etwas zu geben hat.

Der Zweck und Sinn dieser christlichen Gesellschaft, die wir »Gemeinde« nennen, ist erstens: *Gott durch unsere Anbetung zu verherrlichen.* Wir gehen nicht nur zum Gottesdienst, um eine Predigt zu hören. Wir gehen zum Gottesdienst, um Gott zu verehren. Wir sollen ihn anbeten im Geist und in der Wahrheit. Die Lieder, der Lobpreis, die Anbetung sind dazu da, Gott während des Gottesdienstes zu verherrlichen. Das Hauptziel des Menschen ist, Gott zu verherrlichen. Wir verherrlichen ihn mehr durch unsere Anbetung als durch irgendwelche anderen Mittel. Die christliche Tätigkeit, das Gewinnen von Seelen, das Lesen der Bibel und tausend gute Betätigungen in der Kirche können nicht die Stelle der Anbetung einnehmen.

Zweitens: *Die Kirche dient der Gemeinschaft.* Wahrscheinlich ist der größte Vorgeschmack des Himmels hier auf Erden die Gemeinschaft, welche die Christen untereinander haben. Wenn du ein wahrer Christ bist, wirst du mit lebhafter Vorfreude deinem nächsten Zusammentreffen mit anderen Christen entgegensehen. In früheren Zeiten drehte sich der größte Teil des geselligen Lebens der Gemeinde um den Mittelpunkt, die Kirche oder das Gemeindehaus. Das bedeutet nicht, dass die Kirchengebäude in Schauspielhäuser, Billardzimmer oder Kegelbahnen verwandelt werden sollten. Jede Tätigkeit der Kirche sollte unter der Leitung

Christi zur Verherrlichung Gottes durchgeführt werden, aber als Christen brauchen wir einander. Wir brauchen die Gebete und Hilfe der anderen. Wir haben eine gegenseitige Verantwortung untereinander.

Paulus vergleicht die Kirche mit dem Leibe. Die Hand hat ihre Verpflichtung den Lippen gegenüber, das Auge muss in Einklang mit dem Ohr arbeiten, die Füße müssen in Eintracht mit der Hand zusammenwirken, jedes Glied des Körpers muss seine eigene Last tragen; aber es muss auch dabei mitwirken, die Lasten jedes anderen Gliedes des Körpers mitzutragen.

Drittens: *Die Kirche dient zur Stärkung des Glaubens.* Durch die gemeinsamen Gebete und Zeugnisse, durch die Predigt und Lehre der verschiedenen kirchlichen Organisationen wird dein Glaube gestärkt. Die Kirche wird dich in dem allerheiligsten Glauben befestigen, indem sie nachdrücklich die Punkte betont, über welche wir schon in dem vorigen Kapitel, in den »christlichen Lebensregeln«, berichtet haben.

Viertens: *Die Kirche ist ein Mittel zum Dienst.* Wir sind gerettet, um zu dienen. Es gibt tausend Aufgaben, die für Christus getan werden können. Diese Arbeit kann am besten durch die Gemeinschaft einer örtlichen Gemeinde erfüllt werden. Ein männliches und kraftvolles Christentum hat nie abseits von der Gemeinde bestehen können. Die Kirche ist hier auf Erden die Organisation Christi. Die Kirche ist, trotz all ihrer Unvollkommenheiten, Fehler und Spaltungen, dennoch die Gemeinde des Herrn. Keine andere Organisation wird jemals ihre Stelle übernehmen.

Fünftens: *Die Kirche sollte der Kanal sein, durch welchen wir unsere Spenden für die christliche Arbeit leiten können.* Die Bibel lehrt, den Zehnten zu geben. Ein Zehnter ist ein Zehntel von unserem Nettoeinkommen. Dieses eine Zehntel deines Einkommens gehört dem Herrn. Noch mehr als deinen Zehnten solltest du geben, wenn der Herr dich gesegnet hat. Die Gebefreudigkeit ist eine christliche Tugend, die in den Aufbau unseres christlichen Lebens hineingewoben werden sollte, bis sie ein Teil wird, der nicht mehr von dem Übrigen zu unterscheiden ist. Die Freigebigkeit sollte uns in allen Dingen leiten und bestimmen. Das Geben kann nicht nach Geldsummen gemessen werden, es kann nicht nach Kisten mit alten Kleidern gemessen werden. Manchmal ist die größte Gabe die Gabe der Freundschaft und Nachbarschaft. Ein liebreiches Wort, ein freundlicher Gruß. Ein Abend, verbracht mit jemandem, der einsam ist, kann reiche Ernte für das Reich Gottes einbringen. Es ist für dich unmöglich, ein Seelengewinner zu werden, wenn du nicht bereit bist, etwas von dir selbst zu geben. Nicht nur dein Geld, sondern deine Zeit, deine Fähigkeit, alles soll für den Dienst Christi gegeben werden.

Das Geschenk deiner Gabe, welches über den Zehnten hinausgeht, sollte nicht durch feste Regeln oder bestimmte Methoden beschränkt werden. Es sollte gelenkt werden durch die besonderen Bedürfnisse, auf die du aufmerksam geworden bist. Es könnte ein Nachbar sein, der Zeitungsjunge, der die Tageszeitung bringt, oder irgendjemand im fernen Afrika oder Südamerika. Unsere Gabe ist der Ausdruck unserer Liebe zu Gott. Wir geben ihm etwas zurück zum Dank für die große Liebe, die er uns erwiesen hat, und auf diese Weise breiten wir seine Liebe aus.

Es gibt eine Kunst des Gebens. Es ist möglich, ein Leben mit einem Becher kalten Wassers reich zu machen, man kann aber auch ein Leben arm machen, indem man Geld ohne Liebe gibt. Hier liegt die Probe wieder bei dem Geber, denn ein Geschenk, das gegeben wird, damit der andere sich uns verpflichtet fühlen soll, ist mehr aus Bosheit als aus Liebe gegeben. Es liegt kein Segen auf der Gabe, die nur gegeben wird, um Macht oder Herrschaft über den anderen auszuüben. Es ruht auch kein Segen auf einem Geschenk, welches widerwillig gegeben ist oder mit der berechneten Wirkung, die es auf diejenigen haben soll, die das Geben beobachtet haben und bezeugen können.

Wir müssen gern geben aus dem Wunsch heraus, Hilfe und Trost zu bringen – nicht mit dem Gedanken, wie das Geschenk zu unserem eigenen Nutzen sich auswirken mag. Wir müssen freundlich und vernünftig geben, damit unser Geschenk keine Kränkung, sondern einen Segen bringe. Es liegt eine wahre und dauernde Freude im Schenken, eine Freude, von der die Selbstsüchtigen und Geizigen keine Vorstellung haben, eine Freude, die den Bösen und Hartherzigen versagt bleibt. Dies ist die wirkliche Freude eines Opfers, ein Gefühl, welches in keiner Weise mit dem zu verwechseln ist, was einige Leute für edles Mitleid halten.

Gib acht, dass du dich nicht der Sünde schuldig machst, Gott zu berauben. Die Bibel sagt: »›Bringt den kompletten zehnten Teil eurer Ernte ins Vorratshaus, damit es in meinem Tempel genügend Nahrung gibt. Stellt mich doch damit auf die Probe‹, spricht der allmächtige Herr, ›ob ich nicht die Fenster des Himmels für euch öffnen und euch mit unzähligen Segnungen überschütten werde!‹« (Mal 3,10).

Dr. Louis Evans sagte einmal: »Das Evangelium ist frei, aber es kostet Geld, die Eimer zu beschaffen, in denen wir das Wasser des Lebens tragen.«

Sechstens: *Die Kirche dient zur Ausbreitung des Evangeliums.* Die Kirche hat den Auftrag erhalten: »Geht in die Welt und predigt das Evangelium und tauft alle, die daran glauben.« Die grundlegende und Hauptaufgabe der Kirche besteht darin, Christus den Verlorenen zu verkündigen. Die Welt sendet heute ihre SOS-Rufe aus und bittet die Kirche, ihr zu Hilfe zu kommen. Die Welt ist überladen mit sozialen, ethischen und wirtschaftlichen Problemen. Die Menschen gehen zugrunde, getrieben von den Wogen des Verbrechens und der Schande. Die Welt braucht Christus. Der Auftrag der Kirche besteht darin, überall den sterbenden Sündern das Rettungsseil zuzuwerfen.

Jesus sagte: »Ihr werdet Kraft empfangen, wenn der Heilige Geist auf euch gekommen ist; und ihr werdet Zeugen sein« (Apg 1,8). Mit der Kraft des Heiligen Geistes können wir anderen Christen die Hand reichen, um Menschen für Christus zu gewinnen. Fünfundsechzig Prozent der Welt müssen noch das Evangelium von Jesus Christus hören. In dieser Generation haben wir elend versagt in der Ausbreitung des Evangeliums an eine bedürftige Welt. Es gibt noch über tausend Sprachen und Dialekte, in welche die Bibel noch nicht übertragen worden ist. Die Urgemeinde hatte keine Bibeln, keine Seminare, keine Druckerpressen, keine Literatur, keine Erziehungseinrichtung, kein Radio, kein Fernsehen, keine Autos, keine Flugzeuge; und dennoch ist das Evangelium innerhalb einer Generation über den größten Teil der damals bekannten Welt ausgebreitet worden. Das Geheimnis der Ausbreitung dieses Evangeliums war die Kraft des Heiligen Geistes.

Heute im Angesicht der weithin verbesserten Methoden der Nachrichtenübermittlung wird die Kraft des Heiligen Geistes vernachlässigt. Wir versuchen, Dinge mit unserer eigenen Kraft zu tun, und als Ergebnis erleiden wir Schiffbruch. Millionen Amerikaner betreiben Heidentum und Abgötterei. Sie knien an den Altären des Säkularismus, des Materialismus, des sündigen Vergnügens; und während der ganzen Zeit hört die Kirche den Auftrag Christi: »Gehet!« Die Zeiger sind weit vorgerückt. Die Welt jagt wie wahnsinnig auf ihrem Wege der Vernichtung entgegen. Die einzige Hoffnung für eine kriegslüsterne Welt ist das Evangelium von Jesus Christus.

Die Füße, über die Christus verfügt, sind deine Füße. Die Hände, die er besitzt, sind deine Hände. Die Zunge, deren er sich bedient, ist deine Zunge. Gebrauche jedes Talent, jede Fähigkeit und jede mögliche Methode, um Menschen für Christus zu gewinnen. Dies ist der große Auftrag der Kirche. Unsere Methoden mögen verschieden sein. Wir mögen eine Evangelisation in die Wege leiten durch Besuche, durch Erziehung, durch Predigt, durch Aufsuchen der Industriebetriebe oder der Gefängniszellen, eine Radio- und Fernsehevangelisation, eine Kinoevangelisation oder eine sogenannte Massenevangelisation. Was es auch immer sein mag, wir wollen uns dieser Dinge bedienen, um andere Leute für Christus zu gewinnen.

Aber es genügt noch nicht, jemanden dahin zu bringen, dass er sich für Christus entscheidet. Wir müssen ihn in die Gemeinschaft der Gemeinde bringen, damit er in der Gnade und Erkenntnis des Herrn Jesus Christus wachsen kann. Das bedeutet Evangelisation im besten Sinne: Bestehen auf eine völlige Übergabe mit anschließender Nacharbeit, in der versucht wird, den jungen Christen für die Mitarbeit in den verschiedenen Tätigkeitsgebieten der Kirche zu gewinnen. Schließlich *findet unsere Menschenliebe durch die Gemeinde ihren weitesten Ausdruck.* Wir sind in Wahrheit die Hüter unserer Brüder, und man braucht nur einige der nicht christlichen Länder zu besuchen, um von der Tatsache tief beeindruckt zu werden, dass es vielleicht vor allem anderen diese Lehre ist, welche die Nachfolger Christi von denen trennt, die ihn nicht kennen. Die Geschichte vom barmherzigen Samariter hat Jesus erzählt, um die Gebote seiner Menschenliebe für immer tief in unsere Herzen einzuprägen, und kein Christ, der dieses Namens würdig ist, kann die Nöte der anderen missachten oder verkennen, nur aus dem Grunde, weil sein eigenes Wohlergehen nicht betroffen ist. In einigen östlichen Ländern kann man nicht selten beobachten, dass menschliches Leiden, Menschenrecht und menschliche Not tatsächlich ignoriert werden. Ein Kind mag auf der Straße vor Hunger umfallen, während eine große Menschenmenge einfach vorübergeht, weil niemand eine unmittelbare Verantwortung für dieses Kind empfindet; niemand fühlt sich veranlasst, etwas zu tun, bis das Kind tot ist und die Leiche weggebracht werden muss. Solche Gleichgültigkeit menschlicher Not gegenüber ist für einen echten Christen unmöglich.

Wir brauchen uns nur die vielen Krankenhäuser, Waisenhäuser und Altersheime anzusehen und die Stätten, wo die Hilflosen und Armen betreut werden. Wie viele davon sind von den Kirchen geschaffen worden! Schon daran erkennen wir, wie kraftvoll sich Christi Lehre ausgewirkt hat.

Wir halten die Krankenpflege und den sozialen Dienst für einen der höchsten Berufe; aber in einigen Gegenden der Welt, wo die Lehren von Jesus Christus noch nicht hingelangt sind, dürfen nur die niedrigsten der gesellschaftlich Ausgestoßenen den Kranken dienen.

Die Glieder der Kirche sollten ein Gefühl der Scham empfinden über die nachlässigen öffentlichen Gesundheitsmaßnahmen, selbst wenn ihre eigenen Familien dadurch nicht gefährdet werden. Die Tatkraft der vereinigten Kirche kann ein wichtiges Werkzeug werden und wird es auch häufig, um den Missbrauch öffentlicher Gewalt abzustellen und den Stand des Gesellschaftslebens zu heben. Ob es sich um eine ehrlichere Durchführung der Gesetze handelt oder um eine bessere Bestimmung für die Abfallbeseitigung, es wird der Sache der Menschlichkeit im Großen ein Dienst erwiesen, und dieser aufbauende und helfende Dienst ist eine der ersten Pflichten der Kirche genauso wie für jedes aufrichtige ihrer Glieder. Das Beispiel des barmherzigen Samariters, der zuerst helfend zusprang, ohne zu fragen: »Was werde ich davon haben?«, sollte für jeden wahren Christen zum Grundsatz seines Dienstes an seinen Brüdern werden.

Weil wir Menschen sind, unvollkommene und eigensinnige Kinder, brauchen wir die gegenseitige Unterstützung, die uns hilft, auf dem rechten Weg zu bleiben. Der lange Weg ist weniger einsam, wenn er mit anderen Gefährten beschritten wird, die denselben Bestimmungsort suchen; die schweren Lasten sind leichter, wenn sie mit anderen zusammen gehoben werden, welche die gleichen Lasten tragen. Innerhalb der Kirche wird diese Gemeinschaft gefunden. In der Kirche findet jeder einzelne Christ eine geistliche Heimat und einen Mittelpunkt für alle menschliche Betätigung. Jesus wusste sehr gut, wie viel wir Menschen arbeiten und schaffen müssen und wie viel Entspannung und Erholung in der Gemeinschaft mit anderen wir bedürfen. Die Gemeinde ist solch eine Gruppe, von der ein jeder auf seinen Wunsch hin ein Teil werden soll.

16 | Die sozialen Pflichten des Christen

Behandle andere so, wie du von ihnen behandelt werden möchtest.
Lk 6,31

Seit du deine Entscheidung für Christus getroffen und mit dem Studium der Bibel begonnen hast, wirst du feststellen, dass du dich mit verschiedenen sozialen Verpflichtungen und Problemen auseinanderzusetzen hast. Du hast deinen Frieden mit Gott geschlossen. Du stehst nicht mehr in Krieg und Feindschaft gegen Gott. Deine Sünde ist dir vergeben. Du hast ein ganz neues Blickfeld für dein Denken gewonnen, einen neuen Maßstab für dein Leben. Die ganze Welt hat sich geändert. Jetzt fängst du an, die anderen mit den Augen Jesu zu sehen. Die alten Ideen und Ideale sind verändert. Vorurteile, die dich früher beeinflussten, fallen fort. Selbstsucht und Eigenliebe, die früher dein Leben in vieler Hinsicht bestimmten, sind geschwunden.

Im Gegensatz zu der üblichen Auffassung der Welt bedeutet das wahre Christenleben durchaus nicht den Verlust aller wahren Freuden. Es ist das sündhafte Vergnügen, das unserer Eigenliebe anstatt der Gottesliebe entspringt, und dasselbe gilt von jener Art von Freuden, die große Geldausgaben mit sich bringen. Die volle Annahme Christi und der Entschluss, sich von Gottes Willen leiten zu lassen, bringt dich unmittelbar zu der Quelle der einzig wahren Freude – nämlich zu der Gemeinschaft mit Christus. Dem, der noch *nicht wiedergeboren ist*, mag das als ein Ruf erscheinen, sich von der Freude zu trennen; aber wer wirklich tägliche Gemeinschaft mit Christus erfahren hat, weiß, dass sie alle weltlichen Vergnügungen weit übertrifft.

Die Tatsache, dass wir tägliche Gemeinschaft mit Christus haben, sollte uns befähigen, wirklichkeitsnah zu leben. Die christliche Lebensweise erfordert nicht den Verzicht auf alle berechtigten Interessen oder Wünsche. Wenn uns auch die Heilige Schrift lehrt, dass Christus jeden Augenblick wiederkehren kann, so ermahnt sie doch zugleich, unsere Arbeit wie gewöhnlich weiterzuführen, bis er kommt.

So lag etwa in dem Essen, Trinken, Heiraten und Verheiraten zu Noahs Zeiten durchaus nichts Unrechtes, außer dass jene Betätigungen zu sündhaften Missbräuchen ausarteten. So lag auch an sich nichts Verwerfliches in dem Kaufen, Verkaufen, Planen und Bauen zu Lots Zeiten, außer dass diese Dinge in sündiger Weise durchgeführt wurden. Was im Grunde in den Tagen Noahs und Lots nicht in Ordnung gewesen zu sein scheint, war die Tatsache, dass die Menschen jene Dinge zu ihren *einzigen* Lebensinteressen machten. Sie dachten an nichts anderes als an ihre persönlichen Vergnügungen, an ihren persönlichen Besitz und an die materiellen Güter, die sie anhäuften. Sie wurden so von den Dingen dieses Lebens in Anspruch genommen, dass sie keine Zeit mehr übrig hatten für Gott. Das missfiel Gott, und so suchte er die Missetäter mit seinem Gericht heim.

Die Bibel lehrt uns, unsere täglichen Aufgaben zu erfüllen und unsere ganze Ehre dareinzulegen, sie gut zu erfüllen. Wir wurden in diese Welt hineingestellt und uns wurde eine bestimmte Arbeit aufgetragen; und wer darauf Anspruch erhebt, Christ zu sein, wird gelehrt, nicht nur zu arbeiten, sondern nach seinen besten Kräften und Fähigkeiten zu arbeiten.

Die Bibel spricht mit besonderer Wertschätzung von Bezaleel als einem tüchtigen Metall-, Stein- und Holzhandwerker. Jakob und seine Söhne waren Hirten. Josef war ein hoher Minister. Daniel ein Staatsmann. Josef und Jesus waren beide Zimmerleute, und einige der Jünger waren Fischer. Wir hören von dem Äthiopier, welcher Schatzmeister unter der Königin Kandake war; von Lydia, der Purpurhändlerin, von Paulus, Priszilla und Aquila, die Zeltmacher waren; und von Lukas, dem Arzt.

Das christliche Ideal verlangt keineswegs, dass der Mensch auf alle Interessen für die Dinge dieses Lebens verzichten soll; es verlangt vielmehr, dass er in allen Dingen Gottes Leitung suche, und wenn er seine tägliche Arbeit nach besten Kräften verrichtet, so soll er sowohl seine Arbeit als auch seine Wünsche und Pläne ständig dem Herrn unterordnen. Tatsächlich gewährt uns Christus hier auf Erden eine ganz positive Hilfe in unserem täglichen Leben. Er hilft uns bei unserer Arbeit und verhilft uns auch zu unserer Freude.

Er hilft uns auch, mit den sozialen Problemen fertigzuwerden, denen wir gegenübergestellt sind, denn gerade hier können wir so leicht in Verwirrung geraten. In unseren täglichen Aufgaben und in der Art und Weise, wie wir uns den sozialen Problemen gegenüber verhalten, wird die Welt erkennen, ob Christus in uns lebt.

Die Wirklichkeit unseres christlichen Bekenntnisses zeigt sich in vielen Dingen: sowohl in dem, was wir sagen, als auch in dem, was wir nicht sagen; in den Dingen, die wir tun, wie in den Dingen, die wir nicht tun. Denn wenn das Christentum auch vorwiegend keine äußerliche Angelegenheit ist, so findet es doch seinen Ausdruck in der Unterhaltung, den Gewohnheiten, der Freizeitgestaltung, unserer Lieblingsbeschäftigung und den Wünschen, die unser tägliches Leben ausmachen. Ehren wir in unserer Unterhaltung Christus? Kann er unsere täglichen Gewohnheiten billigen? Sind die Quellen unserer Erholung solche, an denen er auch teilhaben kann? Beugen wir unseren Kopf zu einem Dankgebet, wenn wir an einem öffentlichen Ort eine Mahlzeit einnehmen? Können die Leute an unserer Einstellung gegenüber materiellen Dingen erkennen, ob wir unser Verlangen auf die himmlischen oder auf die irdischen Dinge gesetzt haben? Erkennen die Leute in uns einen Ehrgeiz nach Rang und Stellung, der nicht in Einklang zu bringen ist mit der Haltung eines Christen? Wir sollten uns selbst diese und viele andere Fragen stellen, denn nach solchen Dingen beurteilen die Menschen, ob wir Christen sind oder nicht. Wie ist unsere Einstellung zu der Rassenfrage? Wie ist unsere Haltung zu dem anderen Geschlecht? Wie denken wir über das Verhältnis von Arbeitnehmer und Arbeitgeber? Wie ist unsere Meinung über die Toleranz? Das sind alles sehr wirklichkeitsnahe und praktische Fragen, die wir unseren Mitmenschen beantworten, auslegen und vorleben müssen.

Der leitende Grundsatz unseres Verhaltens der Welt gegenüber soll sein: »Behandle andere so, wie du von ihnen behandelt werden möchtest« (Lk 6,31). Viele Leute haben das sogenannte »soziale Evangelium« kritisiert, aber Christen sollten sich mehr noch als alle anderen mit sozialen Fragen und dem sozialen Unrecht beschäftigen. Durch die Jahrhunderte hat die Kirche mehr als irgendeine andere Institution dazu beigetragen, den sozialen Wohlstand zu mehren. Die Kinderarbeit wurde gesetzlich verboten. Die Sklaverei wurde abgeschafft. Die Stellung der Frau wurde auf eine Höhe gehoben, die sie nie zuvor in der Geschichte erreicht hat, und viele andere Reformen haben stattgefunden als ein Ergebnis des Einflusses der Lehren Jesu Christi. Der Christ soll seinen Platz in der Gesellschaft mit sittlichem Mut einnehmen und für das eintreten, was richtig, gerecht und ehrenhaft ist. Erstens: *der Christ soll ein guter Bürger sein.* Die Bibel lehrt, dass der Christ den Gesetzen gehorchen soll. Die Bibel lehrt auch Vaterlandstreue. Treue und Liebe zum Vaterland bedeutet nicht, dass wir nicht gewisse ungerechte Gesetze kritisieren können, die sich etwa gegen besondere Gruppen richten. Die Bibel sagt, dass Gott keinen Menschen dem anderen vorzieht. Alle sollen die gleichen Möglichkeiten haben. Gottes Ordnung soll uns ein Vorbild sein.

Die Bibel lehrt auch, dass wir mit der Regierung zusammenarbeiten sollen. Jesus wurde gefragt: »Ist es rechtmäßig, Steuern zu bezahlen?« Jesus gab das Beispiel und trat dafür ein, immer die Steuern zu bezahlen. Geld ist notwendig, um die Regierungsgeschäfte durchzuführen und Gesetz und Ordnung aufrechtzuerhalten. Der Steuerhinterzieher ist ein bürgerlicher Schmarotzer und ein tatsächlicher Dieb. Kein wahrer Christ wird ein Steuerhinterzieher sein.

Wir sollen menschenfreundlich sein und die Wohltätigkeitseinrichtungen, die für das Wohl der Menschen sorgen, unterstützen. Die Christen sollen Interesse zeigen für Waisenhäuser, Krankenhäuser, Irrenhäuser, Gefängnisse und alle anderen sozialen Einrichtungen. Jesus sagte: »Das ist das erste und wichtigste Gebot. Ein weiteres ist genauso wichtig: ›Liebe deinen Nächsten wie dich selbst.‹« (Mt 22,39). Stelle dir ein Land ohne jegliche menschenfreundliche Einrichtung vor. Niemand würde gerne darin leben wollen. Wir wollen da leben, wo Nächstenliebe herrscht. Wir sollen unseren Platz in der menschlichen Gesellschaft einnehmen. Diejenigen, die in verantwortlicher Stellung stehen, haben Anspruch auf Achtung, Unterstützung und Mitarbeit. »Gehorche der Regierung, unter der du lebst, denn sie ist von Gott eingesetzt. Alle Regierungen haben ihre Vollmacht von Gott« (Röm 13,1).

Zweitens: *Christen sollen ehrbar und gastfrei sein* (1. Tim 3,2). Die Bibel lehrt, dass unsere Wohnungen allen offen stehen sollen und dass diejenigen, welche in unseren Wohnungen ein und aus gehen, die Gegenwart Christi spüren sollen. Das, was Gott uns gegeben hat, sollten wir mit anderen teilen. Wenn wir das tun, wird Gott unsere Familien segnen und wohlerhalten.

Drittens: *Wir sollen die rechte christliche Einstellung zum Geschlechtsleben zeigen*. Nirgends lehrt die Bibel, dass das Geschlechtsleben als solches sündhaft sei, obwohl viele Ausleger der Bibel versuchen, es so darzustellen. Die Bibel lehrt, dass der falsche Gebrauch des Geschlechtstriebs Sünde ist. Denn das Geschlechtsleben, der Akt, durch welchen alles Leben auf dieser Erde geschaffen wird, sollte das Wunderbarste, Bedeutungsvollste und Beglückendste im Menschenleben sein.

In seiner schlechten, selbstzerstörenden Natur hat der Mensch jedoch das genommen, was der herrlichste und vollkommenste Vorgang der Liebe zwischen zwei Menschen sein sollte, und hat daraus etwas Niedriges und Gemeines und Schmutziges gemacht. Entblößt von der gegenseitigen Liebe, Achtung und dem aufrichtigen Wunsch, dem anderen Menschen Freude und Erfüllung zu schenken, wird das Geschlechtsleben einfach ein tierischer Akt, vor dem uns die Bibel in aller Deutlichkeit warnt.

Der Geschlechtstrieb ist ein Teil des Lebens, den wir nicht abschaffen können, selbst wenn wir es wollten, denn ohne ihn würde alles Leben aufhören. In rechter Weise gebraucht, kann er den Himmel in unser Heim bringen, aber falsch angewendet, kann er daraus eine Hölle machen. Gebrauche ihn weise, und er wird ein wunderbarer Diener werden. Gebrauche ihn falsch, und er wird ein schrecklicher Zuchtmeister sein.

Die Christen empfinden es als Schande und Entehrung, wenn sie sehen, wie das Sexuelle in den Zeitungsüberschriften ausgemalt und in den Anzeigen ausgebeutet und als ein billiges Lockmittel vor den Türen der Theater und Kinos gebraucht wird. Sie schämen sich für ihre Mitmenschen, dass sie so dumm, unanständig und ungehörig sein können, dass sie den Vorgang entweihen und verzerren, durch den alles gottgegebene Leben geschenkt wird.

Viertens: Es folgt daraus natürlicherweise, *dass diejenigen, welche eine christliche Einstellung zum Geschlechtsleben haben, auch eine christliche Haltung gegenüber der Ehe einnehmen.* Bevor du in eine Ehe eintrittst, überlege die wirklichen, geistlichen Folgerungen, dass nämlich eine irdische Ehe auch im Himmel als bindend gilt. Nach und nach, wenn wir reifer werden, lernen wir zu lieben, zuerst unsere Eltern und Freunde und später den Menschen, der sein Leben mit uns teilen soll. Wir haben schon gesehen, wie schwer es überhaupt ist, zu lieben, denn der verderbte Sünder neigt von Natur mehr zu Hass als zur Liebe. Viele haben das furchtbare Unglück, ihren Ehepartner gewählt zu haben, als sie noch in den Schlingen der Welt, des Fleisches und des Teufels waren und als der Mann oder die Frau, die sie wählten, sich auch noch im Zustand vollkommener Sünde befand. Ist es darum ein Wunder, dass so viele Ehen, die von zwei geistlich völlig unwissenden Menschen geschlossen wurden, von Menschen, die zu einer wirklichen und dauerhaften Liebe gar nicht in der Lage waren, schließlich vor dem Scheidungsrichter enden und jedes Jahr über 750 000 Kinder zu Waisen machen?

Die Ehe ist ein heiliges Band, weil es zwei Menschen gestattet, einander zu helfen, ihre geistliche Bestimmung zu erfüllen. Gott erklärt die Ehe für gut, weil er wusste, dass der Mann eine Gehilfin und die Frau einen Beschützer brauchte. Er verlangt, dass die Ehegatten niemals den ursprünglichen Sinn der Ehe aus den Augen verlieren. Es ist die Rolle der Frau, auf jede mögliche Weise ihren Gatten zu lieben, ihm zu helfen und ihn ihrer Liebe zu versichern, und es ist Aufgabe des Mannes, seine Frau und die Kinder, die sie ihm schenkt, zu lieben, sie zu schützen und für sie zu sorgen, damit das Haus von Gottes Frieden und Eintracht erfüllt sei.

Ehen, die mit einer klaren Vorstellung von Gottes Absicht und Gesetzen begonnen wurden, brauchen keinen Scheidungsrichter. Ehepartner, die hinter diesem Ideal zurückbleiben (und es ist erschreckend, wie viele das tun), sollten zuerst einmal lernen, was Gott vom Mann und von der Frau erwartet, und dann sollten sie Gott um seine Hilfe und seine Führung bitten, damit sie seine Gebote befolgen können.

Fünftens: *Wir sollen auch in unserem Arbeitsverhältnis eine christliche Haltung einnehmen.* Die Bibel sagt: Was ihr auch immer tut, legt euer ganzes Herz und eure Seele hinein als in eine Arbeit, für Gott getan und nicht nur für die Menschen – wisset, dass euer wirklicher Lohn, ein himmlischer, von Gott kommen wird, da ihr ja tatsächlich von Christus in die Arbeit hineingestellt seid und nicht erst von eurem irdischen Herrn. Aber der Drückeberger und der Dieb werden von Gott selbst gerichtet, welcher natürlich keinen Unterschied machen wird zwischen Herrn und Knecht. Denkt daran, ihr Herren, dass eure Verantwortung redlich und gerecht sein soll gegenüber denen, welche ihr beschäftigt, und vergesst niemals, dass ihr selbst einen himmlischen Herrn habt (vgl. Kol 3,17.22-25).

Wenn Christus in allen arbeitsrechtlichen Beziehungen die Oberhand gewinnen könnte, würden wir keine Streiks mehr haben. Es würde keine langen Argumentationen mehr geben, in denen keine Partei wirklich gewillt ist, der anderen irgendwelche Rechte zuzugestehen. Dann würden die Betriebsführer ihre Angestellten mit *Großmut* behandeln, und die Arbeiter würden bereit sein, für ihren Lohn auch eine entsprechende Arbeit zu leisten – denn sie würden nicht nur für ihren Lohn arbeiten, sondern auch für Gott.

Die Bibel lehrt, dass in allen Arten ehrlicher Arbeit eine gewisse Würde liegt, und der Christ sollte von allen der treueste, eifrigste und tüchtigste Arbeiter sein. Er sollte in einer Fabrik oder in einem Laden hervorstechen als einer, der Gerechtigkeit verlangt, aber auch als der, der sich nicht bückt, um einen unredlichen Vorteil zu erlangen.

In demselben Sinne sollte der christliche Arbeitgeber seine Angestellten mit einer Achtung und edlen Gesinnung behandeln, die für die anderen Arbeitgeber ein Vorbild werden kann. Ein Mann von echter christlicher Einsicht kann nicht umhin, sich um die Sicherheitsmaßnahmen, um gute Arbeitsbedingungen und das Wohlergehen derjenigen zu kümmern, die in seinem Betrieb tätig sind. Er wird seine Arbeiter nicht nur als »Menschenmaterial« ansehen, sondern als menschliche Persönlichkeiten.

Einige Arbeiterführer sind hochmütig, stolz, reich, selbstzufrieden und machtgierig geworden. Vielen Industriellen geht es ebenso. Sie alle sollten sich vor Gott demütigen und ihre gegenseitigen Nöte und ihre vollständige Abhängigkeit voneinander erkennen und vor allem sich bemühen, die goldene Regel in ihrer praktischen und realistischen Bedeutung zur Anwendung zu bringen.

Sechstens: *Der Christ sieht auch das Problem des Rassismus mit den Augen Christi an* und gibt zu, dass die Kirche bei der Lösung dieses großen menschlichen Problems versagt hat. Wir haben zugelassen, dass die Welt des Sports und der Vergnügungen, die Politik, die Wehrmacht, die Stätten der Bildung und die Industrie uns auf diesem Gebiet überholt haben. Und dabei hätte gerade die Kirche hier ein Schrittmacher sein sollen. Die Kirche sollte dabei aus freiem Willen tun, was die Gerichte durch Druck und Zwang erreichen. Aber bei der endgültigen Regelung wird die einzig richtige Lösung am Fuße des Kreuzes gefunden werden, wo wir in brüderlicher Liebe zusammenkommen. Je näher die Menschen aller Kulturen an Christus und sein Kreuz herankommen, desto mehr werden sie sich auch gegenseitig näher kommen.

Die Bibel sagt, in Christus gibt es weder Jude noch Heide, weder Mann noch Frau, weder Sklave noch Freier, weder Reich noch Arm. Die Bibel zeigt, dass wir alle in Christus eins sind. Der Grund am Fuße des Kreuzes ist eben. Wenn Christus unsere geistlichen Augen öffnet, sehen wir keine Farbe, keine Klasse, keine Stände, sondern einfach menschliche Wesen mit derselben Furcht und Not, mit der gleichen Sehnsucht und dem gleichen Streben. Wir beginnen, die Menschen mit den Augen des Herrn zu sehen.

Siebtens: *Die christliche Haltung sollte auch auf dem Sektor der Wirtschaft vorherrschen.* Jesus sagte, das Leben des Menschen bestehe nicht aus dem Überfluss der Dinge, die er besitzt. Das Geld ist ein guter Sklave, aber ein schlechter Herr. Der Besitz gehört in die Geldtasche oder auf die Bank, aber nicht ins Herz. Auch Reichtum hat seinen Platz und seine Macht, aber er hat kein Recht, den Thron einzunehmen oder das Zepter zu schwingen. Der Geiz stellt das Geld über die Menschen. Er fesselt seinen Verehrer und macht ihn zu seinem Opfer. Er verhärtet sein Herz, er tötet die edlen Regungen und vernichtet die echten Werte seines Lebens.

Als Jesus gebeten wurde, einen Erbschaftsstreit zwischen zwei Brüdern zu schlichten, lehnte er dieses Ansinnen mit einem Wort der Warnung ab und knüpfte daran eins der großartigen Gleichnisse, mit denen er so häufig die irdische Nutzanwendung der himmlischen Botschaft deutlich machte. Er erzählte die Geschichte von dem reichen Landbesitzer, der inmitten seines Wohlstandes noch einen größeren Reichtum erträumte und viele Pläne machte, die sein Leben mit all den irdischen Annehmlichkeiten und der ihm so wichtigen persönlichen Ehre erfüllen sollten. Anscheinend war er begabt, wirtschaftlich, sparsam, arbeitsam, vorsichtig, ehrlich und anständig in all seinen Geschäften – aber wie so viele andere wurde er das Opfer seines Ehrgeizes und Eigennutzes.

Er maß seinen Erfolg nach den großen Feldern und vollen Scheunen und nährte seine Seele mit menschlichen Eitelkeiten. Sein Leben war in seinen Reichtum verstrickt, er stellte sich selbst in den Mittelpunkt und machte seine Pläne, ohne an Gott und an die Unsicherheit des Lebens zu denken.

Aber Gott sprach das letzte Wort, und die Pläne, die auf Jahre hinaus erwogen waren, wurden durch seinen plötzlichen Tod abgeschnitten. Der Reichtum, den er so mühsam angehäuft hatte, entglitt seinen kalten Fingern, wurde von anderen geteilt, zerstreut und verschwendet, während er selbst allein vor Gott stehen musste und dort nichts vorweisen konnte für das Leben, das er auf Erden geführt hatte.

Der Christ sollte vor allem anderen einsehen, dass wir mit *leeren* Händen in dieses Leben eintreten – und es mit leeren Händen wieder verlassen. In Wirklichkeit können wir auf diesem Wege nichts besitzen – kein Eigentum und keine Person. Gott verdanken wir alles, und wir sind nur Verwalter seiner Güter während der kurzen Zeit, die wir auf der Erde sind. Alles, was wir um uns sehen und als unseren Besitz bezeichnen, stellt nur ein Lehen von Gott dar, und wenn wir diese allumfassende Wahrheit aus den Augen verlieren, werden wir geizig und habgierig.

Das bedeutet nicht, dass irdischer Reichtum an sich schon eine Sünde sei – das sagt die Bibel nicht. Die Bibel macht uns klar, dass Gott von uns erwartet, dass wir das Beste leisten mit unseren Talenten und Fähigkeiten in der besonderen Lage, in die er uns hineinstellt. Aber wie es im Geschlechtsleben zwei Wege gibt, so gibt es auch eine richtige und eine falsche Art des Gelderwerbs und eine richtige und eine falsche Art, Macht zu gewinnen. Zu viele Christen haben das missverstanden und sind einem höchst sündhaften und schädlichen geistlichen Hochmut verfallen, indem sie es sich als besonderes Verdienst anrechneten, dass sie von Armut umgeben waren und hilflos dastanden mit den Worten: »Gottes Wille geschehe«, während ihre Kinder litten und ohne Pflege vernachlässigt wurden.

Jesus gab uns eines seiner lehrreichsten Gleichnisse, um gerade diesen Punkt klarzumachen, als er die Geschichte von dem reichen Mann erzählte, der jedem seiner Knechte einen bestimmten Geldbetrag gab, dass sie damit arbeiteten, während er fern in einem fremden Land war. Als er zurückkam, stellte er fest, dass einige seiner Knechte sein Geld recht klug angelegt und vermehrt hatten, und er lobte sie wegen ihres gesunden Urteils und ihrer Klugheit. Aber den faulen und törichten Knecht tadelte er, weil er mit dem Geld nichts anderes hatte anfangen können, als es vor den Dieben zu verbergen.

Achtens: *Ein Christ wird sich um die ihn umgebende leidende Menschheit kümmern.* Die großen Elendsviertel deines eigenen Landes werden eine Last für dich werden. Die Armut und das Leid von Tausenden von Menschen in deiner eigenen Nachbarschaft werden dich bewegen. Du wirst dich Organisationen und Vereinen anschließen, um dieses Leid der Menschen um dich herum zu lindern. Viele Menschen verbringen so viel Zeit in hohen Unternehmungen, dass sie keinen Beitrag leisten zur Linderung der Not, die in ihrer unmittelbaren Nähe ist.

Die Bibel berichtet, dass die einfachen Leute Jesus gern hörten. Wo er auch immer ging, heilte er die Kranken. Er tröstete die Leidtragenden, er sprach ihnen Mut zu. Der Christ soll sich für die Einrichtung von Krankenhäusern, Waisenhäusern, Altersheimen und anderen Einrichtungen christlicher Nächstenliebe einsetzen, die dazu bestimmt sind, die benachteiligten Menschen zu unterstützen. Der Christ soll auch seinen Teil dazu beitragen, den großen Reichtum unseres Landes mit den Notleidenden in anderen Gegenden der Welt zu teilen. Er wird jede nationale oder internationale soziale Vereinigung unterstützen, die es sich zum Ziel setzt, den Unglücklichen in der ganzen Welt zu helfen. Nirgends in der Bibel steht geschrieben, dass wir uns von der menschlichen Gesellschaft zurückziehen sollen. Vielmehr lehrt Gottes Wort genau das Gegenteil. Wir sollen uns mit anderen zusammenschließen, die in der guten Absicht arbeiten, das Los der Unglücklichen zu bessern. Gott braucht soziale Arbeitskräfte, Ärzte, Krankenhelfer, Krankenschwestern, Arbeiter in den Liebeswerken und viele andere Arten von Leuten, die dabei mithelfen können, das menschliche Leiden zu erleichtern.

Das Motto des *Rotary Clubs* heißt »Stelle den Dienst über dich selbst«. Das Motto des *Kiwanis Clubs* heißt »Wir bauen auf«. Das Motto des *Lions Clubs* lautet »Freiheit, Bildung und die Sicherheit unseres Volkes«. Das Motto der *Modern Woodmen* heißt »Liebe deinen Nächsten«. Alle diese Ideen haben ihre Ursprung im Christentum. Viele der heidnischen Religionen kannten niemals eine Vereinigung für den Dienst an anderen. Alle diese Organisationen sind praktisch Nebenprodukte des Christentums, auch wenn einige ihrer Mitglieder keine Christen sind. Die Liebesgesinnung Christi steckt in der Liebesarbeit allen sozialen Dienstes. Die Alte Welt besaß niemals ein Krankenhaus.

Frau Tschiang Kai-schek sagte: »Der Konfuzianismus verehrte die Vorfahren, aber baute niemals ein Altersheim.« Der Christ sollte nach all diesen Sprüchen leben. Wenn wir das täten, würde diese Welt, in der wir leben, eine bessere Welt sein.

Neuntens: *Der Christ hat eine besondere Verpflichtung gegenüber den Mitchristen.* Die Mitchristen sind eine besondere Gruppe. Wir sollten für sie eine übernatürliche Liebe empfinden. »Wenn wir die anderen Gläubigen lieben, beweist dies, dass wir vom Tod zum ewigen Leben durchgebrochen sind. Wer aber die Brüder nicht liebt, der ist immer noch tot« (1. Joh 3,14). Wir sollen auch unsere Feinde lieben. Wir sollen sogar diejenigen lieben, die uns verfolgen und allerlei Böses gegen uns aussagen. Aber unsere größte menschliche Liebe gilt den anderen Christen. Jesus sagte: »Ich gebiete euch, einander genauso zu lieben, wie ich euch liebe« (Joh 15,12).

Uns wird gesagt, wir sollen einander *dienen*. »Meine Brüder, durch die Liebe diene einer dem anderen.«

Nach der Bibel haben wir als Christen die gegenseitige Verpflichtung, einander ein Beispiel zu geben. Paulus sagt: »Niemand soll dich gering schätzen, nur weil du jung bist. Sei allen Gläubigen ein Vorbild in dem, was du lehrst, wie du lebst, in der Liebe, im Glauben und in der Reinheit« (1. Tim 4,12). Das ist kein guter Rat – sondern ein Gebot! Es ist keine Empfehlung, sondern eine Verpflichtung. Wir sollen vorbildliche Christen werden.

Die Bibel spricht auch davon, dass wir einander *vergeben* sollen. »Seid stattdessen freundlich und mitfühlend zueinander und vergebt euch gegenseitig, wie auch Gott euch durch Christus vergeben hat« (Eph 4,32). Jesus sagte, dass, wenn du nicht vergeben kannst, dein himmlischer Vater dir deine Sünden auch nicht vergeben wird. Er sagte auch: »Doch wenn ihr betet, dann vergebt zuerst allen, gegen die ihr einen Groll hegt, damit euer Vater im Himmel euch eure Sünden auch vergeben kann« (Mk 11,25).

Uns ist gesagt, dass wir als Christen einander nicht *richten,* sondern stattdessen niemals einem Bruder einen Stein oder ein Hindernis in den Weg legen sollen.

Die Bibel sagt, dass wir uns einander *unterordnen* sollen; wir sollen uns den anderen gegenüber in Demut kleiden. Wir sollen den anderen in Ehren halten und zuvorkommend behandeln. Wir sollen die andern voranstellen und selbst zurücktreten.

Als Christen sollen wir *die Lasten der anderen mittragen.* Es gibt Lasten, die jeder Mensch für sich tragen muss, weil es niemand für ihn tun kann, und wenn er sie vernachlässigt, werden sie überhaupt nicht getragen werden. So gibt es z. B. die Aufgabe, ehrlich zu sein, Gottes Wort zu gehorchen, seine Kinder für Gott zu erziehen, seine Frau glücklich zu machen. In allen solchen Fällen muss man seine Lasten selbst tragen. Aber es gibt andere Lasten, die unsere Freunde uns tragen helfen können, z. B. Kummer, Unglück, Versuchungen, Einsamkeit, Familiensorgen, geistliche Schwierigkeiten und berufliche Verantwortung. Aber wir sollen uns nicht mit unseren Lasten abquälen. Wir sollen sie auf Gottes Schultern legen und zu ihm emporblicken und ihn um die Kraft bitten, uns zu erhalten und zu stärken. Es ist jedoch unsere Pflicht, unserem Mitmenschen zu helfen, seine Last zu tragen.

Die Bibel sagt auch, dass wir als Christen freigebig gegeneinander sein sollen. Gott erklärt es für unsere Christenpflicht, dass wir uns um die Witwen und Waisen kümmern und den Armen in der Gemeinde beistehen. Die Bibel sagt: Gib deinen Beitrag für die Bedürfnisse der Heiligen... übe Gastfreundschaft... beherberge die Fremden... wasche den Frommen die Füße... unterstütze die Betrübten... vergiss nicht, die Fremden zu bewirten... Und Jesus sagte: »Was ihr einem der geringsten unter diesen meinen Brüdern getan habt, das habt ihr mir getan... Geben ist seliger als Nehmen... einen fröhlichen Geber hat Gott lieb.« Alles dies sind unsere gesellschaftlichen Verpflichtungen, die wir als Christen untereinander haben.

Schließlich sollen die Christen *gütig, nachsichtig* und *liebreich* sein und dies ist eine der schwierigsten christlichen Tugenden. Unsere eigene Überzeugung ist, dass wir im Recht sind und alle anderen Leute unrecht haben. Die vielen verschiedenen und sich häufig bekämpfenden Richtungen innerhalb der Kirche zeigen die schreckliche menschliche Neigung, sich in kleine Gruppen aufzuspalten, die aufgebaut sind auf einer tiefen Überzeugung von unbedeutenden Dingen; jede Richtung behauptet dann, sie und nur sie allein könne die rechte Antwort geben.

Sicherlich müssen wir die Bosheit, das Übel und das Unrecht beklagen und bekämpfen, aber unsere empfehlenswerte Unduldsamkeit der Sünde gegenüber entwickelt sich zu oft in eine beklagenswerte Unduldsamkeit gegen die Sünder.

Ich war belustigt und erschüttert, als ich vor nicht langer Zeit durch den Fernsehsender einen Mann von bedeutendem Ansehen in christlichen Kreisen erklären hörte, »dass man Jesus nicht antreffe in der Gesellschaft mit fragwürdigen Leuten oder mit solchen, deren grundsätzliche Ideen und Lebenshaltung im Widerspruch zu dem standen, was er für ehrenhaft und richtig hielt«.

Ein solcher Mensch sollte eigentlich gewusst haben, dass Jesus sich nicht fürchtete, mit irgendeinem Menschen zusammenzukommen, wer es auch sein mochte. Eine der Eigenschaften, welche die Schriftgelehrten und Pharisäer am schärfsten kritisierten, war ja gerade seine Bereitwilligkeit, jedermann zu helfen, mit jedem zu reden und Gedanken auszutauschen, seien es Zöllner, Diebe, gelehrte Professoren oder Prostituierte, Reiche oder Arme! Selbst seine eigenen Jünger tadelten einige von den Leuten, mit denen er öffentlich gesehen wurde, aber das verminderte nicht das Mitleid, welches Jesus empfand für alle diese Mitglieder der armen, verblendeten, kämpfenden Menschheit.

Jesus besaß den offensten und allumfassendsten Geist, den diese Welt jemals gesehen hat. Seine eigene innere Überzeugung war so stark, so fest und so standhaft, dass er sich mit jeder Gruppe abgeben konnte in der Gewissheit, dass er dadurch nicht befleckt wurde. Die Furcht macht uns unwillig, den Standpunkt eines anderen anzuhören; die Furcht, dass unsere eigenen Ideen nicht unangreifbar sein könnten. Jesus kannte keine solche Furcht, keinen solch kleinlichen Standpunkt, er hatte es nicht nötig, sich zu seinem eigenen Schutz von anderen abzuschließen. Er kannte den Unterschied zwischen Herzensgüte und Kompromisshaltung, und wir würden gut daran tun, von ihm zu lernen. Er gab uns das herrlichste und leuchtendste Vorbild aller Zeiten: der Wahrheit, verbunden mit Barmherzigkeit. Und beim Abschied von seinen Jüngern sagte er: »Geht hin und tut desgleichen.«

17 | Die Zukunft des Christen

Es gibt viele Wohnungen im Haus meines Vaters, und ich gehe voraus, um euch einen Platz vorzubereiten. ... Wenn dann alles bereit ist, werde ich kommen und euch holen, damit ihr immer bei mir seid, dort, wo ich bin.
Joh 14,2-3

Die Welt ist sich darin einig, dass wir in einer Stunde schrecklicher Krise leben. Viele sagen drohende Unglücksfälle voraus. Einige behaupten, dass die Menschheit ihrer Vernichtung entgegengehe. Viele glauben, wir stehen am Rande des Untergangs unserer gesamten Zivilisation. Viele der meistverbreiteten Bücher handeln von diesen furchtbaren Weissagungen über die Zukunft. Die Leitartikel in Zeitungen und Zeitschriften sprechen von dem Ende der Zeit und der Zerstörung der Zivilisation. Ein Universitätsdirektor sagte in seiner Antrittsrede: »Die Naturwissenschaft hat uns die Fähigkeit gegeben, uns selbst zu vernichten.« William Vogt schreibt in seinem Buch *Der Weg zum Überleben:* »Die Handschrift an der Mauer der fünf Erdteile sagt uns jetzt, dass der Tag des Gerichts nahe bevorsteht.« Dr. Richard K. Ullmann hat geschrieben: »Wir leben in einer Zeit der Entscheidung, der Wahl zwischen Recht und Unrecht, zwischen Gut und Böse, zwischen Leben und Tod, so wie niemals zuvor. Wenn wir uns falsch entscheiden, können wir die letzte Generation der Menschheit sein.«

Professor Sorokin hat gesagt: »Wir leben inmitten einer der größten Krisen der menschlichen Geschichte. Nicht nur Krieg, Hungersnot, Pestilenz und Revolutionen, sondern eine Legion anderer Unglückserscheinungen nehmen in der ganzen Welt überhand. Alle Werte sind schwankend geworden. Alle Normen sind zerbrochen.

Die Menschheit ist zu einem Zerrbild ihrer einstigen Erhabenheit geworden. Die Krise ist allgegenwärtig und schließt fast die ganze Kultur und Gesellschaft von oben bis unten ein. Sie ist erkennbar in den schönen Künsten und in der Wissenschaft, in Philosophie und Religion, in der Ethik und im Gesetz. Sie durchdringt die Formen der gesellschaftlichen, wirtschaftlichen und politischen Organisationen und unsere ganze Lebens- und Denkweise. Es liegt aller Grund zu der Annahme vor, dass die unheilvollen Wirkungen solcher Unglückserscheinungen in einem noch viel stärkeren und ausgedehnteren Maße über unser katastrophenreiches Zeitalter hereinbrechen werden.«

Wenn wir uns durch die reichhaltige Literatur hindurcharbeiten, welche durch die Erfindung der Atom- und Wasserstoffbombe entstanden ist – die Bücher und Artikel, die einerseits die Experimente in Nevada und Bikini beschreiben und andererseits diejenigen, welche versuchen, uns etwas von der unentrinnbaren Katastrophe darzustellen, der die Menschheit heute gegenübersteht – so stellen wir mit Verwunderung fest, dass die Naturwissenschaft sich jetzt einer biblischen Ausdrucksweise bedient. Wie Dr. Wilbur Smith sagt: »Plato, Seneca, Aristoteles und praktisch genommen keiner der großen Philosophen haben jemals versucht, in die Zukunft einzudringen.« Die Bibel ist das einzige Buch in der Welt, das eine *Eschatologie* hat. Vom ersten Buch Mose bis zur Offenbarung des Johannes ist die Bibel voll von den Ereignissen, die auf dem Höhepunkt der Geschichte zu erwarten sind. Während der letzten wenigen Jahre haben sich die kirchlichen Führer vor einem gewissen Fanatismus in der Diskussion über die zukünftigen Ereignisse gefürchtet, aber inzwischen zeigt die Kirche eine neue Einstellung zu diesen Blättern der Heiligen Schrift, welche von dem zukünftigen Geschehen der Menschheitsgeschichte sprechen.

Der Weltkirchenrat wählte für sein Treffen in Evanston im Jahre 1954 das Thema »Christus, die Hoffnung der Welt«. Der Weltkirchenrat ernannte besondere Ausschüsse, um die Lehre der Bibel zu studieren, damit die Kirche ein entsprechendes und genaues Bild von der Offenbarung Gottes hinsichtlich der Zukunft darbieten kann.

In einem Augenblick wie diesem neigen Männer und Frauen, die nicht in der Bibel bewandert sind, dazu, wie in jeder früheren kritischen Stunde der Weltgeschichte, sich betrügen zu lassen von falschen Propheten, von Spiritismus, Handlesern und anderen Formen des Aberglaubens. Tausende von Dollars werden täglich von ängstlichen Menschen ausgegeben, um irgendeinen Hinweis auf die Zukunft zu bekommen. Alles, was sie zu tun haben, ist, zu dem nächsten Buchladen zu gehen und sich eine einfache, günstige Bibel zu kaufen, auf deren Seiten sie das Geheimnis der Zukunft finden werden.

Es gibt nicht einen Satz in Mary Baker Eddys Schrift »Naturwissenschaft und Gesundheit«, der ein Licht auf die Zukunft wirft. Du kannst den Koran von einem Deckel zum anderen durchlesen und wirst kein Wort hinsichtlich der Zukunft der Menschheit finden. Die Bibel, und nur sie allein, leuchtet mit ihrem durchdringenden Licht in die Dunkelheit und in das Geheimnis der Zukunft.

Der Schleier des Geheimnisses wird gelüftet, die Zukunft wird enthüllt – die Bibel sagt voraus, dass dieses Weltsystem, wie wir es heute kennen, ein Ende nehmen wird. Die Bibel erklärt, dass der Höhepunkt der Geschichte die Wiederkunft Jesu Christi sein wird. Die Bibel deutet an, dass die größte Krönung aller Zeiten stattfinden wird, wenn Christus zum König aller Könige und zum Herrn aller Herren gekrönt wird.

Ich bin mir der Tatsache *bewusst,* dass dies ein umstrittener und oft missverstandener Gegenstand ist. Wir haben in den letzten Jahren sehr viele Fanatiker gehabt, die im Lande herumgezogen sind und Daten aufgestellt haben, und dadurch ist diese wunderbare Wahrheit verdunkelt worden.

Die Zeitschrift *Religion im Leben* brachte einen Artikel mit der Überschrift »Die christliche Hoffnung – ihre Bedeutung für heute«. Das Thema der Zukunft wurde von drei führenden Denkern erörtert. Der eine ist Arnold J. Toynbee, der berühmte britische Historiker; ein anderer Amos N. Wilder, ein bekannter Theologe an der Universität Chicago; und der dritte C. S. Lewis, der berühmte englische Gelehrte und Professor an der Universität Oxford.

Toynbee sieht eine in zwei Lager geteilte Welt als ein Ergebnis der technologischen Veränderungen, welche alle Menschen zu Nachbarn machte, ohne ihnen gegenseitige Duldung, Liebe und Verständnis zu bringen. Nach Toynbee soll die christliche Hoffnung gegen das Ungeheuer der Menschenverehrung, des Materialismus und des Kollektivismus ankämpfen.

Dr. Wilder zweifelt daran, dass der Mensch die christliche Hoffnung in der Geschichte selbst finden könne. Er glaubt, dass das Heil aus geistlichen Hilfsquellen außerhalb der Menschheit kommen muss. Der Mensch muss erkennen, dass Gottes Absichten in der Welt schließlich zur Auswirkung kommen werden, auch wenn das Läuterungsfeuer von Krieg und Niederlage dazu erforderlich sein sollte. Der Mensch wird eines Tages mehr oder weniger durch seine eigene Kraft und Weisheit ein Gottesreich auf Erden errichten.

Erst wenn wir zu der Darlegung von C. S. Lewis kommen, sehen wir, dass wir mit unserm Denken auf biblischer Grundlage stehen. Lewis nimmt Gottes Wort als die Wahrheit an. Er erklärt freimütig: »Es scheint mir unmöglich, in irgendeiner erkennbaren Form unsern Glauben an die Gottheit Christi und die Wahrheit der christlichen Offenbarung beizubehalten, während wir zur gleichen Zeit die verheißene und angedrohte Wiederkunft Jesu Christi aufgeben oder ablehnen.«

C. S. Lewis zeigte drei Gründe, warum die Leute über die Vorstellung einer Wiederkehr Jesu Christi auf diese Erde spotten: *Erstens* sagen viele angebliche Christen, dies sei eine falsche Lehre, da die Wiederkunft Christi ja praktisch nicht stattfand, wie die Urgemeinde es lehrte und erwartete. Es ist wahr, dass jene ersten Christen die Wiederkunft des Herrn noch zu ihrer Zeit erwarteten, aber viele Prophezeiungen der Bibel sollten, wie Lewis sagt, vor der zweiten Ankunft erfüllt werden. *Zweitens* hält die Evolutionstheorie viele Leute davon ab, an die Lehre von der Wiederkunft Christi zu glauben. Wenn wir glauben, dass der Mensch sich ständig höher entwickelt, werden wir niemals die Verheißung Christi annehmen, dass er wiederkommen und der Sünde und dem Tode ein Ende machen wird. *Drittens* weist er nach, dass die Lehre von der Wiederkunft Christi die Pläne und Träume von Millionen Menschen durchkreuzt. Sie wollen essen und trinken und fröhlich sein und in ihrem selbstsüchtigen Handeln nicht gestört werden.

Das war der eigentliche Grund dafür, warum die Spötter zur Zeit Noahs sich weigerten, an eine Flut zu glauben, denn sie wünschten nicht, dass irgendetwas ihre selbstsüchtigen Zukunftspläne störte. Die Bibel selbst sagt voraus, dass in den letzten Tagen die Spötter mit ihrem Gespött kommen, ihren eigenen Leidenschaften folgen und sagen werden: »Sie werden sagen: ›Jesus hat doch versprochen wiederzukommen? Wo bleibt er denn? So weit ein Mensch nur zurückdenken kann, ist doch alles genauso geblieben, wie es immer schon war, seit die Welt erschaffen wurde‹« (vgl. 2. Petr 3,4).

Die ganze Angelegenheit von Gottes Hoffnungsangebot und Warnung würde sinnlos geworden sein, wenn Jesus bei seinem Abschied das genaue Datum seiner Wiederkunft hinterlassen hätte. Weil wir nicht wissen, zu welcher Stunde er kommen wird, müssen wir unsere geistlichen Häuser zu allen Zeiten in Bereitschaft halten.

Moody pflegte zu sagen: »Ich halte nie eine Predigt, ohne daran zu denken, dass der Herr möglicherweise kommen kann, bevor ich die nächste halte.«

Campbell Morgan, der hervorragende englische Geistliche, sagte: »Ich beginne am Morgen nie meine Arbeit ohne zu denken, dass der Herr vielleicht mein Werk unterbrechen wird, um sein Werk anzufangen. Ich sehe nicht dem Tode entgegen, sondern ich blicke Ihm entgegen.« So sollte der Christ sein Leben führen, in der ständigen Erwartung der Wiederkunft Jesu Christi. Wenn wir jeden Tag so lebten, als ob es der allerletzte vor dem Jüngsten Gericht wäre, was für eine Veränderung würde das hier auf Erden bewirken!

Aber wir denken so nicht gern. Wir denken nicht gern daran, dass unsere sorgfältig entworfenen Pläne, unsere weittragenden Entwürfe durch die Posaunen Gottes unterbrochen werden könnten. Wir sind so sehr von unseren eigenen kleinen Beschäftigungen in Anspruch genommen, dass wir den Gedanken nicht ertragen, sie könnten durch irgendeinen Umstand vereitelt werden. Die meisten würden vielmehr sagen: »Schon gut, das Ende der Welt ist noch nicht gekommen, warum sollen wir also daran denken – wahrscheinlich geschieht das erst in tausend Jahren!«

Es mag sein! Aber es mag gerade so gut auch nicht sein. Ich bin nicht imstande, das Ende der Welt vorauszusagen. Zu viele wohlmeinende Leute haben das getan und sich schuldig gemacht, indem sie der christlichen Sache einen sehr schlechten Dienst erwiesen. Zu viele religiöse Sonderlinge und Fanatiker haben durch falsche Prophezeiungen den christlichen Glauben lächerlich gemacht.

Wer die Kirchengeschichte kennt, kann sich sehr lebhaft an die vielen Zeitpunkte der Geschichte erinnern, als eigenwillige Propheten einen Massenwahn hervorgerufen haben. So sagte im Jahre 1843 William Miller voraus, dass das Ende der Welt in der Nacht zum 21. März eintreten würde. Er erklärte, genau um Mitternacht würden die Posaunen erklingen, die Himmel würden wie eine große Schnecke langsam näher kommen und Jesus würde zum zweiten Mal erscheinen. Die, welche statt der Bibel William Miller glaubten, strömten in hellen Scharen zusammen und warteten; und in der Dämmerung des nächsten Morgens schlichen sie enttäuscht und beschämt wieder nach Hause. Sie hätten sich diese öffentliche peinliche Verlegenheit ersparen können, wenn sie sich an die Warnung erinnert hätten, die Jesus immer wieder vorbrachte: »Genauso sollt auch ihr wachsam sein! Denn ihr wisst nicht, wann der Herr des Hauses wiederkommt – ob am Abend, mitten in der Nacht, in der frühen Morgendämmerung oder bei Tagesanbruch. Sorgt dafür, dass er euch nicht schlafend findet, wenn er ohne Vorwarnung kommt. Was ich euch hier sage, das sage ich allen: Seid bis zu seiner Rückkehr wachsam!« (Mk 13,35-37).

Aber falsche Weissagungen und die menschliche Abneigung, zuzugeben, dass das Leben auf dieser Erde durch übernatürliche Kräfte, welche ganz außerhalb von uns selbst liegen, zu einem plötzlichen Ende kommen kann, haben es dahin gebracht, dass viele Leute über den Gedanken der Wiederkunft des Herrn spotten.

Es gibt noch einen anderen Grund, der nur zu viele Menschen der zivilisierten Welt in ein falsches Gefühl der Sicherheit versetzt hat. Es ist der irrige Fortschrittsglaube. Nach dieser Lehre schreitet der Mensch durch eigene Kraft und Klugheit mit aller seiner Arbeit langsam und stetig vorwärts. Viele, welche diese Auffassung teilen, behaupten zwar, an die Wiederkunft Christi zu glauben, aber sie sagen, dass dieses Kommen nur den Tag darstelle, an dem der Mensch sich durch eigene Kraft gereinigt haben werde. Wenn er zu der Einsicht von der Nutzlosigkeit des Krieges, der Torheit des Geizes und der Selbstsucht, der Nutzlosigkeit des Vorurteils und der Unduldsamkeit gekommen sei und klar verstehe, dass er seines Bruders Hüter sei und nach der goldenen Regel leben müsse.

Dieses Märchen – denn die Theorie von der ständigen Aufwärtsentwicklung ist ein Märchen und weiter nichts – gründet sich auf das, was der Mensch erhofft, nicht aber auf das, was wirklich stattfinden wird. Wenn solche Menschen auf die Tatsache hinweisen, dass die moderne Medizin es uns jetzt ermöglicht, länger zu leben als unsere Vorfahren, dann übersehen sie dabei die Tatsache, dass der Tod immer noch unser letztes Schicksal sein wird. Im besten Fall haben wir ihn für einige kurze Jahre hinausschieben können.

Wenn sie auf unser sehr verbessertes Verkehrs- und Nachrichtenwesen verweisen, ignorieren sie die Tatsache, dass wir unsere Eroberung der Luft hauptsächlich dazu benutzt haben, unseren Mitmenschen Tod und Verderben zu bringen, statt das Evangelium und den christlichen Glauben zu verbreiten.

Wenn sie sich unseres weitgespannten Netzes von Schulen und Universitäten rühmen, gehen sie schnell über die Tatsache hinweg, dass viele der Lehren in diesen Schulen und Universitäten die Schüler und Studenten weiter von Gott fort anstatt näher zu ihm hingeführt haben. Diese Menschen verherrlichen den genialen Geist, der endlich das Geheimnis des Atoms gelöst hat, während wir bei dem Gedanken zittern, was dieser Höhepunkt menschlicher Klugheit über uns alle heraufbeschworen haben mag!

Das sind einige Höhepunkte menschlichen Fortschritts, das sind die Leistungen, aus denen einige ihre Hoffnung schöpfen, auf die andere ihren Glauben an eine bessere und friedlichere Welt gründen. Sie scheinen es als erwiesen anzusehen, dass dieser Fortschritt immer zu einer Besserung führt, während er in Wirklichkeit ebenso gut zurück- wie voranführen kann.

Was sind denn nun die Beweisgründe auf der anderen Seite? Was für einen sicheren Beweis haben wir denn, dass Jesus zurückkommen wird und dass wir unser Leben in ständiger Bereitschaft für jenen herrlichen Tag führen sollen?

Die *Bibel* ist natürlich unser Beweis, und in der Heiligen Schrift wird der Wiederkunft Christi eine hervorragende Stelle eingeräumt. Theologen haben nachgewiesen, dass unter dreißig Versen immer einer diese Lehre erwähnt. Und auf jede *einmalige* Erwähnung des ersten Kommens Christi gibt es *acht* auf sein zweites Kommen. Im Ganzen gibt es 318 Hinweise darauf. Im Alten Testament ist es das Thema der Propheten, und im Neuen Testament sind ganze Bücher (1. und 2. Thessalonicher) und ganze Kapitel (Mt 24; Mk 13; Lk 21) ihm gewidmet.

Die ganze Bibel betont immer wieder die Tatsache, dass Christus zurückkommen wird. Zum Beispiel wird uns in Jesaja 66,15 gesagt: »Sieh, der Herr wird im Feuer kommen. Seine Wagen sind wie ein vernichtender Orkan. Er wird in glühendem Zorn Vergeltung üben und sein Drohen im flammenden Feuer auslassen.«

In Jeremia lesen wir, dass bei dem Kommen des Herrn Jerusalem zum Thron seines Ruhmes gemacht wird, und alle Völker werden sich um ihn sammeln. Es wird eine gewaltige Abrüstungskonferenz in Jerusalem abgehalten, die weit größer sein wird als irgendeine andere, welche die Welt jemals in Washington oder London oder Paris erlebt hat! Hesekiel erzählt von Jerusalem, das wieder hergestellt werden wird, der Tempel wird neu gebaut, und das Land wird zu neuem Wohlstand zurückgebracht werden.

- Daniel sah Jesus in Visionen als Richter und König der Erde erscheinen.
- Hosea sagt, dass Israel in den letzten Zeiten, wenn der Herr zurückkehren wird, ihn als seinen König und Herrn annehmen wird.
- Joel beschreibt, dass am letzten Tage die Heere der Welt dem Heer des Himmels gegenübergestellt werden.
- Amos zeigt den neuen Thron Davids, der in Jerusalem wieder errichtet wird.
- Obadja spricht ernste Warnungen aus im Hinblick auf das Wiederkommen des Herrn aller Herren.
- Micha kündigt das Aufhören aller Kriege an, wenn die Schwerter zu Pflugscharen und die Speere zu Sicheln verwandelt werden.
- Nahum erzählt von den Bergen, die unter seinen Füßen erbeben, und von der Erde, die bei der Ankunft Christi verbrennt.
- Habakuk zeigt, wie der König sein neues Königreich mit einer Messrute abmisst und alle Berge sich vor ihm verneigen.
- Sacharja zeichnet ein Bild, wie seine Füße wieder auf dem Ölberg stehen. Der Berg wird sich in zwei Teile spalten, und das Tal der Entscheidung wird dadurch entstehen.
- Maleachi beschließt die alttestamentliche Verheißung von der Ankunft des Fürsten, indem er ihn zeigt als das Feuer eines Goldschmieds und als die Seife eines Wäschers und als die aufgehende Sonne, welche die ganze Erde mit ihrem Glanz erfüllt. Das Alte Testament ist bis zum Rande voll von Berichten über das zweite Kommen Christi.

Im Neuen Testament sind die Weissagungen von seinem Kommen sogar noch deutlicher und in viel klareren Ausdrücken mitgeteilt. Matthäus vergleicht Christus mit einem Bräutigam, der kommen wird, um seine Braut zu empfangen.

Markus sieht ihn als einen Hausherrn, der auf eine weite Reise geht und seinen Dienern bis zu seiner Rückkehr gewisse Aufgaben überträgt.

Für Lukas ist Jesus ein Edelmann, der in fernes Land zieht, um gewisse Geschäfte durchzuführen und der seine Besitztümer seinen Dienern überlässt, damit sie mit ihnen Handel treiben, bis er wiederkommt. Johannes zitiert die Worte Christi: »Es gibt viele Wohnungen im Haus meines Vaters, und ich gehe voraus, um euch einen Platz vorzubereiten. ... Wenn dann alles bereit ist, werde ich kommen und euch holen, damit ihr immer bei mir seid, dort, wo ich bin« (Joh 14,2-3).

Im Römerbrief sehen wir ihn, wie er kommen wird, um sich alle Dinge zu unterwerfen.

Im ersten Korintherbrief erzählt Paulus, dass der Herr kommen wird, um die Toten zu erwecken; im zweiten Korintherbrief beschreibt er das neue Haus, das wir haben werden, wenn dieses irdische Haus zerrinnt.

In Kolosser 3,4 sagt er: »Wenn Christus, der euer Leben ist, der ganzen Welt bekannt werden wird, dann wird auch sichtbar werden, dass ihr seine Herrlichkeit mit ihm teilt.«

Im ersten Thessalonicherbrief sagt Paulus, dass wir auf Gottes Sohn aus dem Himmel warten sollen. Der zweite Thessalonicherbrief zeichnet uns das herrliche Bild, wie der Herr mit seinen Heiligen erscheint. Bei Timotheus finden wir diese Worte, dass der Herr alle diejenigen belohnen wird, welche »sein Erscheinen lieben«.

Titus spricht von der »glückseligen Hoffnung«.

Der Hebräerbrief berichtet von seinem zweiten Kommen ohne alle Sünde.

Jakobus fordert seine Leser auf, geduldig zu sein und auf das Kommen des Herrn zu warten.

Petrus sagt, dass der Tag des Herrn kommen wird wie ein Dieb in der Nacht.

Johannes gibt allen Gläubigen die große Verheißung: »Meine lieben Freunde, wir sind schon jetzt die Kinder Gottes, und wie wir sein werden, wenn Christus wieder kommt, das können wir uns nicht einmal vorstellen. Aber wir wissen, dass wir bei seiner

Wiederkehr sein werden wie er, denn wir werden ihn sehen, wie er wirklich ist« (1. Joh 3,2).

Judas sagt: »Siehe, der Herr ist gekommen mit Tausenden seiner Heiligen« (Jud 14).

Nicht nur spricht das Alte Testament davon, dass wir auf das zweite Kommen Christi warten sollen, nicht nur ist das Neue Testament mit dieser Verheißung erfüllt, sondern wenn wir die historischen Zeugnisse unserer großen Bekenntnisse studieren, werden wir merken, dass die Begründer unseres Glaubens alle daran glaubten und diese christliche Lehre annahmen.

Die erhebendste und herrlichste Wahrheit in aller Welt ist die Wiederkunft Christi. Es ist die sichere Verheißung für die Zukunft, wenn alles um uns her in Pessimismus und Dunkelheit gehüllt ist. Wenn die Leute klagen: »Was soll aus uns werden, wohin werden wir treiben?«, dann kann ihnen die Bibel eine sichere und zuverlässige Antwort geben. Die Bibel sagt, dass die Vollendung aller Dinge die Wiederkunft Jesu Christi sein wird und die Belohnung, welche die Erwählten Gottes erwarten können.

Hinsichtlich der genauen Zeit und des Datums, an welchem dieses herrliche Ereignis geschehen wird, möchte ich keine Vermutung wagen. Ich kenne zu genau jene Stelle in der Apostelgeschichte 1,6-7, wo die Jünger fragen: »Herr, wirst du Israel jetzt befreien und unser Königreich wiederherstellen?«, und Jesus antwortet und spricht: »Die Zeit dafür bestimmt allein der Vater, es steht euch nicht zu, sie zu kennen.«

Es ist nicht wichtig, dass wir die genaue Zeit seines Kommens wissen. Wichtig ist, dass wir unser Leben in einer Weise führen, dass wir jeden Augenblick dazu bereit sind. Jesus sagte, dass auch die Engel im Himmel es nicht wissen, dass nur Gott selbst die Stunde und den Augenblick kennt, wenn die mächtigen Trompetenstöße gehört werden, die Himmel sich teilen und Christus mit seinem himmlischen Heer noch einmal den menschlichen Augen erscheinen wird.

Jesus sprach allerdings von gewissen Anzeichen, die erkennen lassen, dass die Zeit seiner Wiederkunft herangerückt sei. Er sagte: »›Wenn all das anfängt, dann richtet euch auf und hebt den Blick, denn eure Erlösung ist ganz nahe!‹ Und er gab ihnen folgenden Vergleich: ›Seht euch einen Feigenbaum oder einen anderen Baum an. Wenn die Blätter sprießen, wisst ihr, dass der Sommer kommt. Genauso könnt ihr, wenn ihr all dies geschehen seht, sicher sein, dass das Reich Gottes nahe ist‹« (Lk 21,28-31).

Welches waren denn diese Zeichen, von denen Jesus sagte, dass wir auf sie achtgeben sollen? »An Sonne, Mond und Sternen werden Zeichen erscheinen. Und auf der Erde werden die Völker in Aufruhr und Entsetzen sein, den wilden Wellen der Meere hilflos ausgeliefert. Viele Menschen werden den Mut verlieren, wenn sie diese Schrecken über die Erde hereinbrechen sehen, denn selbst die Kräfte des Himmels werden aus dem Gleichgewicht geraten« (Lk 21,25-26).

Nach dem Zeitmaß der Engel, welche die ganze Ewigkeit schauen, ist die Zeit sehr verschieden von dem irdischen Kalender, nach dem wir rechnen. Für uns, die wir verzweifelt festhalten an den uns zugemessenen siebzig Jahren, für uns, die wir die Tage in Beziehung zu unserem eigenen Erdenaufenthalt sehen, für uns erscheinen hundert, zweihundert und fünfhundert Jahre als eine sehr lange Zeit. Für Gott jedoch ist solch eine Zeit nur ein Tag.

Viele Gelehrte, welche die Heilige Schrift genau im Hinblick auf die gegenwärtigen Ereignisse studieren, gelangen zu der Überzeugung, dass wir jetzt in den letzten Tagen des Lebens auf dieser Erde stehen und dass wir in die Endzeit eingetreten sind – in den letzten Akt des gewaltigen Dramas, welches vor Jahrtausenden im Garten Eden begonnen hat.

Wir hören von Aufständen und Revolutionen im Mittleren Osten. Das alte Persien ist wegen seiner Erdölvorkommen wieder zu einer Schlüsselnation geworden. Mit der Wiederherstellung Israels als einer selbstständigen Nation mit einem selbstständigen Staat, eigener Währung und einem eigenen Heer, mit seiner völligen Gleichberechtigung hat das Rad der Geschichte einen großen

Kreis vollendet und ist zu seinem Ausgangspunkt zurückgekehrt. In jener reichen und fruchtbaren Gegend des Nahen Ostens hatte unsere Kultur einst ihren Anfang genommen. Aus diesem engen Raum breitete sie sich nach allen Richtungen hin aus. Sie erfasste die ganze Erde. Sie bewegte sich ständig weiter, hielt zuweilen inne, um sich zu sammeln und neue Kraft zu schöpfen, manchmal war sie gefangen in den mächtigen Klauen vieler dunkler Jahrhunderte der Barbarei, der Unwissenheit, der Gottlosigkeit und der Furcht, bis sie jetzt endlich in unserer Zeit anfängt, zu dem Schauplatz ihres Ausgangspunktes zurückzukehren.

Dann blicken diese Gelehrten um sich und sehen allzu deutlich das Bild, das Jesus malte, als er sagte: »Wenn der Menschensohn wiederkommt, wird es sein wie zur Zeit Noahs. In den Tagen vor der Sintflut feierten die Menschen rauschende Feste, Orgien und Hochzeiten, bis Noah in seine Arche stieg. Sie merkten nicht, was geschah, bis die Flut kam und sie alle hinwegschwemmte. Genauso wird es sein, wenn der Menschensohn kommt. Zwei Männer werden zusammen auf dem Feld arbeiten; einer wird mitgenommen, der andere zurückgelassen. Zwei Frauen werden in der Mühle Mehl mahlen; eine wird mitgenommen, die andere zurückgelassen. Deshalb haltet euch bereit, denn ihr wisst nicht, wann euer Herr wiederkommt« (Mt 24,37-42). Diese Gelehrten weisen auf die Stelle hin, wo Daniel auf die große Zunahme an Erkenntnis über die letzten Tage hinweist als ein weiteres Anzeichen des nahen Endes. »Viele werden hin- und herlaufen«, sagt uns Daniel, und wir brauchen keine besondere Erleuchtung, um das ungeheure Anwachsen sowohl des Verkehrs als auch der Erkenntnis zu sehen, das für diese letzten fünfzig Jahre so bezeichnend ist. Niemals zuvor in der ganzen überlieferten Geschichte rasten die Ereignisse so schnell dahin, niemals vorher folgte ein vom Menschen geschaffenes Wunder dem anderen so nahe auf den Fersen.

Mediziner und Psychiater haben in den letzten fünfundzwanzig Jahren erklärt, dass der menschliche Körper für solch eine Spannung nicht geschaffen ist, dass er solch ein Tempo und solch einen

Druck nicht ertragen kann, aber trotzdem stürmen wir in immer beschleunigterem Tempo vorwärts. Viele von den mächtigen Führern, deren Werk diese drastische Beschleunigung möglich machte, sind an ihren Schreibtischen umgefallen – Opfer jenes Ungeheuers, das sie selbst geschaffen haben.

Viele Intellektuelle haben vor einigen Jahren über die Stelle 2. Petrus 3,10-12 gespottet, aber inzwischen haben die Explosionen der Wasserstoffbombe und die schrecklichen Möglichkeiten der Kobaltbombe ihren Zweifel in eine Bewunderung der Weissagungen der Bibel umgewandelt.

»Doch der Tag des Herrn wird so unerwartet kommen wie ein Dieb. Dann wird der Himmel unter schrecklichem Lärm vergehen, und alles wird sich in Flammen auflösen; und die Erde wird mit allem, was auf ihr ist, dem Gericht ausgeliefert werden. Wenn aber alles um uns her sich auf diese Weise auflösen wird, wie viel mehr solltet ihr dann ein Leben führen, das heilig ist und Gott ehrt! Ihr solltet diesen Tag erwarten und ihn herbeisehnen – den Tag, an dem Gott den Himmel in Brand setzt und die Elemente in den Flammen zerschmelzen.«

Ich möchte gewiss nicht den Fehler William Millers oder so vieler anderer aufrichtiger, aber übereifriger Gottesmänner machen, indem ich auch nur ein annäherndes Datum für die Rückkehr Jesu angebe. Ich möchte jedoch in allem Ernst darauf hinweisen, dass die Zeiten, in denen wir leben, sich ganz wesentlich von jeder früheren Zeit unterscheiden. Das Tempo ist gesteigert. Ereignisse von solcher Größe, dass jedes einzelne von ihnen früher für ein ganzes Zeitalter eine Sensation gewesen wäre, folgen jetzt so dicht aufeinander, dass viele fast unwissend daran vorübergehen. Der sittliche Verfall ist so allgemein und so weit verbreitet, dass kaum eine Anstrengung unternommen wird, um ihn zu verbergen. Die Korruption, selbst in hohen Stellen, kann beinahe eher als die Regel denn als Ausnahme angesehen werden.

Vor allem stehen wir der gewaltigen Macht des Kommunismus gegenüber – des größten, bestorganisierten und unverhohlensten

Feindes des Christentums, der der Kirche seit den Tagen des heidnischen Roms entgegengetreten ist. Der Antichrist, vor dem die Propheten warnten, dass er in den letzten Tagen erscheinen würde, wächst und nimmt Gestalt an vor unseren Augen – ein kühner, eherner, gut bewaffneter Antichrist, der sich nicht bücken wird, um seine Identität zu verhüllen oder seine Absicht zu verdecken.

Das sind die apokalyptischen Anzeichen, die durch Krieg, Hungersnot, Pestilenz und Tod gekennzeichnet sind, die wir heute nur zu gut kennen und die in diesem Augenblick um die Welt reiten. Nach den Himmelskörpern gemessen, kann die Zeit uns noch zehn oder hundert oder tausend Jahre gewähren; aber es mag uns auch nur noch ein Tag, eine Woche oder ein Monat beschieden sein. Es mag sehr wohl von uns gelten: »Diese Generation wird nicht von der Erde verschwinden, bevor all das geschehen ist« (Mt 24,34).

Bis zu jenem allerletzten Tag sollte die Haltung jedes Christen die der Wachsamkeit und der Erwartung sein. Jesus sagte: »Deshalb haltet euch bereit, denn ihr wisst nicht, wann euer Herr wiederkommt« (Mt 24,42). Zugleich sollte diese gewaltige Hoffnung uns alle, die wir daran glauben, veranlassen, uns vollständig dem Dienste Christi zu weihen. Jesus sagte: »Handelt damit, bis ich wiederkomme!« (Lk 19,13; ELB). Es wird auch eine Zeit der Vorbereitung sein. Jesus sagte: »Deshalb müsst ihr jederzeit bereit sein, denn der Menschensohn wird dann kommen, wenn ihr es am wenigsten erwartet« (Lk 12,40).

Die ganze Geschichte bewegt sich auf jenen höchsten Tag hin, wenn alle Feinde unter seine Füße gelegt und Christus gekrönt werden wird. Die Bibel sagt: »Seine Herrschaft ist groß und der Frieden auf dem Thron Davids und in seinem Reich wird endlos sein. Er festigt und stützt es für alle Zeiten durch Recht und Gerechtigkeit. Dafür wird sich der Herr, der Allmächtige, nachhaltig einsetzen« (Jes 9,6).

An jenem Tage werden Krieg und Streit aufhören. Sünde und Mangel werden nicht mehr sein. An jenem Tage werden Sorge und Schmerz unbekannt sein. An jenem Tage werden die Heiden bekehrt werden. An jenem Tage wird kein Mensch über Gott in Unwissenheit bleiben. An jenem Tage wird die ganze Natur den Glanz und die Pracht entfalten, der einmal dem Garten Eden eigen war. An jenem Tage werden sogar die Tiere der Erde in Frieden und Freundschaft miteinander leben. An jenem Tage wird die Erkenntnis der Liebe Gottes die ganze Erde erfüllen. An jenem Tage wird unser anhaltendes und inbrünstiges Gebet »Dein Reich komme« endlich in Erfüllung gehen.

Dies ist die Hoffnung der Christen!

18 | Und endlich der Friede

*Die mit einem festen Sinn umgibst du mit Frieden,
weil sie ihr Vertrauen auf dich setzen!*
Jes 26,3

Jetzt weißt du, was es bedeutet, Frieden mit Gott zu haben. Du weißt, was es bedeutet, ein Christ zu sein. Du kennst den Preis, der gezahlt werden muss, um diesen Frieden, um dieses Glück zu erlangen. Ich kenne Menschen, die einen Scheck von einer Million Dollar ausschreiben würden, wenn sie den Frieden finden könnten. Millionen suchen ihn. Jedes Mal, wenn sie darangehen, den Frieden zu finden, den du in Christus gefunden hast, lenkt Satan sie immer wieder ab. Er blendet sie. Er lässt einen Rauchschleier aufsteigen. Er schüchtert sie ein. Und sie verpassen ihn. Aber du hast ihn gefunden. Dir gehört er jetzt für immer. Du hast das Geheimnis des Lebens gefunden.

Es gibt viele Dinge, die du noch nicht verstehst. Es gibt viele Geheimnisse.

Es gibt viele Probleme, die dich verwirren. Aber tief unter all diesem liegt jene Ruhe und jener Frieden, der zu einem zuversichtlichen Leben führen wird. Du hast festgestellt, dass die christliche Lebensführung viele Vorteile bietet, die keine andere Weltanschauung aufweist. Der Materialismus, der Kommunismus und alle anderen Weltanschauungen halten keinen Vergleich mit dem aus, was Christus anbietet.

Dr. Thiessen hat in seinem Werk über die *Christliche Ethik* mehrere dieser Vorteile aufgezählt, die wir hier anführen wollen:

Erstens hast du die *Sohnschaft*. In dem Augenblick, als du Jesus Christus als deinen persönlichen Heiland angenommen hast, wurdest du in die Familie Gottes aufgenommen. Du bist jetzt sein Kind.

Du hast gewisse Vorrechte und Verantwortungen, die nur solche von königlichem Geschlecht kennen. Königliches Blut rinnt jetzt in deinen Adern. Du bist ein Glied der Familie des Königs aller Könige und des Herrn aller Herren geworden.

Zweitens bist du ein *Erbe*. Die Bibel lehrt, dass dich deine neue Stellung in Christus bei deiner Wiedergeburt zu einem Miterben mit Christus gemacht hat. Du bist jetzt Erbe aller Dinge.

Drittens hast du den *Frieden*. Den Frieden kannst du nur erfahren, wenn du die göttliche Vergebung empfangen hast – wenn du mit Gott versöhnt worden bist und in Harmonie mit dir selbst, mit deinem Nächsten und besonders mit Gott lebst. »Die Gottlosen haben keinen Frieden, spricht mein Gott« (Jes 57,21; LUT). Aber durch sein Blut am Kreuz hat Christus für uns mit Gott Frieden geschlossen und ist selbst unser Friede. Wenn wir ihn im Glauben annehmen, sind wir durch Gott gerechtfertigt und können die innere Stille gewinnen, die der Mensch durch kein anderes Mittel erlangen kann.

Der vierte große Segen, der aus der Erkenntnis Christi herrührt, ist das *geistliche Leben*. In seinem natürlichen Zustand ist kein Mensch sich der Verkehrtheit seines früheren Lebens voll bewusst, aber er spürt, dass seine Seele tot ist. Diejenigen, welche mit der theologischen Terminologie nicht vertraut sind, mögen ihre inneren Gefühle auf eine ganz andere Weise ausdrücken, aber sie empfinden ihren Zustand. Alle natürlichen Menschen wundern sich zuweilen über ihre eigene Gleichgültigkeit gegenüber Recht und Unrecht. Sie sind verwirrt über ihre eigene Bereitwilligkeit, angesichts eines klaren Unrechts einen Kompromiss zu schließen, sich eher für einen Ausweg zu entscheiden als für die gerechte Sache. Selbst der gefühlloseste Sünder erlebt Augenblicke, wo er wünscht, dass er gut sein möge. Die hartgesottensten Verbrecher, die frechsten Prostituierten spüren alle zuweilen in sich die tiefe, wenn auch unterdrückte Sehnsucht, besser zu werden, als sie sind. Unbekehrte Männer und Frauen, die versuchen, ein anständiges Leben zu führen, sind sich sehr deutlich bewusst, wie weit sie noch von ihrem Ziel entfernt sind, und es ist traurig, dass so viele von ihnen nicht einmal wissen, dass sie deshalb versagen, weil sie tot sind in Sünden und Übertretungen und erst durch Christus lebendig gemacht werden müssen, bevor sie nach den geistlichen Gesetzen leben können.

Jesus sagte: »Ich aber bin gekommen, um ihnen das Leben in ganzer Fülle zu schenken« (Joh 10,11) und Paulus erklärte: »Das bedeutet aber, wer mit Christus lebt, wird ein neuer Mensch. Er ist nicht mehr derselbe, denn sein altes Leben ist vorbei. Ein neues Leben hat begonnen!« (2. Kor 5,17). Die Neugeburt in Christus bedeutet, dass wir für neue Ziele, für ein neues Streben, für neue Hoffnungen und für neue Fähigkeiten geboren sind und dass wir diese neuen Ziele erreichen können. Christus hat dir als dein Herr und Meister ein neues Leben gegeben. Du bist wiedergeboren worden.

Fünftens gibt es die *Freude der christlichen Gemeinschaft,* die aus dem Christenstand hervorgeht. Die Einsamkeit ist einer der großen Schrecken, das große Leiden der Menschheit. Wie oft sprechen wir davon, dass wir uns mitten in einer großen Menge einsam fühlen! Wie viele Männer und Frauen haben inmitten einer großen Stadt deutlicher ihre Einsamkeit gespürt, als wenn sie allein auf einem Feldwege gewandert sind. Wie oft sehnen wir uns danach, einen Menschen zu finden, der unsere innersten Empfindungen und Gefühle verstehen und teilen kann, jemanden, mit dem wir sprechen können, der das Leben so sieht, wie wir es sehen, der von denselben Beweggründen geleitet wird und nach denselben Maßstäben urteilt.

Du hast festgestellt, dass Christus der einzige Freund ist, der jeden deiner Gedanken versteht, und wenn einmal die Gemeinschaft mit ihm hergestellt ist, musst du niemals wieder allein sein. Wenn Christus den rechten Platz in deinem Herzen einnimmt, dann schwindet jede Empfindung der Trennung von Gott. Du stehst wieder im Angesicht Gottes. Diese Gemeinschaft ist eine unaussprechliche Freude und voller Herrlichkeit. Keine von Menschen erdachte Philosophie kann diesen wunderbaren Segen schenken.

Sechstens erhält man eine *neue Kraft* in der Nachfolge Christi. Der Mensch ist von sich aus nicht imstande, seinen eigenen Anforderungen zu genügen, geschweige denn den weit höheren und genaueren Anforderungen Gottes. Die Gesetze des Mose wurden niedergelegt als das Mindestmaß einer menschlichen Haltung, die für Gott noch annehmbar ist, und du bist in dir selbst sogar zu schwach, um diese Anforderungen ohne Hilfe zu erreichen. Während der ganzen Geschichte hat der Mensch sich immer wieder vorgenommen und gehofft, er werde die Kraft haben, die Gesetze zu halten; aber in seinem Herzen hat er gewusst, dass er bestenfalls eine zeitweilige Verbesserung seines Lebens erreichen könnte, aber niemals eine dauernde Änderung. Diese menschliche Schwäche ist so allgemein bekannt, dass die berühmten »guten Vorsätze«, die zu Neujahr gefasst werden, zu einem weltweiten Scherz geworden sind, und die Fähigkeit des Menschen, ohne Gottes Hilfe eine neue Seite zu beginnen, ist ganz offenbar eine Illusion. Nur durch die Wiedergeburt in Christus kann der Mensch nicht etwa bloß eine Änderung seiner gegenwärtigen Lebensweise, sondern die Schaffung einer völlig neuen Persönlichkeit erreichen.

Es gibt keine menschliche Philosophie, die solche Veränderungen erzielen kann oder solche Kraft verleiht. Diese mächtige Stärke steht auch dir jederzeit zur Verfügung. Gott sagte: »Fürchte dich nicht, denn ich bin bei dir. Sieh dich nicht ängstlich nach Hilfe um, denn ich bin dein Gott: Meine Entscheidung für dich steht fest, ich helfe dir. Ich unterstütze dich, indem ich mit meiner siegreichen Hand Gerechtigkeit übe« (Jes 41,10).

Wie auch immer die Umstände sein mögen, wie auch die Anforderung, die Pflicht, der Preis oder das Opfer sei – seine Kraft wird in der Stunde deiner Not deine Stärke sein.

Siebtens gibt es auch einen *irdischen Segen,* der aus einer christlichen Lebenshaltung erwächst. Die Sünde und die Empfindung der inneren Unwürdigkeit beeinträchtigen das körperliche und geistige Wohlbefinden. Das Gefühl körperlicher Unreinheit und Unmoral, die Empfindung des Hasses gegen unsere Mitmenschen, das

Bewusstsein unserer eigenen Unzulänglichkeit und Enttäuschung und Unfähigkeit, die Ziele zu erreichen, nach denen wir streben – das alles sind die eigentlichen Gründe für unsere körperliche und seelische Krankheit. Das Schuld- und Sündenbewusstsein, welches der natürliche Mensch mit sich herumschleppt, macht ihn für die Erfüllung seiner Pflichten unfähig, lässt ihn krank werden an Leib und Seele. Es war kein Zufall, dass Jesus, als er auf der Erde war, die Heilung immer mit seiner Predigt und Lehre in Verbindung brachte. Es besteht eine sehr klare und wirkliche Beziehung zwischen dem Leben des Geistes und der Gesundheit des Körpers und des Verstandes.

Es gibt gewisse besondere Vorrechte, die nur der wahre Christ genießen kann. So gibt es zum Beispiel *das Vorrecht, göttliche Weisheit und ständig göttliche Führung* zu erfahren. Die Bibel sagt: »Wenn jemand unter euch Weisheit braucht, weil er wissen will, wie er nach Gottes Willen handeln soll, dann kann er Gott einfach darum bitten. Und Gott, der gerne hilft, wird ihm bestimmt antworten, ohne ihm Vorwürfe zu machen« (Jak 1,5).

So kennt der Christ sogar das Gefühl eines *wahren Optimismus,* die Sicherheit, dass nach der göttlichen Offenbarung schließlich alles gut auslaufen wird.

Der Christ hat auch einen *Weltblick.* Dieser Weltblick erkennt Gottes Absicht und das Endziel, dem alles zustrebt. Er versichert uns, dass trotz des Krieges der Menschen untereinander und trotz der zerstörenden Naturkräfte, die uns in ihren Klauen zu halten scheinen, Gott dennoch auf dem Thron sitzt und alles regiert. Satan selbst wird durch Gottes Macht zurückgehalten, und ihm wird nur deshalb eine Gelegenheit gegeben, seinen bösen Einfluss auszuüben, weil Gott es für richtig hält, und nur so lange, wie Gott es für richtig hält, ihn gewähren zu lassen. Die Heilige Schrift lehrt uns, dass Gott einen bestimmten Plan für jede Zeit der Geschichte, für jede Nation und für jeden einzelnen Menschen hat. Die Schrift enthüllt Gottes Plan für die Wiederkunft Christi, wenn sein Reich errichtet werden wird, wie wir bereits gesehen haben. So hat für den Christen das Leben einen Plan, einen Sinn und die Gewissheit, dass Gott am Ende über alle Ungerechtigkeit triumphieren wird. Wenn man die Überlegenheit des Christenlebens über alle anderen Lebensformen zusammenfasst, können wir den Vorteil nicht verkennen, den der Christ für alle Ewigkeit haben wird. Hiob sagte: »Wenn ein Mensch stirbt, kann er dann ins Leben zurückkehren?« (Hiob 14,14). Er beantwortete seine eigene Frage mit den Worten: »Und doch weiß ich, dass mein Erlöser lebt und auf dieser Erde das letzte Wort haben wird« (Hiob 19,25). Welch eine Aussicht! Welch eine Zukunft! Welch eine Hoffnung! Welch ein Leben! Ich möchte nicht tauschen mit dem reichsten und einflussreichsten Mann der Welt. Ich möchte lieber ein Kind des Königs sein, ein Miterbe mit Christus, ein Glied der königlichen Familie des Himmels!

Ich weiß, woher ich gekommen bin; ich weiß, warum ich hier bin; ich weiß, wohin ich gehe – und ich habe Frieden in meinem Herzen. Sein Friede durchflutet mein Herz und überwältigt meine Seele. Der Sturm wütete. Das Meer schlug in gewaltigen, vernichtenden Wellen gegen die Felsen. Der Blitz zuckte, der Donner erdröhnte, der Wind wehte; aber der kleine Vogel schlief fest in der Felsenspalte, sein Kopf lag ruhig und heiter unter seinem Flügel, er schlief einen tiefen, gesunden Schlaf. Das heißt Friede: schlafen können mitten im Sturm!

In Christus haben wir Ruhe und Frieden mitten in der Verworrenheit, in den Irrungen und Wirrungen dieses Lebens. Der Sturm wütet, aber unsere Herzen sind ruhig. Wir haben Frieden gefunden!